B2C 물류 영업 달인의 Sales Notes

위상섭 · 구병모

박영사

머리말 PREFACE

B2C 물류의 대표산업인 택배는 "마음과 감동을 전하는 행복전도사"라는 시대적 사명과 함께 28년 전 국내 시장에 첫선을 보였다. 생활물류서비스로 자리 잡은 택배는 이제 미래 지속가능사회를 꽃피우는 산업의 한 부분을 꿰차고 새벽배송, 시간지정배송 등 새로운 패러다임과 고객편익 중심으로 진화하고 있다. 지난해 국내 경제활동인구 1인당 연평균 택배 이용횟수가 53.8회에 이를 정도로 보편적 생활물류서비스 산업으로 자리매김하였으며, 이는 전자상거래와 홈쇼핑 등의 수요를 통해 현대인의 라이프 스타일 측면에서도 확연히 드러나는 팩트(Fact)이기도 하다.

저자가 생각하는 B2C 물류 비즈니스에서의 근본과 핵심은 FM (Forecasting management; 예측경영)과 DT(Design thinking; 기획적 사고)를 통하여 RM(Risk management; 위험관리)이 요구되는 복합적인 비즈니스라는 것이다. 이 비즈니스의 중심인 영업맨들은 세밀·섬세·근면·디테일이 체화(體化; 습관화)되어 있어야 고객의 마음을 읽고 한 발 앞선 선제 대응이 가능하다고 생각한다.

저자가 29년 전 우리나라를 대표하는 물류회사 입사 오리엔테이션 때 선배님들이 전해준 말이 생각난다. "여러분들은 21세기 가장 좋은 직업을 가진 것입니다. 21세기 택배는 물류의 꽃으로 거듭날 것이며, 없어서는 안 될 새로운 희망이 될 것이기 때문입니다." 이 메시지는 시대의 변화와 함께 물류에 첫 발을 딛는 힘이 되었다.

저자는 1991년 국내 택배공채 1기로 입사하여 택배를 비롯한 국제물류, 제3자물류 등 물류회사에서 많은 성공과 시행착오 등의 다양한 경험을 쌓아왔다. 특히 B2C시장의 형성과 일반화가 미흡하였던 영업부문에서 걸음마 단계부터 시작하여 초급, 중급, 고급까지 오랜 시간 쌓아온 노하우를 공유하여 동 산업에 종사하는 분들과 후학도님들께 미력하나마 도움이 되고자 하는 마음으로 B2C 물류 영업달인의 Sales Notes 출간을 작심하게 되었다.

이 책을 출판하기 위해 도와주신 CJ대한통운 손관수 대표님, 차동호 부사장님, 오영택 교수님, 강창현 대표님, 출판사인 박영사 관계자님, 필요할 때마다 격려와 용기를 채워주신 한세대학교와 한국폴리텍대학교 직원님들, 저자인 위상섭 부사장과 구병모 교수, 그리고 늘 힘이 되어주는 사랑하는 가족분들께 깊은 감사를 드린다.

본 책은 저자가 현장을 누비며 직접 경험한 것을 최우선으로 전달하고자 하였다. 외국에서 국가를 대표하는 공식직함이 대사관이듯 영업맨은 회사를 대표한다고 생각한다. 그래서 지적재산으로 무장하고 팔방미인이 되어야 한다. 본인이 몸담고 있는 회사, 산업 및 업종에서 상품, 운영, 조직, 고객만족경영, 원가, 경쟁사 및 시장환경 등에 대해서 달인이 되어야 한다.

본서는 이와 같이 회사를 대표하는 영업맨 측면에서 4부 16개의 장으로 구성하였다. 제1부는 영업맨의 내재적 측면으로 회사의 명운을 쥐고 있는 고객의 유치부터, 고객으로부터 나오는 매출채권 관리 등을 4개의 장으로 설계하였다. 제2부는 영업맨의 외재적 측면으로 B2C 물류 영업결과를 성공으로 인도하는 조직구조 등의 내용을 담아 5개의 장으로 구성하였다. 제3부는 관련 산업에 대하여 요구되는 영업맨의 통찰력 측면까지 반영하여 4개의 장으로 다루었고, 제4부는 저자들이 물류현장에서 경험하였던 대표적인 영업 성공사례, 전략적 사고를 바탕으로 실전에서 활용할 수 있는 전략 기법 등의 내용을 묶어 3개의 장으로 각각 구성하였다.

흔히 영업현장은 눈 뜨고 코 베어가는 하이에나가 득시글거리는 살벌한 백병전의 사막이라고 한다.

이 책은 백병전에서 생존할 수 있는 영업맨의 태도, 통찰력, 선제 대응 역량 등을 제시한다.

본서를 읽는 분들은 저자가 아낌없이 풀어낸 노하우를 활용하고, 영업맨으로서의 무기를 접목하여 총성 없는 백병전의 전쟁터에서 영업달인으로 발전하시길 기원한다.

설렘 반 두려움 반 맞이한
29년 전 첫 출근길을 떠올리며 우리나라 모든 물류인들께
저자 올림

목차 CONTENT

PART 1
영업달인의 Inner Fundamental

CHAPTER 01 인적판매와 영업사원 ··· 3
CHAPTER 02 고객만족경영 ··· 7
CHAPTER 03 B2C 영업의 핵심역량 ······································ 33
CHAPTER 04 채권관리 ··· 83

PART 2
영업달인의 Physical Fundamental

CHAPTER 01 B2C 택배의 이해 ··· 103
CHAPTER 02 물류센터의 이해 ··· 119
CHAPTER 03 프랜차이즈 시스템의 이해 ······························· 141
CHAPTER 04 택배대리점의 이해 ··· 147
CHAPTER 05 택배편의점의 이해 ··· 179

PART 3

영업달인의 Insight Fundamental

CHAPTER 01 라스트마일 딜리버리 ·· 199
CHAPTER 02 물류기업 배송전략 ·· 212
CHAPTER 03 E-commerce ·· 226
CHAPTER 04 직구와 역직구 시장 ·· 256

PART 4

영업달인의 성공사례와 주요용어 소개

CHAPTER 01 달인의 영업 성공사례 ··· 265
CHAPTER 02 달인의 지낭 전략기법 ··· 285
CHAPTER 03 B2C 물류 주요용어 ··· 298

찾아보기 ·· 318

PART

1

영업달인의
Inner
Fundamental

CHAPTER 01

인적판매와 영업사원

제목에서 제시한 영업사원(Sales man)은 대표적인 인적판매의 한 형태이다. 본 장에서는 Personaling selling으로 불리는 촉진믹스의 한 가지 요인인 인적판매에 대하여 이해를 돕고자 하는 장(Chapter)이다. 이를 통하여 독자들은 개념정리는 물론 현상의 이해, 활용, 응용의 시도와 융합으로 더 경쟁력 있는 자신을 가꾸는 데 도움이 될 수 있을 것이라 믿는다.

인적판매는 촉진믹스(Promotion Mix)의 4가지 요인 중 하나이다. 촉진믹스의 4가지 요인을 포함하는 것은 마케팅믹스이다. 마케팅믹스 또한 4개의 요인으로 구성되어 있다. 이들 요인 간의 관계이해를 돕기 위한 것이 <표 1−1−1>이다.

〈표 1-1-1〉 믹스의 3가지 종류와 믹스 간의 관계

믹스의 종류	마케팅믹스	촉진믹스	제품믹스
구성 요인	Product (제품)		Width of product mix(폭)
			Length of product mix(길이)
			Depth of product mix(깊이)
			Consistency of product mix(일관성)
	Price (가격)		
	Promotion (촉진)	Sales promotion(영업촉진)	
		Personal selling(인적판매)	
		PR(Public Relationship)	
		Advertising(광고)	
	Place (보관, 유통)		

표에서 보는 바와 같이 영업대상인 시장에서 구사하는 믹스전략에는 3가지가 있다. 마케팅믹스와 촉진믹스와의 관계는 위에서 설명하였다. 또 하나가 제품믹스인데 이는 마케팅믹스의 4가지 요인 중 제품관리에서 확대 발전시킨 믹스전략이 된다.

정리하면 시장(Market)에는 3가지 믹스전략이 있는데 마케팅믹스(Marketing mix), 촉진믹스(Promotion mix), 제품믹스(Product mix)가 그것이다. 본 책은 이론서가 아니므로 마케팅믹스 4가지, 촉진믹스 중 인적판매 이외의 3가지, 제품믹스 4가지에 대한 이론적 설명은 생략하기로 한다.

이제부터는 본 책의 주제로 돌아가 인적판매에 대하여 좀 더 알아보도록 한다. 인적판매는 촉진믹스 4가지 중 가장 핵심이 되는 요인 중 하나이다. 4가지 요인은 SPPA로 Sales promotion, Personal selling, PR(Public Relationship), Advertising이라고 한다.

인적판매(Personal selling)란 영업사원이 소비자들과 직접 대면접촉을 통하여 상품(제품이나 서비스)을 안내하고, 질문에 답하고, 계약(또는 판매)을 유도하는 마케팅전략의 실천활동을 말한다. 영업사원이 고객을 대면하는 방법으로는 영업사원이 고객을 직접 방문하여 판매를 하는 방법과 점포(또는 사업장, 영업장)를 방문한 고객을 대상으로 판매하는 방법으로 구분한다. 인적판매의 대표적인 사례가 가정방문 판매형태(빨간펜 방문교육, 코리아나화장품, 야쿠르트 등)와 매장에 방문한 고객대상의 판매형태(백화점 VIP코너, 아파트 분양사무소 등)를 들 수 있다.

인적판매의 최대 강점은 동일한 장소, 동일한 시간, 동일한 상품을 매개로 쌍방향 커뮤니케이션이 가능하다는 것이다. 기타 인적판매의 장점과 단점을 정리하면 <표 1-1-2>와 같다.

인적요인(영업사원, 판매사원)을 이용한 영업은 5단계로 설명할 수 있다. 준비단계, 대면 설득단계, 제안발표 및 의견조정단계, 계약단계, 사후관리단계가 그것이다.

준비단계는 기업(自社)의 잠재고객을 파악하고, 파악된 목표고객의 정보 수집과 분석, Key man 등을 파악하여 우호적인 접근을 준비하는 단계가 된다.

대면 설득단계는 준비단계에서 파악된 목표고객의 Key man을 방문 및 대면하여 효과적으로 현재 사용하는 경쟁상품 대비 강점, 우수한 품질, 원가절감, 고객편익 향상 등 목표고객 입장과 Needs를 반영한 준비된 내용으로 설득하는

📖 〈표 1-1-2〉 인적판매의 장점과 단점

장점	1) 판매원은 소비자(또는 사용자)와의 개인적인 대면접촉을 통해 그들의 욕구나 상황을 보다 직접적으로 알아볼 수 있다. 2) 고객과의 우호적인 관계 형성과 장기적인 관계를 유지할 수 있다. 3) 비인적 형태의 촉진 매체에 비해 소비자들에게 많은 양의 정보를 효과적으로 주고받을 수 있다.
단점	1) 개별 판매원이 만날 수 있는 소비자의 수가 한정되어 있어 시간적, 공간적 제약을 받는다. 2) 다른 판매촉진 수단에 비해 촉진의 속도가 매우 느리고 광고에 비해 상대적으로 많은 비용이 든다. 3) 판매원을 선발, 교육, 관리하는 비용과 인건비라는 고정비용이 상대적으로 많이 소요된다.

단계가 된다. 본 단계에서 계약까지 하는 경우도 간혹 있을 수 있으나 다음 단계로 이어지는 것을 목표로 진행하면 무리가 없을 것이다.

제안발표 및 의견조정단계는 대면접촉을 통하여 자사가 파악하지 못한 목표고객의 내부 관련사항, 현재 사용 중인 경쟁사 관련, 고객의 요구사항 등을 반영하여 자사를 선택할 수 있는 내용으로 구성된 내용을 목표고객의 Key man을 포함 주요 의사결정자들이 참석한 고객이 제공한 장소에서 공개발표를 하게 된다. 이를 통하여 참석자들과 질의응답(Q&A), 요구사항 등을 반영하여 의견을 조율하는 단계가 된다. 경력이 있는 영업사원이라면 본 단계에서 자사의 계약성공 여부를 가늠할 수 있는 단계이기도 하다.

계약단계는 성공적인 제안발표와 의견조정 이후에 영업사원의 열정과 노력의 결과로 얻어내는 성취감을 느끼는 단계가 된다. 본 단계에서는 상품의 특성, 고객의 특성 등을 반영하여 자사(상품 및 서비스를 제공하는 회사) 입장에서 반영시킬 것은 계약서에 명시하여 상호 인정된 신뢰 속에서 계약내용이 이행되도록 해야 한다.

사후관리단계는 어렵게 개발한 고객을 잃느냐 유지하느냐의 중요한 단계가 된다. 본 단계에서는 계약 전, 계약 이후 파악된 제반의 개선 및 유지 대상을 성문화하여 주간단위, 월간단위, 분기단위, 반년단위, 연간단위로 구분하여 체계적인 관리를 하여야 한다. 핵심사항 또는 지표들은 고객 기업과의 커뮤니케이션,

고객의 고객(계약한 기업의 상품이나 서비스를 제공받는 최종 소비자)과 커뮤니케이션 및 주기적인 모니터링을 통하여 이들에게 만족감을 제공하는 것이 가장 중요하다. 고객만족감은 다음 장(Chapter)에서 소개하는 고객만족경영의 시작과 끝임을 영업사원 마음속에 인지시켜야 하는 원칙(Principle)이 되어야 한다.

CHAPTER 02

고객만족경영

고객만족경영은 1980년대 후반부터 미국과 유럽 등지에서 주목받기 시작한 기법으로 경영의 모든 부문, 특히 고객과 직접적으로 관계하는 상품 및 서비스 분야를 고객의 입장에서 생각하고 고객을 만족시켜 영속기업을 유지하고자 하는 경영기법이다. 고객만족경영은 4CS로 구성되며 선순환을 통한 지속적인 유지 및 관리를 필요로 한다.

고객만족경영의 4CS

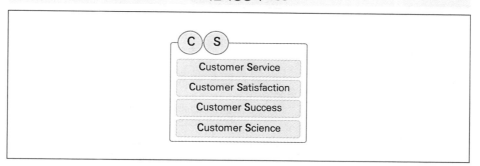

고객만족경영의 선순환 원리

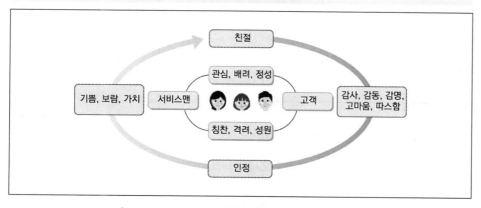

[그림 1-2-1] 고객만족경영의 4CS 선순환 원리

2-1 고객만족경영 – 고객만족이 주는 이익

1 반복구매 기회를 증가시킨다.

2 긍정적인 구전효과를 창출한다.

3 고객의 구매지출과 현찰구매를 증가시킨다.

4 현금흐름을 원활하게 한다.

2-2 서비스 커뮤니케이션과 고객불만 응대 SERVICE란?

S Smile for everyone
모든 이에게 미소를 보내는 것

E Excellence in everything we do
모든 일을 최고로 해내는 것

R Reaching out to every guest
모든 고객에게 환영하며 다가가는 것

V Viewing every guest special
모든 고객을 특별하게 보는 것

I Inviting to guests return
고객이 다시 방문하도록 하는 것

C Creating a warm atmosphere
따뜻한 분위기를 만드는 것

E Eye contact that shows we care
관심을 나타내는 눈맞춤

2-3 고객의 진정한 의미

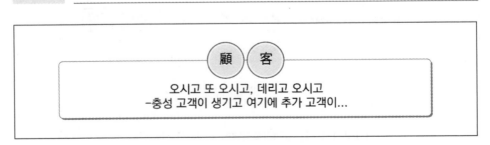

顧 客

오시고 또 오시고, 데리고 오시고
–충성 고객이 생기고 여기에 추가 고객이...

2-4 서비스 커뮤니케이션

서비스 커뮤니케이션이란 자사와 고객사, 자사와 협력사, 자사와 최종 소비자 간에 필요한 정보를 상호 간에 주고받으며 이해하는 것으로 몇 가지 요소와 올바른 대화법으로 커뮤니케이션하여야 한다.

2-4-1. 서비스 커뮤니케이션의 중요 요소

경청을 위한 FAMILY와 123화법

커뮤니케이션을 위한 배려하며 말하기

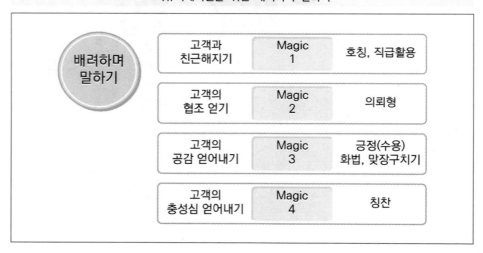

2-4-2. 배려하며 말하기

고객과 대면 상태에서 고객을 배려하며 말하기는 아무리 강조해도 지나치지 않은 행동이며, 우호적인 분위기를 유지하는 기법이다. 이는 영업목적의 고객뿐 아니라 일상적인 사회생활에서도 생활 에티켓으로 이용될 수 있는 방법이기도하다.

아래의 그림은 Magic 1에서 Magic 4까지 고객과 친해지거나 고객의 긍정을 얻어내기 위한 상황에 따라 핵심 행동을 제시해주고 있다. 독자들은 매 순간마다 변하는 영업환경에 따라 활용해보길 권유한다.

- Magic 1: 호칭 활용을 통한 고객과 친근해지기
- Magic 2: 의뢰형 행동으로 고객의 협조 얻기
- Magic 3: 긍정화법 구사로 고객의 긍정 얻어내기
- Magic 4: 칭찬을 통한 고객의 충성심 얻어내기

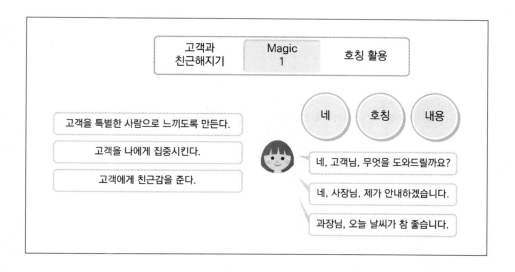

| 고객의
협조 얻기 | Magic
2 | 의뢰형 |

호칭　쿠션어　청유형

말꼬리를 올리며 부드럽게 마무리

쿠션어	청유어
• 실례합니다만　• 죄송하지만 • 바쁘시더라도　• 힘드시겠지만 • 미안하지만　• 번거로우시겠지만	명령형을 피하고 청유형(의뢰형) ~해 주세요(x) → ~해주시겠습니까? 확인하세요(x) → 확인해보시겠습니까? 전화하세요(x) → 통화해보시겠습니까?

• 고객님 기다리세요!

　고객님, 바쁘시더라도 잠시 기다려주시겠습니까?

• 여기에 사인하세요.

　고객님, 번거로우시겠지만 이곳에 사인 부탁드립니다.

• 신분증 좀 보여주세요.

　고객님, 죄송합니다만, 신분증을 확인해도 되겠습니까?

고객의 공감 얻어내기	Magic 3	긍정(수용) 화법

네,
호칭

공감

설명
대안

안타까운 표정으로

> 네, 고객님, 죄송하지만 + (설명) + 어렵습니다 + (대안)

네, 고객님 죄송하지만, 담당사원은 구역을 나눠 하루에 한 번 방문을 하기 때문에
2시 배송은 어렵습니다. 최대한 빨리 배송할 수 있도록 노력하겠습니다.

> 네, 고객님, 죄송하지만 + (설명) + 괜찮으시다면 + (대안)

네, 고객님 죄송하지만, 담당사원은 코스를 정하여 배송을 하기 때문에
오늘 재방문은 어렵습니다. 괜찮으시다면 내일 재방문을 드려도 되겠습니까?

> 네, 고객님, 죄송합니다만 + (사과) + 확인해보고 말씀드리겠습니다.

네, 고객님 죄송합니다만, 고객님이 예상하신 날짜에 배송이 이루어지지 못한 부분
다시 한 번 사과드립니다. 저에게 시간을 주신다면 지연사유와 배송시간을 확인해보고
말씀드리겠습니다.

고객의 충성심 얻어내기	Magic 4	칭찬

단순칭찬	와~ 멋지신데요
포인트칭찬	노란색 원피스가 너무 잘 어울리세요
소유물칭찬	스카프가 너무 예쁘세요
비유칭찬	목소리가 아나운서 같으세요

잠깐만! 칭찬에도 Level이 있습니다.

Level 1	말로만 칭찬한다
Level 2	+ 칭찬하기 전 호칭을 불러준다
Level 3	+ 밝은 표정, 목소리로 칭찬한다
Level 4	+ 스킨십을 한다

2-5   컴플레인 - 고객 이해하기

컴플레인이 팽배한 고객을 충성고객으로 만드는 것은 분명 쉽지 않은 고객 만족경영의 대상이다. 그러나 만족시키지 않으면 만족시킨 기업에 시장과 소비자를 빼앗길 수밖에 없는 것이 3C[1]가 존재하는 시장의 원칙(Principle)이자 룰(Rule)이니 적극 활용해야 한다.

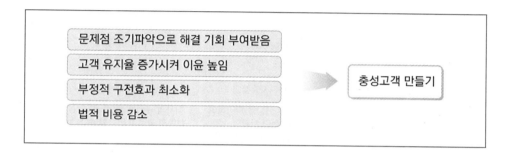

2-5-1. Complaint의 중요성

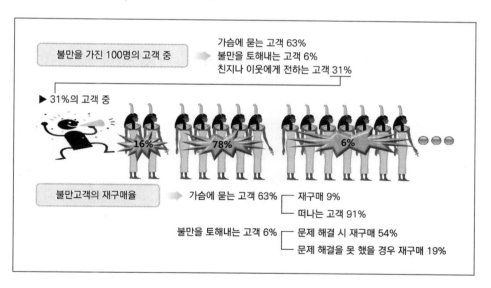

---

1) 시장을 구성하는 3C는 C자로 시작하는 3개의 객체를 말한다. 경쟁사인 Competitor, 자사를 의미하는 Company 그리고 고객인 Customer가 그것이다.

2-5-2. 불만고객 응대 프로세스

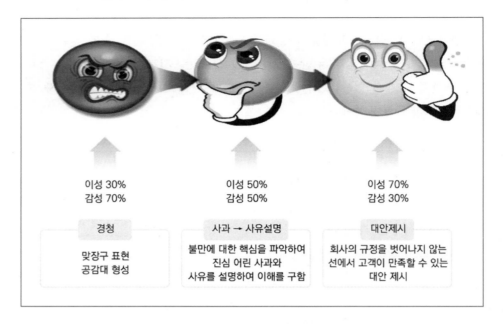

이성 30% 감성 70%	이성 50% 감성 50%	이성 70% 감성 30%
경청	사과 → 사유설명	대안제시
맞장구 표현 공감대 형성	불만에 대한 핵심을 파악하여 진심 어린 사과와 사유를 설명하여 이해를 구함	회사의 규정을 벗어나지 않는 선에서 고객이 만족할 수 있는 대안 제시

참고 1 SERVICE 곱셈의 법칙

서비스는 합이 아닌 곱의 법칙이다. 100개의 서비스 중 100개를 잘하면 100점이다. 그러나 99개는 잘하고 1개를 잘하지 못하면 0점이 되는 것이 고객만족경영, 즉 고객 서비스이기 때문이다.

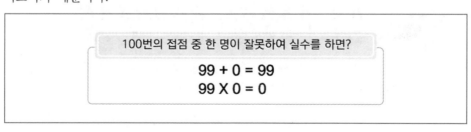

100번의 접점 중 한 명이 잘못하여 실수를 하면?

$$99 + 0 = 99$$
$$99 \times 0 = 0$$

1) 인사모습을 통해 알아보는 심리테스트

손을 들어 올리며 큰 소리로 인사말을 건넨다.

당신은 활발한 성격으로 사교성이 뛰어나다. 인간관계에 매우 적극적인 당신은 일에서도 대범한 면모를 보인다. 작은 실수가 있어도 넘길 줄 아는 호쾌한 성격을 가지셨네요.

HELLO!

머리를 숙여 공손하게 인사말을 건넨다.

당신은 정직하고 신뢰가 있으며 예의를 거스르는 일을 꺼리는 선비와 같은 성격이다. 친한 친구들 몇몇과 깊은 관계를 맺어 진정한 친구관계를 유지하고 있다. 실수나 가치관에 맞지 않는 일이 일어나면 오랫동안 생각하며, 스스로의 욕구를 누르며 참는 성격으로 상대에게 마음을 들키지 않는다. 칭찬과 존경을 받으며 많은 사람들이 당신을 따르고 싶어 한다.

다가가 어깨를 툭 치며 인사말을 건넨다.

당신은 주관이 뚜렷하지 않은 사람이다. 풍부한 감수성과 인성을 지닌 당신은 다정다감하지만 주관이 뚜렷하지 않아 누구에게 의지하려는 경향이 있다. 감정에 흔들리는 당신은 어떤 감정이든 즉시 표출하여 안 좋은 일은 마음속 깊이 담아두기도 한다.

무표정한 얼굴로 턱만 끄덕인다.

당신은 지나친 자신감을 가진 독선적인 사람이다. 너무 도도하고 오만하며, 누구든지 무시하려는 경향이 있다. 자신의 생각과 의견이 무조건 옳다는 편협한 생각을 갖고 있어, 타인과 의견의 오차가 생기면 즉시 불만을 표한다.

2) 마음의 문을 여는 열쇠 인사

인사의 의미

> **인사의 의미**
> 인사란 = 사람 인(人) + 일 사(事), 즉 사람이 하는 일
>
> **사전적 정의**
> 서로 만나거나 헤어질 때, 말, 태도 등으로 존경, 인애, 우정을 표시하는 행동양식

인사의 중요성

> 인사는 모든 예절의 기본
>
> 인간관계의 첫 신호
>
> 자신의 인격과 교양을 표현하는 최초의 행동
>
> 상대방에 대한 친절과 존경심 표현

3) 인사는 먼저 보는 사람이 먼저 하는 것이 인사

1 인사는 내가 먼저	안녕하세요~~
2 EYE CONTACT을 한다	미소, 밝은 표정
3 명량한 목소리	목소리 톤에 변화를~
4 알맞은 상황에(날씨, 시간 등)	오늘 날씨가 좋네요. 식사는 하셨습니까? 오늘 넥타이 멋지세요~ 헤어스타일 바뀌셨네요?
5 +1 말과 함께 인사한다	

4) 이런 인사는 안 하느니만 못하다

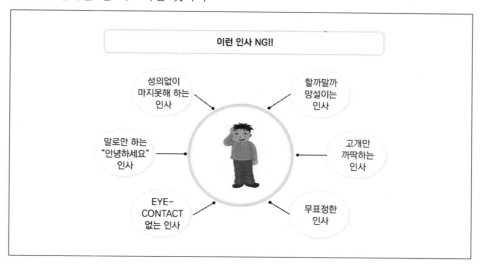

이런 인사 NG!!

- 성의없이 마지못해 하는 인사
- 할까말까 망설이는 인사
- 말로만 하는 "안녕하세요" 인사
- 고개만 까딱하는 인사
- EYE-CONTACT 없는 인사
- 무표정한 인사

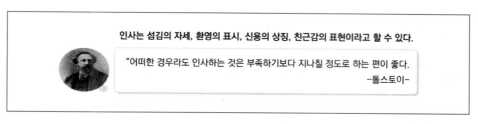

인사는 섬김의 자세, 환영의 표시, 신용의 상징, 친근감의 표현이라고 할 수 있다.

"어떠한 경우라도 인사하는 것은 부족하기보다 지나칠 정도로 하는 편이 좋다.
　　　　　　　　　　　　　　　　　　　　　　　　-톨스토이-

5) 인사는 내가 먼저 하도록 습관화하는 것이 좋다

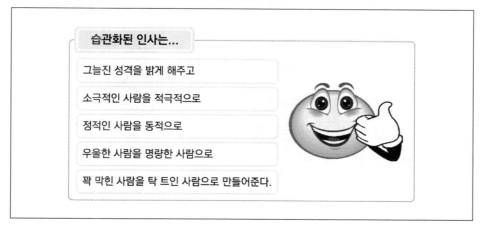

습관화된 인사는...

그늘진 성격을 밝게 해주고

소극적인 사람을 적극적으로

정적인 사람을 동적으로

우울한 사람을 명랑한 사람으로

꽉 막힌 사람을 탁 트인 사람으로 만들어준다.

이번에는 비대면 영업에서 가장 중요한 전화예절에 대하여 알아보도록 한다. 전화는 보이지 않는 상대방의 모습을 그려주는 특징을 가지고 있으며, 상호 주고받는 언어적 수단을 통하여 이루어진다.

전화예절

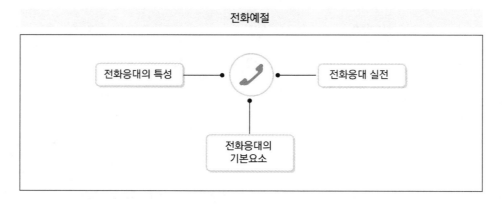

2-6-1. 전화응대의 나쁜 습관과 지양해야 할 행동

나쁜 습관

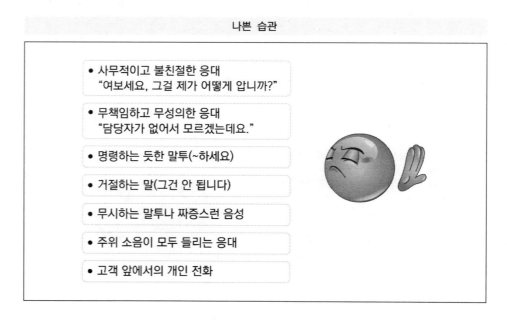

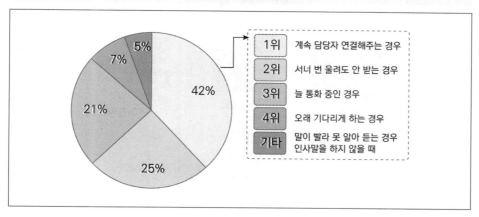

전화걸때, 이러면 싫어요

1위	계속 담당자 연결해주는 경우
2위	서너 번 울려도 안 받는 경우
3위	늘 통화 중인 경우
4위	오래 기다리게 하는 경우
기타	말이 빨라 못 알아 듣는 경우 인사말을 하지 않을 때

2-6-2. 전화응대의 특성

전화는 얼굴 없는 만남이라고 한다. 때문에 전화를 수단으로 영업 및 고객과 접촉하는 영업사원은 연출, 준비, 필요한 내용만을 주고받는 간결함이 요구된다. 전화는 또한 고객의 상상을 만들고 전화통화의 언어수단으로 향기를 나게할 수 있는 특성을 가지고 있다.

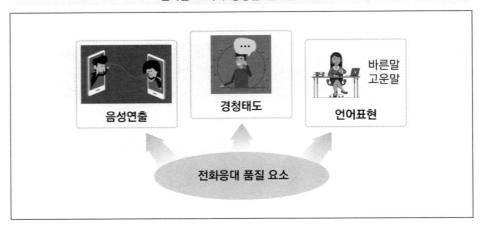

음성연출   경청태도   언어표현

바른말
고운말

전화응대 품질 요소

향기 있는 음성이 가능한 전화

1	미소를 가득 담아 밝은 목소리로
2	생동감 있게 억양에 변화를 주며
3	정확한 발음과 적절한 속도로
4	예의 바르고 성의 있는 말투로

2-6-3. 고객과 통하게 하는 말들

상대방에게 힘이 되는 표현

칭찬과 친근감 표현

- 네, 고객님
- 어머~ 잘 알고 계시네요.
- 꼼꼼하게 미리 체크해보셨네요.
- 아~ 그러셨군요.
- 제가 도와드리겠습니다.
- 물론이죠. 바로 처리해드리겠습니다.
- 네. 맞습니다.
- 전화주셔서 고맙습니다.
- 도움이 되셨다니 저도 정말 기쁘네요.

위로와 사과의 표현

- 그러셨어요~?
- 많이 놀라셨겠어요.
- 고객님 바로는 어렵습니다. 시간을 조금 더 주시면 확인하여 연락드리겠습니다.
- 제 마음 같아선 도와드리고 싶은데 정말 죄송합니다.
- 무슨 말씀이신지 충분히 이해가 갑니다.
- 정말 당황스러우셨겠어요.
- 불편을 드려서 정말 죄송합니다.

지양해야 할 표현

- 본인이세요?
- 잠깐만요.
- 네?
- 누구신데요?
- 제 담당이 아니라서 모르겠는데요.
- 알려드릴게요.
- 담당이 곧 갈 거예요.

　　커뮤니케이션의 도구

　　고객과 어떠한 방법으로 마주하는가는 영업을 목적으로 하는 영업사원들에게는 매우 중요한 수단임에 분명하다. 크게 고객과 대면하며 마주할 때와 고객과 전화통화하며 비대면할 때가 다르다.

　　마주할 때 중요한 것은 겉으로 드러나는 영업사원의 모습이다. 즉 외모, 표정, 태도 등을 말한다.

　　전화할 때 중요한 것은 어조이다. 앞에서 전술한 바와 같이 고객은 내가 내뱉는 언어적 수단으로 모든 것을 상상하고 그릴 수 있기 때문이다.

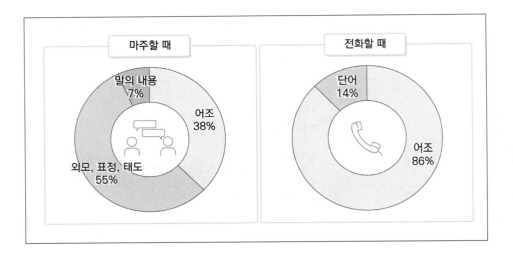

2-7-1. 입의 중요성

웃어야 좋은 목소리가 나온다

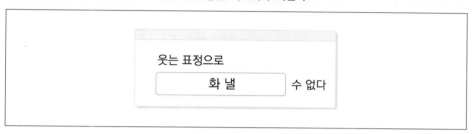

웃는 표정으로

화 낼 수 없다

입은 복(福)을 담는 그릇이다

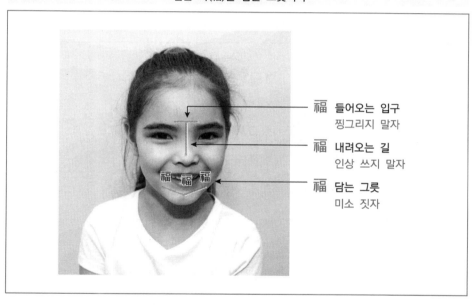

福 들어오는 입구
찡그리지 말자

福 내려오는 길
인상 쓰지 말자

福 담는 그릇
미소 짓자

2-7-2. 잘못된 커뮤니케이션 결과

역시신금

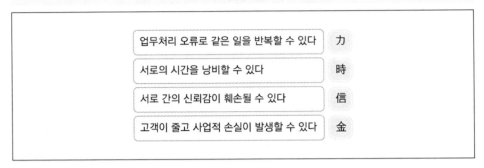

업무처리 오류로 같은 일을 반복할 수 있다	力
서로의 시간을 낭비할 수 있다	時
서로 간의 신뢰감이 훼손될 수 있다	信
고객이 줄고 사업적 손실이 발생할 수 있다	金

고객이 떠난다(고객이 떠나는 이유)

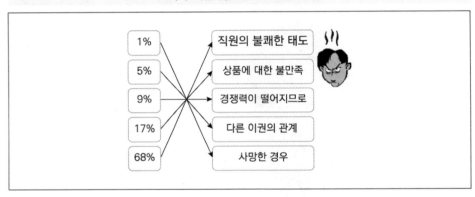

1%	직원의 불쾌한 태도
5%	상품에 대한 불만족
9%	경쟁력이 떨어지므로
17%	다른 이권의 관계
68%	사망한 경우

불만 고객을 바꾸는 응대 Point

듣기	말하는 것과 하지 않는 것을 청취하기
감정 파악하기	들은 것을 인식하기 / 상황 동감하기
반응하기	효과적으로 반응하기
속뜻 파악하기	적극적으로 질문하기(대화에 있어 가장 중요)
마무리	질문에 대한 답을 재진술하기 / 상대방의 입장에서 마무리하기

문제 해결을 위한 분위기 조성

1 실명을 확인시켜 신뢰를 형성한다.

2 끝까지 들어주어 격한 감정을 표출할 수 있도록 한다.(끝까지 경청)

3 긍정적 분위기를 조성한다.

4 자존심을 충족시켜준다.(동의, 감사 표현 사용)

5 복창, 확인을 통해 정확한 상황을 파악한다.

6 변명을 하지 않고 듣는다.

7 기록을 하며 듣는다.

출처: 한국능률협회 컨설팅(클레임처리 및 대책전문가 과정)

모든 답은 고객이 가지고 있으므로,
질문을 던지고 고객의 답을 기다려야 한다.
(질문만 잘 던져도 OK!)
고객이 원하는 질문을 하고 고객이 말을 하도록
한다.

고객만족 = 프로세스
고객만족은 미소와 친절이 아닌 프로세스이다.

고객에게 맑은 날씨를 약속할 수는 없을지라도 비가 올 때 우산을 받쳐주겠다는 약속을 할 수는 있다.(어느 전화 서비스 센터에 붙어 있는 벽보)

행동이 뒤따르지 않는 비전은 꿈과 같다. 비전이 없는 행동은 무작위적인 행동과도 같다. 비전과 행동이 함께 할 때 세상을 바꿀 수 있다.(조엘 바커 / 미래학자)

만일 항상 하던 대로 한다면 항상 똑같은 것을 얻을 뿐이다.(칼 알브레히트 / 컨설턴트)

같이 모이는 것은 시작을 의미한다.같이 동참하는 것은 동참을 의미한다. 같이 협력해서 일하는 것은 성공을 의미한다.(헨리 포드 / 포드사 창업자)

당신이 서비스에 대해 심각하게 생각하면서도 당신에게 주어진 시간의 35%를 그것에 투입하지 않는다면 당신은 그것을 진정으로 심각하게 생각하는 것이 아니다.
(톰 피터스 / 컨설턴트)

결정적 순간이 관리되지 않으면 서비스의 질은 겉치레적인 것으로 변해간다.
(칼 알브레하트 / 컨설턴트)

고객의 생각을 이해하는 것이, 서비스로 성공하는 결정적인 수단이다.
(론 젬케 / 컨설턴트)

질 좋은 서비스를 행하는 것만으로는 충분치 한다. 고객이 좋은 서비스를 받고 있다고 느끼는 것이 중요하다.(칼 알브레하트 / 컨설턴트)

부정적인 태도는, 긍정적인 모든 능력들을 무용지물로 만든다.(버드 바게트 / 저술가)

많이 웃어라, 때로는 무모한 희망이 이상한 성공의 원인이 되는 경우도 있다.
(뤽 D.C.보브나르그 / 프랑스 모럴리스트)

불만은 항상 생기기 전에 처리하라.(레오나드 베리 / 저술가)

아무것도 하지 않으면 아무것도 나아지지 않는다.(나타니엘 브랜드 / 소설가)

서비스에 best는 없다. 다만 better만 있을 뿐이다.(허태학 / KMA CS위원회 위원장)

서비스에 만족한 고객이 자발적으로 퍼뜨리는 말 이상으로 신뢰받는 광고는 없다.
(버드 바게트 / 컨설턴트)

모든 것은 대화에 달려 있다.(알란 웨버 / 패스트 컴커니 창립편집인)

2-9 B2C 택배서비스 평가개요

국토교통부 택배서비스 평가는 정부가 주관하는 유일한 서비스 평가로 "배"번호(택배의 배 자로 택배전용 집배송차) 증차 및 영업 時 평가지표로 활용되고 있다.

2-9-1. 국토교통부 택배 서비스 평가기준

전문 평가단 200여 명이 설문조사를 통해 과정품질을 평가하고, 결과품질(신속, 안전, 차별화)지표는 택배사별로 자료를 제출받아 평가한다.

평가영역		평가항목	배점	평가기준
1.과정 품질	1－1.신뢰성	7개 항목	60점	• 전문평가단 설문조사 데이터 취합 －지역별·주거지 유형별 인구비례 구성 －총 200명(C2C 60명＋B2C 140명) －C2C는 발송부터 수령단계까지 평가 －B2C는 오픈마켓 구매를 통한 수령 이후 반품단계까지 평가
	1－2.친절성	8개 항목		
	1－3.적극지원성	8개 항목		
	1－4.접근용이성	5개 항목		
	1－5.물리적 환경	6개 항목		
	1－6.대응성	기사 처우 수준	23.9점	• 기사 설문조사 데이터 취합 －경력 2년 이상, 해당 택배사 근무 1년 이상인 자 대상 －전국 5대 도시별 비례 구성(각 택배사별 100명)
		피해 처리기간		
		VOC응대수준		• 택배사별 데이터 취합
		직영차량비율		
2.결과 품질	2－1.신속성	배송률	7.1점	
		집하율		
	2－2.안정성	화물사고율	9.0점	
		피해접수율		• 한국소비자원 및 국민신문고 피해접수 건 취합
	2－3.차별성(가점) 최대3.3점	차별화 서비스		• 택배사별 서비스 시행 증빙자료 취합

2-9-2. 국토교통부 택배 서비스 평가항목 및 요청 Guide

평가영역	평가항목	SM요청사항
1-1. 신뢰성	① 배송기사는 집화 시 고객이 요청한 업무를 정확하게 처리한다.	• 고객 요청사항 준수 －고객이 요청한 방문시간, 위탁장소 등을 정확히 준수한다. －고객 요청사항 준수가 어려운 경우 정확히 안내한다.
	② 배송기사는 집화 시 고객과 약속한 시간 내에 방문한다.	• 집하 시간 준수 －고객과 약속한 집하 방문 시간은 반드시 준수한다. －사전 집화 출발 SMS를 반드시 발송한다.
	③ 포장재/박스 및 운송장 등에서 고객의 개인정보를 잘 보호/관리한다.	• 택배 박스 고객 주소 정보 기재 금지 －평가기간 중 아파트 고객 동/호수 박스 기재 금지
1-2. 친절성	① 집하 전 문자 등을 통해 집하 예정시간 등 고객에게 필요한 정보를 제공한다.	• 집화 前 SMS 등을 통한 사전 연락 "안녕하세요. OOO택배입니다. 보내실 물건 있으세요? 금일 13~14시 방문 예정입니다."
	② 방문 전 문자 등을 통해 배송수령 관련 정보를 제공한다.	• 방문 前 SMS 등을 통한 정보 제공 "안녕하세요. OOO택배입니다. 주문하신 상품이 금일 14~15시 사이에 배송 예정입니다."
1-3. 적극 지원성	① 배송기사는 C고객 상품 집하 시 운송장 작성요령, 손해배상한도, 배송 시 주의사항 정보 등을 정확하게 설명한다.	• C2C 집하 시 주의사항 안내 －C2C 집하 고객 대면 시 운송장 작성요령, 손해배상한도, 배송 시 주의사항 정보 등을 정확하게 안내한다.
	② 배송기사는 상품 배송 시 방문 전 고객의 수령 가능여부를 미리 확인한다.	• 배송 직원 방문 전 고객 사전 연락 必 －배송출발/배송완료 SMS스캔 철저
	③ 배송기사는 상품 배송 시 고객 부재중 시 연락을 취하고 물품 보관 장소에 대해 고객과 협의하거나 보관 장소를 안내한다.	• 위탁배송 시 SMS 100% 전송 －상품을 가족, 경비실 등 안전한 장소에 맡기고 SMS 발송 必 → "고객님 상품을 OOO에게 전달하였습니다."
공통	① 배송기사는 상품 집배송 시 회사 로고가 부착된 복장을 착용하였고, 용모가 단정하다.	• 유니폼 100% 착용 • 단정한 복장 및 용모 관리 －유니폼, 깔끔한 바지, 슬리퍼/샌들 금지 (운동화, 트래킹화 등) －단정한 두발 유지 및 면도 필수
	② 배송기사는 고객 대면 및 통화 시 친절하고 예의 바르게 응대한다.	• 친절한 인사말 및 전화 응대 "안녕하세요. OOOO 홍길동입니다."(고객에게 인사하기) 두 손으로 상품 전달하기(보고/들고/인사하고/드리기)

평가영역	평가항목		평가기준
1.과정 품질	1-1. 신뢰성	7개 항목	• 전문 평가단의 택배시간 서비스 비교경험을 통한 9점 척도 질적 수준 평가
	1-2. 친절성	8개 항목	신뢰성 / 업무처리 수준, 물품안전 및 시간준수 등 고객과 약속한 서비스 품질 제공 노력 수준 등
	1-3. 적극지원성	8개 항목	친절성 / 고객의 이해를 돕기 위한 친절하고 예의바른 응대 수준
	1-4. 접근용이성	5개 항목	적극지원성 / 고객 요구 및 돌발상황 등에 대한 신속하고 적극적인 응대 수준 등
	1-5. 물리적 환경	6개 항목	접근용이성 / 고객이 발송접수 및 문의/민원 등을 위해 접근할 수 있는 인프라의 간편성 등
			물리적 환경 / 콜센터 및 홈페이지 등에서 제공되는 기능의 유용성 및 서비스 제공 직원의 용모 단정성 등
	1-6. 대응성	VOC응대수준	• 콜센터 인입콜 응대율 • 콜센터 외 경로(웹/모바일 홈페이지 게시판 등)접수되는 VOC24시간 내 회신율
		피해처리기간	• 본사 또는 영업소로 최초 피해접수된 일부터 고객에게 배상액 지급된 일까지 평균 소요 일수
		기사처우수준	• 기사 근무여건 9점 척도 만족도
		직영차량비율	• 1.5톤 미만 영업용 배송차량 대수 대비 본사 또는 영업소에서 번호판을 소유하고 차량을 구입하고, 기사를 고용한 대수
2.결과 품질	2-1. 신속성	배송률	• 집하량 대비 집하일(D)로부터 익일(D+1) 내 배송완료 스캔 건수
		집하율	• 일회성 고객의 집하접수 건수 대비 접수일(D)로부터 당일(D),익일(D+1) 내 집화완료 스캔 건수 • 반품접수 건수 대비 접수일(D)로부터 당일(D), 익일(D+1) 내 집하완료 스캔 건수
	2-2. 안정성	화물사고율	• 전체 집하량 대비 분실·파손·(지연)변질에 의한 화물사고 건수
		피해접수율	• 전체 집하량 대비 한국소비자원 피해접수 건수 • 전체 집하량 대비 국민신문고 민원접수 건수
	2-3. 차별성(가점) 최대3.3점	차별화 서비스	• 상세 추가정보 안내문자 서비스 시행 시 • 발송물품 포장 서비스 시행 시 • 중량물 배송 서비스 시행 시 • 당일택배 서비스 시행 시 • 신선식품 콜드체인 서비스 시행 시 • 기타 차별화 서비스 시행 시

집배달기사 처우수준 만족도 조사항목

평가영역	평가항목	설문항목
1-6. 대응성	기사 처우수준	현재 일하고 계신 택배사의 업무 강도에 어느 정도 만족하십니까?
		현재 일하고 계신 택배사에서 제공하는 업무 편의성/효율성 향상을 위한 지원이 어느 정도 도움이 되십니까?
		현재 일하고 계신 택배사에서 제공하는 복지 수준에 어느 정도 만족하십니까?
		현재 일하고 계신 택배사의 급여 또는 수수료에 어느 정도 만족하십니까?
		현재 일하고 계신 택배사에 대한 전반적 만족도는 어느 정도이십니까?
		현재 일하고 계신 택배사에서 타사로 이직하실 용의(계획)는 어느 정도 이십니까?
		※ 기타 평가점수 산출 외 실태파악을 위한 추가적인 질문사항 → 일별 평균 처리물량, 수수료, 계약서 작성 영부, 사고 발생 시 택배사의 부당한 책임전가 등 기타 애로사항

B2C 물류 영업달인의 Sales Notes

B2C 영업사원들이여, 택배영업은

1. 대형고객사 Lock-in
2. 판가인상전략
3. 대형고객사 수주전략의 물량 확대가 필요하며 대형고객사 유치는 전략적 판단이 매우 중요하다.

B2C 영업의 핵심역량

    B2C 영업의 핵심역량은 영업사원의 역량과 자사(自社, 영업사원이 소속한 회사)의 역량으로 구분할 수 있다. 영업사원의 역량은 본 책(冊) 전반에 담고 있으니 생략하고, 본 장에서는 자사의 역량중심으로 기술한다.

    3C가 존재하는 시장에서 영업사원의 역량이 아무리 비범하더라도 자사의 역량지원이 안된다면 시장에서 경쟁우위확보를 통한 선도기업(제품, 서비스)이 되는 데에는 쉽지 않은 것이 소비자들의 선택기준이다.

    본인이 십수 년간 B2C 영업현장을 누벼본 결과 아래의 3가지 정도가 영업력을 배가시키는 자사의 핵심역량으로 손색이 없었던 것 같다.

    첫째, 네트워크 구축이다. 이는 투자가 동반되는 부분으로 앞단에서 기술한 바와 같이 장치산업에 종사하는 영업사원이라면 더욱 지원받는 힘이 될 것이다. 이는 안정된 운영, 생산성 향상 등 원가경쟁력을 확보하는 역량으로 이어진다.

    둘째, 가시성 확보이다. 한때 가시성 확보가 경영의 화두가 된 적이 있다. 현재 또한 가시성 확보는 기업내부의 효율성 향상, 협력사 및 공정관리 등에서 꼭 필요한 수단이다. 더 중요한 것은 가시성 확보는 고객을 만족시킬 수 있는 역량을 강화시킬 수 있다는 것이다.

    셋째, 세분화된 시장별 영업경쟁력 확보이다. 시장세분화는 6가지의 조건[2]이 충족될 때 가능하고, 조건을 만족한 세분화된 시장은 내부 조직의 역량을 강화하여 고객만족을 선도할 수 있다는 것이다.

---

[2] 시장세분화 전략을 STP전략이라고 한다. STP는 각각 Segmentation, Targeting, Positioning을 의미하며 시장세분화의 6가지 조건을 제시하고 있다. 첫째, 동질성과 이질성이다. 둘째, 측정이 가능하여야 한다. 셋째, 어느 정도 규모가 있는 시장이어야 한다. 넷째, 온라인 및 오프라인으로 시장에 대한 접근성이 좋아야 한다. 다섯째, 세분화된 시장 간 차별적인 반응이어야 한다. 여섯째, 자사의 역량으로 실행 가능하여야 한다. 구병모(2017). 전략경영 이해와 활용, 서울: 박영사.

핵심역량	세부내역	
1 최적N/W체계 구축을 통한 원가 경쟁력 확보	1-1	PI(Process improvement)활동을 통한 운영 원가 개선
	1-2	Product Line별 가동률 관리 및 생산성 재고
	1-3	배송 안정화 및 비용절감
2 100% Scan, Visibility 확보를 통한 CS역량 강화	2-1	작업지시서의 성공적 수행으로 배송기사 집배송 업무 효율화
	2-2	집하 Process 혁신을 통한 Real Time Operatin 구축
	2-3	배송출발 2시간 단축 Project 추진
3 Market Segment별 영업경쟁력 확보 및 대리점 역량 강화	3-1	Segment별 전략 수립 및 Biz Map을 통한 적극 영업 추진
	3-2	신상품 개발 및 유통 근거리 배송 등 新시장 진입
	3-3	대리점/배송기사 경쟁력 강화 Project추진

영업매출 확대를 위한 추진전략

저자가 현장에서 실행했던 실 사례를 수단으로 구체적인 plan과 세부추진
과제를 제시하니 영업활동에 도움이 되기를 바란다.

■ 중점추진과제

구 분	항 목	주요내용
경쟁사 영업채널 강화를 통한 M/S 확대	경쟁사 100대 Big Account 공략	• 경쟁사 Big Account(年 3억 이상) 영업활동 강화 　－경쟁사 매출 상위 100개社 대상 영업활동 추진; 　　담당별 T/A 수립 및 목표부여 　－창고영업 등 기존 Infra 연계 Total Outsourcing 　　영업강화
	홈쇼핑 (TFT)	• 홈쇼핑 Vendor社 Target 영업을 통한 M/S 확대 　－홈쇼핑社별 매출 상위 Vendor 100개社 대상 영업 　　활동 추진
	이탈고객 재유치	• 이탈고객 대상 적극적인 영업활동 추진 　－이탈대상 Case별 대응전략 지침하달 재유치 추진; 　　경쟁사, 저판가, 서비스 하락, 사고처리지연 등
	영업 Promotion	• 영업활성화 프로모션 실행 　－단기성과 창출을 위한 3개월 Promotion 시행
	기존 고객사 소개영업 활성화	• 기존 고객사 소개 영업활성화를 통한 매출 확대 　－당사 고객사 Key－man 신규 고객사 소개 時 상품 　　권 지급 등
전략고객 신규영업 추진	콘솔전담 대리점 영입	• 대형 콘솔전담 대리점 전략적 유치를 통한 조기매출 　확대 　－동대문 지역 등 콘솔상품 집화전담 대리점 전략적 　　신규영입
	크롤링을 통한 Vendor 확대	• 크롤링을 통한 Vendor 물량 영업진행
	특화서비스 V/C 확대	• 기존 고객사 서비스 영역 확장으로 추가 매출 창출 　－당일배송, 설치, 전담배송을 통해 Lock－in 강화 및 　　매출 확대

■ 추진과제 세부 현황

1) Big Account 공략방안

구 분	주요내용	비 고
① 가망고객 T/A수립	• 年매출 3억 이상 경쟁사 대형고객사 대상 • 수주확률 고려 가망고객 위주 선정 • 年매출 10억 이상 고객사 집중공략	-
② 책임영업 강화	• 담당자별 T/A 선정 및 목표부여를 통한 책임영업 강화 • 월별, 담당자별 유치실적 분석 영업독려 활동 • 공조영업 강화	-
③ Total 영업 확대	• Total Outsourcing(창고/유통가공 연계) 영업 확대 • 관련부서와 연계한 Consulting 영업 진행 • 고객 Needs 분석을 통한 Data 기반 영업 강화	-

2) 단계별 운영(案)

구 분		주요내용
1단계	전략 수립	• 업체별 사전방문을 통한 고객 Needs 분석 • 고객 Needs 분석을 통한 업체별 공략방안 수립 • 공조방안 마련
2단계	영업 진행	• 가망고객 대상 유치 총력 진행 • 대형고객사(年 10억 이상) 수주 기반 마련 • 전략고객사 영업강화 • Total Outsourcing 기반 Consulting 영업진행
3단계	Review 및 공략방안 마련	• 영업 결과 Review 및 보고 • 가망고객 대상 T/A 재수립

■ 홈쇼핑 Vendor 영업을 통한 MSR(Market share ratio; 시장점유율) 확대

1) 추진개요

구 분	Target	주요내용
홈쇼핑 M/S	%	• 홈쇼핑 Lock-In 및 V/C 확대 기반 구축
Vendor T/A	0개	• 홈쇼핑별 Vendor Needs 대응방안 수립 • Vendor T/A 추가 발굴 집중 공략
Vendor 영업	연 000억	• Vendor별 맞춤형 서비스 제안 • Vendor 방문 영업을 통한 물량 확대 추진 • Key-Man 밀착 관리를 통한 영업 극대화

2) 영업구분(案)

구 분	주요내용

타사 Vendor	• Segmentation 영업전략(案)
	  - 저판가, 창고비, 고가품, 이형화물 영업허들 제거
	• 단계별 운영(案)
	  - 1단계(TFT 운영 및 T/A 발굴)
	  - 2단계(Sales Leading)
	  - 3단계(TFT 영업 결과 Review)

신규 Vendor	• 택배사별 서비스 평가 우위 선점 • 배점이 높고, 미달 항목 중점 관리 • 배송률/회수율 Worst 10개 지점 집중 관리

3) 단계별 운영(案)

구 분	주요내용	비 고
1단계	• TFT 운영 및 추진계획(案) 및 보고 • Vendor T/A 발굴 및 확정 • 담당자별 목표 부여 • Vendor Needs 수렴(案) 영업제안 수립(직송/직택배)	매주/매월
2단계	• Sales Leading(홈쇼핑사별/담당별) • 해당 지점과 정보 공유 • 담당자별 진척률 관리 및 실적 관리(정기/수시)	
3단계	• 홈쇼핑사별, 담당별 영업결과 보고서 작성 • TFT 영업결과 Review • 미유치 고객사 2차 Sales	매월/분기

구 분	2020년		2021년	
	10월	11~12월	1~9월	10~12월
• TFT 운영 및 추진계획(案) 및 보고 • Vendor T/A 발굴 및 확정 • 담당자별 목표 부여				
• Sales Leading(홈쇼핑사별/담당별) • 해당 지점과 정보 공유 • 담당자별 진척률 관리 및 실적 관리(정기/수시)				
• 홈쇼핑사별, 담당별 영업결과 보고서 작성 • TFT 영업결과 Review • 미유치 고객사 2차 Sales				

B2C 물류 영업달인의 Sales Notes

"B2C 영업사원들이여!!

원점에서 다시 시작하고, 원칙과 기본에 입각하여 일을 하라."

3-2 　영업활성화 Promotion 전개

저자가 현장에서 실행했던 실사례를 수단으로 제시하는 내용으로 영업활동에 도움이 되길 바란다.

■ 영업 Promotion(~00/00, 3개월간)

현장 Mind－Set 제고를 위한 영업활성화 프로모션 실행을 통해 단기간 內 물량을 확대하고, 저단가 영업에 적극 대응해나갈 수 있도록 함.

구 분		주요내용	지원사항
콘솔 시장 공략	대형 고객	• 대형고객(月 물량 10만 개↑) 　전략적 수주	• 최저판가 0000원 코드승인 • 집화수수료 별도차감 미적용 • 추가수수료 최대 0% 지급
	직영 기사	• 직영기사(月 물량 1천 개↑) 　신규매출 확대 및 활성화	• 신규수주 실매출액의 0% 지급 　(月 물량 1천 개↑)
SOHO시장 (B2C)		• B2C코드 판가 경쟁력강화로 신규 　유치 확대	• 現0000원 → 0000원 　(000원 인하)
대리점 영입		• 경쟁사 대리점(月 매출 1억↑) 　유치 지원	• 최대 000만 원/月 　(3개월간) 지급

■ 기존 고객사 소개를 통한 영업활성화

기존 고객사 Key－man 등에게 신규 고객사 정보를 소개받아 영업을 실시하고, 소개 영업대상자 Incentive(상품권) 지급을 통한 영업활성화 Promotion 시행

■ 추진현황

구분	1단계	2단계
기간	• 시행 관련 지점 공지 • 브로슈어 제작 및 홍보방안 마련 • 지점별 담당자 선정 • 대상 고객사 담당자 확정	• 주간, 월간 단위 소개 고객사 및 영업현황, 　수주현황 공유(매주 금요일, 매월 말일) • 지급 대상자 선정 및 상품권 지급, 확인 　- 매월 말일 지급 및 증빙서류 제출
비고	※ 고객사 소개 수주 건의 경우 1개월간의 실매출 확인 후 규정물량 출고 시만 지급	

■ Incentive(상품권) 지급기준

구 분	월물량	지급내용	비　　고
지급기준	5천 개 이상	상품권 10만 원 지급	• 월간 실출고 물량 기준 지급 • 상품권 지급은 1회에 한함
	10천 개 이상	상품권 20만 원 지급	• 소개한 개인에게 직접 전달 • 상품권 수령 확인증 날인

註) 상품권 지급 시 지점별 관리담당자를 선정하여 상품권 분출기록 관리 예정.

■ 업무 R&R

구 분	주요 R&R	세부내역
본사 영업팀	• 시행안 마련 및 현장 공지 • 브로슈어 제작 및 홍보방안 마련	• 주간, 월간 단위 진척사항 취합 보고 • 월 1만 건 이상 고객사 대상 영업지원
지역 영업팀	• 지점 공지 및 브로슈어, 홍보방안 　배포 • 지점 주간, 월간 단위실적 취합	• 지점 방문 취지 설명 및 시행 관련 　사항 점검 • 중, 소 고객사(월 1만 건 이하) 영업지원
전국 지점	• 지점 대상 고객사 선정 • 지점 관리 고객사 Keyman 미팅 　설명	• 지점 내 고객사 유치 T/A 보고(주1회) • 고객사 방문을 통한 홍보 활동 보고 　(주1회)

■ 크롤링을 통한 Vendor 영업확대

구 분	세부전략
Vendor 정보 확보 방안	• 크롤링 서비스를 통한 국내 오픈마켓 Vendor 정보수집 　ㅡ비택배/중복 제외 기준(자료 검증) 　ㅡ수집정보: 판매자명, 판매자 주소, 연락처, 상품군(명), 현택배사 등
Vendor 영업 확대 방안	• Vendor 정보 담당별 분류 및 영업 담당자 선정 　ㅡ담당 내 총괄담당자(영업팀) 및 지점 주관 담당자 확정 • 담당별 목표(T/A) 부여 및 공격적 영업진행 　ㅡ주간, 월간 단위 유치 실적 및 담당별, 지점별 순위 공지

■ **당일배송 확대: 적극적인 영업활동 및 신규시장 개척을 통한 물량확대**

당일배송 Needs가 있는 대형고객 대상 집중 T/A 영업 강화

(단위: 백만 원, 개, 원)

카테고리	T/A	月매출	日물량	판가	시기
홈쇼핑					
소셜					
오픈마켓					
신선식품					
합계					

■ **신규수요 개발을 통한 당일배송 시장확대 추진**

동대문 시장 의류의 전국 당일배송 수주 실적을 기반으로 남대문 의류시장, 한약시장 등 유사업계 재래시장으로 영업확대, 가락시장 등 전통시장과의 연계를 통한 농수산물 전국 당일배송 추진, 고가품(귀금속, 노트북, 핸드폰 등) 대상으로 수도권 퀵서비스 연계를 포함한 당일배송으로 제안을 전개한다.

■ **신규 전담배송 확대: M&A 또는 직접투자 없이 수직적 거래 구조화**

분야	카드배송시장	정기간행물, 도서배송	행낭배송	당일택배
TA업체				
최근매출규모				

■ 업체 Co-work 추진전략

Market Power(브랜드, Buying, etc.) Share	물류상품 종속화
브랜드파워를 통한 Co-work 추진 및 협상	교차판매를 통한 통합매출 실현

단계별 진행 프로세스

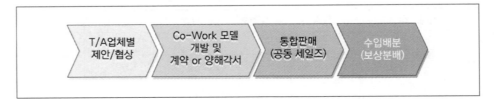

택배사별 주요 경쟁우위 Point

구 분	주요 Point	비고
CJ 대한통운	• 국내 최대 인프라 및 밀집도가 높아 익일 반품률 강함 • 직영기사 보유(1,000여 명)를 통한 서비스 마인드 우수	• 반품률 90% 이상 • 서비스 평가 우수
롯데	• Hub 운영형태가 P2P 방식으로 간선 이동시간이 짧아 오전배송 가능 • B2B 조직과 상호 연계가 가능해 매장 정시배송 등 고객요구에 대응	• 10시 이전 출발 • 매장보유 고객사 만족도 높음
한진	• 롤테이너를 사용한 간선차량 적재로 인해 타사 대비 파손율이 적음 • 생수, 중량물 등의 취급이 가능하고 통단가 허용으로 고객 메리트 제공	• 파손율 우수 • 통단가로 인해 3PL 업체 선호
로젠	• C집화 위주 조직운영으로 개인 소량상품 및 원거리 집화 가능 • 벨트 등 터미널 분류시설이 타사 대비 10cm 이상 길어 부피성 화물 취급용이	• C집화 특화조직 • 고판가 영업 가능
우체국	• 제주 및 도서지역 도선료 무료 및 카드결제 권장 (우체국 금융카드 사용 가능) • 명절 전날까지 집화 및 100% PDA 자필서명 날인 (고객 부재 시 알림쪽지 제공)	• 현금부족 고객사 선호(일결제) • 분실, 파손 최저

TARGET 화주 관리대장 (인맥DB)

- 업 체 명: (사업자번호: 000 － 00 － 00000)
- 영업담당:

1. 업체정보

주사업 및 품목 :	
주 소 :	
대표자명 :	지원인맥(사내/사외)
대표전화 :	
자 본 금 :	매 출 액 :
종업원수 :	창립기념일 :
경 쟁 사 :	

2. 물량정보

월 예상 출하물량 :	출하지 및 반품지 :
현 이용 택배사 :	계약기간 :
판 가 :	결제조건 :
택배사 지원사항(전산, 제자재, 전담인력 등) :	
특이사항 :	

3. Key Man 정보

성 명 :	부서 및 직급 :
생년월일(음, 양) :	결혼기념일 :
담당업무 :	E－Mail :
회사전화 :	회사주소 :
핸 드 폰 :	거주지주소 :
연고지(고향) :	출신학교 :
취 미 :	로비(案) :
성 향 : 활발/호의/대범/ 세심/소극/적극	가족사항 :
주요경력 :	군 경 력 :
특이사항 :	

Daily sales report

		고객군		기준단가	기준물량/일일출고
A	A+	대형고가	2,500원 이상		500개 이상
	A-	대형저가	2,500원 미만		
B	B+	중형고가	2,500원 이상		100개 미만
	B-	중형저가	2,500원 미만		
D	A+	소형)대형고가	2,273원 이상		100개 이상
	A-	소형)대형저가	2,273원 미만		
	B+	소형)중형고가	2,273원 이상		50개 이상
	B-	소형)중형저가	2,273원 미만		
	D+	소형)소형고가	2,273원 이상		50개 미만
	D-	소형)소형저가	2,273원 미만		

○사업부 :

○지점:

○작성자:

고객명				신규	고객군		
일자				방문시간		방문회수	
고객사 정보	대표자	면담자 직급		면담자	사무실 전화	핸드폰	유지 가능성
	주소						
상품 정보	주요품목	판매경로		일 출고 수량	상품 평균가격	배송처 경로	배송처당 박스 수
택배 정보	거래택배사	택배단가(별도)		계약기간	과거 이용회사	월 정산 택배비용	
주요 요구 사항	▪						
상담 내용	▪						

안녕하십니까?

무더운 날씨에 고생이 많으십니다.

본 설문서는 주요 고객사 방문에 따른 현업의 의견을 적극 청취하여, 추후 재방문 시에 이를 반영하여 더 나은 고객사 방문이 이루어질 수 있도록 하기 위해서 작성 되었습니다.

바쁘시더라도 잠시 시간을 내시어 설문에 응해주시면 대단히 감사하겠습니다.

SQ. 응답자 선정 질문

SQ1. 금번 3억 이상 고객사를 직접 방문한 고객사 수는 몇 개입니까? (개사)

SQ2. 직접 방문한 고객사는 어느 고객사입니까? (   )

SQ3. 3억 이상 고객사 방문 시 반응은 어떠하였습니까? (고객사 수로 표기)

    1) 매우 만족(개)   2) 만족(개)   3) 보통(개)

    4) 불만족(개)   5) 기타(   )

    ※ 불만족하셨다면 회사명과 그 이유는 무엇인지 구체적으로 적어주십시오.

    (   )

SQ4. 향후 지속적으로 관리가 필요한 고객사는(집중 관심 대상) 어느 고객사라 생각하십 니까?

    (   )

SQ5. 평소에 3억 이상 고객사 방문은 월 몇 회 정도 하십니까?

    1) 1회   2) 2회   3) 3회

    4) 없다   5) 기타(   )

SQ6. 고객사 방문 시 주요 Contact Point는 누구입니까? (고객사 수로 표기)

    1) 대표(개)   2) 임원(개)   3) 팀장(개)

    4) 실무자(개)   5) 기타(   )

SQ7. 당사 서비스에 대한 고객사 만족도는 어떠하였습니까? (고객사 수로 표기)

  1) 매우 만족(개)   2) 만족(개)   3) 보통(개)
  4) 불만족(개)   5) 기타( )

  ※ 불만족하셨다면 회사명과 그 이유는 무엇인지 구체적으로 적어주십시오.
  (   )

SQ8. 만족하는 경우 가장 큰 이유는 무엇입니까? (고객사 수로 표기)

  1) 가격(개)   2) 집하서비스(개)   3) 전체적인 CS(개)
  4) 전산시스템(개)   5) 기타( )

SQ9. 고객사 방문 활동이 향후 이탈 방지에 도움이 된다고 생각하십니까?

  1) 매우 도움   2) 도움   3) 보통
  4) 도움 안 됨   5) 기타( )

  ※ 도움이 안 된다면 이유는 무엇인지 구체적으로 적어주십시오.
  (   )

SQ10. 방문 시 고객사의 주요 대화내용(이슈사항)은 무엇이었습니까?

SQ11. 향후 고객사 방문 시 지원이 필요하다고 생각되는 사항은 무엇입니까?

SQ12. 금번 고객사 방문을 통해 느낀 점이나 개선할 사항은 무엇입니까?

B2C 물류 영업달인의 Sales Notes

> "B2C 프로세스 개선은 낭비요인을 찾아 비용을 절감해야 하며,
> 택배는 미세관리가 가장 중요하다."

택 배 운 송 계 약 서 (약식)

[   ] (이하 "갑")과 ○○○ (주) [   ]대리점(이하 "을")은 택배운송에 관하여 상호 신의와 성실에 입각하여 아래와 같이 약정한다.

제 1 조 ("갑"의 의무)

"갑"은 택배 의뢰를 함에 있어 상호 합의한 전산규약에 따라 송하인/수하인의 주소, 성명, 연락처 및 물품명과 수량 등 운송에 필요한 제반 정보를 기재한 당일 출고 list를 영업일 17:00시까지 "을"에게 제공한다.

제 2 조 ("을"의 의무)

"을"은 "갑"의 택배 의뢰를 받아 물품을 집화하여 "갑"이 지정하는 수하인의 주소지로 운송/인도하며, 그 운송 사실을 "갑"에게 통보한다. 단, "갑"이 지정하는 수하인의 주소지가 제주도를 제외한 도서지역, 민통선 내 지역 또는 산간벽지로서 "을"이 직접 배달할 수 없다고 판단되는 지역인 경우에는 원칙적으로 "을"에게 택배 의뢰를 수행하여야 할 의무가 없으며 부득이한 경우 양 당사자 상호 간에 별도 협의하여 택배 수행 여부와 수행 방식을 정하는 것으로 한다.

제 3 조 (취급화물)

① 이 계약에 의한 취급화물은 공산품으로 한정하며, "을"은 계약기간 개시일 이전에 "갑"에게 취급불가 품목내역을 통보한다.
② "갑"은 중량이 30kg 이상이거나 BOX의 3변의 합이 160cm 이상 또는 내품가 100만 원 이상인 화물은 의뢰할 수 없으며, 내품가 50만 원 초과품목은 사전에 "을"에게 통보해야 하고, 반드시 송장에 화물명과 물품가액을 기재해야 한다.

제 4 조 (화물포장 및 운송장)

"갑"은 화물의 파손 및 훼손을 방지하기 위하여, 화물의 성질, 중량, 용적 등에 따라 운반 및 운송에 적합하게 BOX포장하여야 한다. "갑"의 포장이 화물의 운반 및 운송에 적합하지 않다고 판단되는 경우 "을"은 재포장을 하도록 요청할 수 있으며, "갑"은 이에 적극 협력한다. 또한 "갑"은 자신의 부담으로 "을"에게 포장대행을 요청할 수 있다.

제 5 조 (운송인도)

① "을"은 화물을 집화한 날로부터 [　]일(D+[　]) 이내에 지정한 수하인의 주소지까지 운송/인도하되 인도예정일이 휴일인 경우에는 그 익일까지, 또한 교통사정 등 불가항력적인 이유로 운송이 곤란한 경우에는 그 사유가 해소된 다음 날까지 운송인도하는 것으로 한다. 단 명절, 연말연시 등 합리적인 사유로 물량이 증가하여 인도예정일을 준수하기 어려운 경우에는 예외로 한다.

② "을"은 수하인의 부재로 인하여 상품을 인도할 수 없는 경우에는 수하인이 지정한 사람에게 인도하거나 다음 날 동일 주소지로 다시 운송하거나 혹은 특정장소에 화물을 임시 보관할 수 있다.

③ "을"은 수하인을 확인할 수 없다고 판단되는 경우에는 운송예정일로부터 3일 이내에 "갑"에게 그러한 사실통보와 함께 상품의 처분지시를 요청하고 그 지시에 따라 필요한 조치를 취하여야 한다.

제 6 조 (냉장/냉동화물에 대한 취급)

"갑"이 의뢰한 화물이 냉장 또는 냉동 보관이 필요한 물품일 경우, "갑"은 사전에 상온상태에서 3일 이상 정상 품질을 유지할 수 있도록 완벽하게 준비한 화물을 "을"에게 인도하여야 하며, "을"은 집화한 날로부터 2일(D+2) 이내에 화물을 운송 완료하여야 한다. 단, 고객 부재 등 "을"이 책임질 수 없는 사유로 인하여 배달되지 못한 경우 화물은 전량 반품하며 "을"은 이에 대하여 책임을 지지 않는다.

제 7 조 (반품 및 반송)

① "을"은 "갑"이 반품자료를 제공한 것에 한해서만 반품한다.

② "을"은 고객의 수취거절 또는 장기간 고객 부재 등으로 인하여 화물을 반송한 경우 그 사실을 반송일로부터 [　]일 이내에 "갑"에게 통보한다.

제 8 조 (택배운임 정산 및 세금계산서 발행)

"을"은 당월 말일까지 집하한 화물을 기준으로 익월 5일까지 "갑"에게 택배운임을 청구하며, 세금계산서는 ○○○주식회사(사업자등록번호 111−81−11111) 명의로 발행한다.

제 9 조 (대금결제)

① "갑"은 "을"의 택배운임청구서를 확인한 후, 청구내용에 이상이 없을 경우 익월 [　]일까지 현금으로 결제한다.

② "갑"은 결제 시 ○○○㈜ 명의의 ○○은행 가상계좌(계좌번호:)로 입금한다.

③ "을"은 외상매출잔액에 대한 확인서를 요구할 수 있으며, "을"의 요청이 있을 경우, "갑"은 잔액 확인 후 확인서에 서명날인하여 "을"에게 제공한다.

제 10 조 (화물에 대한 손해배상)

① 화물의 택배운송 과정에서 "을"의 책임 있는 사유로 화물이 분실 또는 파손된 경우, 보상기준은 화물의 공장도가 또는 매입가로 하되 그 보상한도액은 Box당 50만 원 이내로 한다. 단, Box당 50만 원을 초과하는 고가상품에 대해서는 송장에 그 화물명과 물품가액이 기재되고 고가할증운임이 부과된 상품에 한해서 [   ]만 원까지 보상한다.

② 화물사고로 인해 손해가 발생한 경우 "갑"은 운송완료(예정)일로부터 15일 이내에 "을"에게 그 사실을 통보해야 하며, 그 기간을 경과하여 "을"에게 접수된 화물사고에 대해서는 "을"은 책임이 없다.

③ 화물사고의 처리에 관한 기타의 사항은 택배표준약관에 따른다.

④ 손해배상금액은 택배운임과 별도로 정산하는 것을 원칙으로 하며 쌍방 합의없이 일방이 택배운임과 상계처리할 수 없다.

제 11 조 (면책사항)

다음 각 호의 사유로 발생한 손해에 대해서는 "을"은 책임지지 않는다.

1. 집하금지 화물(서신, 귀금속, 유가증권, 위험물, 동식물 등)의 발송 및 자연소모, 주소지 불명, 기재사실 상이 및 오기로 인한 화물사고가 발생한 경우

2. 전쟁, 내란, 폭동, 천재지변, 파업, 기타 사회통념상 불가항력적인 사유로 화물사고가 발생한 경우

3. 화물의 외부 포장에 손상이 없음에도 불구하고 내품이 변질 또는 부패, 훼손되었거나 멸실된 경우

4. 화물의 종류와 성질, 중량, 용적, 가격 등이 실제와 다르거나 기존 계약내용과 달리 변경되었음을 운송 전에 "을"에게 통지하지 아니하여 손해가 증가된 경우

제 12 조 (권리의무의 양도 또는 위임 금지)

"갑"과 "을"은 본 계약에 관한 권리의 일부 또는 전부를 상대방의 사전 서면승인 없이 제3자에게 양도하거나 담보제공할 수 없다. 이 경우, "을"의 영업소, 대리점 및 관련 협력업체는 제3자에 포함되지 아니하는 것으로 한다.

제 13 조 (비밀유지)

① "갑"과 "을"은 계약체결 및 계약기간 중 취득한 상대방의 업무상, 기술상 또는 영업상 비밀과 정보를 외부에 누설하거나 제공해서는 아니된다.

② "을"은 "갑"이 이 계약에 의거하여 제공하는 고객정보를 제3자에게 공개/누설하거나, "을"의 영업이나 마케팅목적으로 활용해서는 아니된다. 이 경우, "을"의 영업소, 대리점 및 관련 협력업체는 제3자에 포함되지 아니하는 것으로 한다.

제 14 조 (개인신용정보의 관리)

"갑"과 "을"은 관련법규에 따라 상대방의 개인식별정보, 신용거래현황(계약 이전 및 이후 거래현황 포함) 등의 신용정보를 신용정보업자, 신용정보 제공·이용자 등에게 제공하여 신용판단자료로 활용하거나 공공기관에서 정책자료로 활용하도록 하는 데 동의한다. 이 동의는 계약갱신 등으로 변경되는 경우에도 유효하다.

제 15 조 (계약의 해지)

① 당사자 일방은 상대방이 다음 각 호에 해당할 경우, 상대방에 대해 별도의 최고 없이 서면통지로써 본 계약을 즉시 해지할 수 있다.

    1. 일방이 가압류, 가처분, 강제처분, 경매, 공매, 체납처분 또는 이와 유사한 처분을 받거나 화의, 회사정리절차 또는 파산의 신청이 있는 경우

    2. 일방이 영업의 폐지, 변경 또는 해산 결의를 한 경우

    3. 일방이 발행한 어음, 수표를 소정의 기일 내에 결제하지 않거나 어음교환소에 의한 부도처분(거래정지 처분)을 받은 경우

② 이 계약에 의한 거래관계가 3개월 이상 지속되지 않거나, 일방이 특별한 사유 없이 이 계약을 위반하고 상대방으로부터 그 시정을 최고 받은 날로부터 15일 이내에 시정 하지 아니하는 경우, 그 상대방은 서면통지로써 즉시 이 계약을 해지할 수 있다.

제 16 조 (계약기간)

이 계약의 계약기간은 [　　]년 [　]월 [　]일부터 [　　]년 [　]월 [　]일까지로 한다. 계약기간 만료 1개월 전까지 어느 일방의 갱신 거절의 서면통지가 없을 경우 계약은 동일한 조건으로 1년씩 자동 연장되는 것으로 한다.

단, 연장된 기간 중의 운임 및 요율에 대하여는 별도 협의하여 정한다.

제 17 조 (택배운임)

(단위: 원/Box, VAT 별도)

품명	규격	용적/중량	계약물량	동일/타 권역 단가	제주권 단가
		cm/kg 이하		원	원
		cm/kg 이하		원	원
		cm/kg 이하		원	원

▶ 도서지역 도선료는 별도 실비정산하며, 반품은 상기금액과 동일기준을 적용한다.
▶ 계약물량과 실제물량 간의 차이 발생, 유류비 인상 등 운임인상요인이 발생한 경우 쌍방이 합의하여 단가를 조정할 수 있다.

이 계약을 증명하기 위해 계약서를 2부 작성하여 "갑"과 "을"이 기명날인한 후 각 1부씩 보관한다.

2017년   월   일

"갑" 가나다 주식회사   "을" ○○○ (주)   대리점
      서울 종로구 세종로1가   서울 중구 순화동
      대표이사 홍길동 (인)   이택배 (인)

㈜○○○ 와 ○○○ ㈜의 물류 위탁 사업을 위한 양해각서

㈜○○○(이하 "○○"이라 한다)와 주식회사 ○○○ (이하 "○○"라 한다)는 ○○이 "물류 효율화를 위한 제안 요청"을 위해 제공한 자료를 근거로 ○○○가 작성하여 제출한 "○○○ 물류전략 수립 및 실행 제안"을 바탕으로 ○○○가 위탁받아 수행 하게 될 ○○의 물류 개선 사업을 성공적으로 수행하기 위하여 다음과 같이 포괄 적인 상호 협력을 위해 양해 각서(이하 "본 양해각서"라 한다)를 체결한다.

제 1 조 (목 적)

본 양해각서는 ○○과 ○○○ 공동의 이익을 위해 상호 협력함에 있어 필요한 사항 을 정함을 목적으로 한다.

제 2 조 (신의성실)

양 당사자는 신의와 성실의 원칙에 따라 본 양해각서의 내용을 충실히 이행한다.

제 3 조 (업무제휴범위)

○○이 향후 ○○의 물류를 혁신 및 개선하고 물류 경쟁력을 강화하기 위해 ○○○ 에게 물류를 위탁하고 ○○○는 물류 시스템(인프라 및 시스템 제반 일체)을 이용 하여 ○○의 고객에게 양질의 물류 품질을 보장하여 고객 만족도를 높일 수 있는 물류 서비스를 ○○에게 제공하는 것을 원칙으로 한다.

제 4 조 (양 사의 역할 및 의무)

① ○○의 역할 및 의무는 다음 각 호와 같다.
  1. ○○에 최적화된 물류 인프라와 시스템의 설계·구축 및 운영을 위하여 티몬 이 할 수 있는 지원을 성실히 이행한다.
  2. ○○ 시스템과 물류 시스템 간 연동 개발을 위한 ○○○의 업무지원 요청을 적극적으로 협력한다.
  3. 향후 ○○ 물류 운영에 대하여 적극적으로 협력하고 고민하며 개선을 위하 여 노력한다.
  4. ○○은 ○○○의 사업영위를 위한 가능한 지원과 협력 방안을 고민하고 협의 하여 실행하도록 최선을 다한다.
  5. 향후 정식 계약 체결을 위하여 적극적인 자세로 최선을 다하여 임한다.

② ○○○의 역할 및 의무는 다음 각 호와 같다.

1. ○○에 최적화된 물류 인프라를 구축하고 책임감을 가지고 성실한 자세로 물류를 운영한다.
2. ○○에 최적화된 물류 인프라 구축과 물류 절감을 위해 항상 연구 · 개발하고 이를 실행한다.
3. ○○ 시스템과 물류 시스템 간 최적화된 전사적 연동을 통해 물류 업무효율화를 극대화할 수 있도록 한다.
4. ○○○의 인프라 및 물류 관련 솔루션을 구축 및 유지 보수하고 쾌적한 물류 환경을 제공하기 위해 최선을 다한다.
5. ○○이 요구 및 요청하는 제안을 적극적으로 검토하고 개선을 위하여 적극적으로 수용한다.
6. ○○○는 티몬의 사업영위를 위한 가능한 지원과 협력 방안을 고민하고 협의하여 실행하도록 최선을 다한다.
7. 향후 정식 계약 체결을 위하여 적극적인 자세로 최선을 다하여 임한다.
8. 본 양해각서를 체결한 날로부터 1개월 이내에 ○○이 실제적인 물류 운영이 가능할 수 있도록 최선을 다하여 준비한다.

③ 본 조에서 정하지 않은 세부사항에 대하여 양 사는 추후 별도의 합의를 통하여 정한다.

제 5 조 (유효기간)

본 양해각서의 유효기간은 본 양해각서 체결일로부터 3개월이며, 유효기간 내 양 사는 ○○ 물류 개선 사업에 대한 정식 계약을 체결함에 있어 신의와 성실을 바탕으로 최선을 다한다.

제 6 조 (발효일)

본 양해각서는 본 양해각서 체결일로부터 효력을 발생한다.

제 7 조 (기밀유지)

본 양해각서의 유효기간 중 또는 본 양해각서 종료 후, 양 사는 본 양해각서를 이행하면서 취득한 상대방의 업무상 비밀 및/또는 고객정보를 본 양해각서의 이행을 위한 목적 이외에는 사용하지 않으며 본 양해각서의 유효기간 만료일 이후 3년간 상대방의 사전 서면 동의 없이 제 3 자에게 누설하지 않는다.

제 8 조 (기타사항)

본 양해각서에서 정하지 않은 사항은 관련 법령에 의거 상호 협의해 새롭게 규정하기로 한다.

본 양해각서를 성실히 이행하고 이를 증명하기 위하여 본 양해각서 2통을 작성, 날인하여 양 당사자가 각 1통씩 보관한다.

2020년   0월   00일

㈜ ○○○   ○○○㈜
서울시 ○○구 ○○동 ○- ○○   서울시 ○구 ○○동 ○○○
대표이사 ○○○   (인)   대표이사 ○○○   (인)

3-5 평가제도 기반의 고객 관리 및 이탈 우수고객 재유치 방안

고객 DB를 기반으로 고객 평가를 통해 총 5개 등급으로 분류하여 서비스 우선순위 지표로 활용하고 기여도가 높은 고객사 선정을 위해 영업이익률 40%, 매출액 25%, 판가 가이드 준수율 25%, 콘솔 Line 입고율 10%를 반영하고 생산성 저해 및 클레임 발생 고객사는 감점을 적용하여 등급을 구분한다.

📖📖 고객사 등급별 현황   (단위: 개, 백만 원)

등급	고객수	총매출	비중	이익률	주요 고객사
S등급					
A등급					
B등급					
C등급					
D등급					
합계					

註) 고객사 평가: 분기별 평가 진행을 통한 등급 재평가.

■ 고객사 D등급에 대한 제값받기 프로젝트 적극 추진

생산성 저해 고객사, 이형판가 미적용 고객사, 상품 Type 미준수 고객사 등을 대상으로 개선활동을 진행한다.

■ 대형우수 이탈고객사 조기 유치

경쟁사 저판가, 서비스 하락, 사고처리 지연 등 등급별로 구분하여 우수고객사에 대한 전략적 재유치에 총력한다.

📖 B등급 이상 전략적 재유치

(단위: 개, 백만 원, 천 Box)

구분	고객수	月매출	月물량	주요 고객
택배사 명				
합계				

B2C 물류 영업달인의 Sales Notes

"택배는 꿈을 현실로 만드는 기술이 필요하다."

3-6 고객 부재로 인한 위탁배송에 관한 지침

■ 목 적

이 지침은 택배 상품 배송 시 고객 부재로 고객에게 직접 배송이 불가한 경우에 행동 요령 및 그로 인한 위탁배송 과정에서의 행동요령을 규정하여 고객에게 친절하고 정확한 서비스를 제공하도록 하는 데 목적이 있다.

■ 적 용

이 지침은 고객 부재에 따른 위탁배송 업무처리 과정에 적용한다.

■ 위탁배송

- 고객 부재 예방을 위해 방문 예정시간을 준수하여 방문하며 부득이 지연될 경우에는 전화를 하여 사유를 설명하고 고객의 동의를 구해야 한다.
- 상품인도는 지정된 수하인에게 배송토록 하되 고객과의 사전 약속에 의하여 대리 인수 또는 위탁장소에 배송하여야 한다.
- 위탁배송 후에는 반드시 배송 장소를 고객에게 통보하여야 한다.
  연락 불가 등으로 위탁배송이 어려울 경우 배송을 위한 방문 횟수는 3회까지로 하고 3회 이후는 배송불가로 처리한다.
- 단, 홈쇼핑 상품은 해당 콜센터로 연락하여 홈쇼핑사의 조치가 우선한다.
- 배송불가 상품은 배송불가 상품 처리 절차에 따른다.

■ 배송불가 상품 처리

〈배송불가 기준〉
- 배송 주소지에 고객이 없거나 전화연결이 안 되는 경우(연락 불가)
- 방문 및 수화인 연락 3차 시도 불가
- 기타 제반사유 배달 불가 시
- 배송불가 상품 처리
- 미배송 사유를 전산에 입력
- 미배송의 경우 상품 반송을 위해 운송장과 상품을 터미널 주재원에게 인계

3-7 신선식품 잔류 Zero화

■ 목 적

신선식품 중계 100%, 잔류 Zero化 운영(설특수기 변질사고 최소화)

구분		세부내용	비고
지점 Sub	신선식품 등록	중계현황 등록 비고란 ★신선식품 000개	즉시 전산 등록
	비상 출고 Hot-Line 통보	각 허브 상주 비상운영팀에 유선/문자 통보 必	긴급 출고건 비상 운영팀에 Hot-Line 연락
HUB 비상 운영팀	엑셀 다운로드	최종 02시 마감자료 엑셀 다운로드 : 비고란 신선식품 수량 확인	비상운영팀 하차 우선순위 허브장 보고
	우선순위 선정	홈쇼핑 및 신선식품 수량 감안 하차 우선순위 결정	
	하차 여부 확인	해당차량 하차 여부 확인 : 통제실, 관제실 시스템 모니터링하여 수작업으로 엑셀 출력물에 하차 여부 체크	비상운영팀 모니터링 Hub 관제실조정
	하차 누락분 하차 시행	하차 누락분 하차 조치 : 허브장/허브 주재원 연락	
	잔류 확정	최종 미하차 간선차량 확정	허브장 확인
	잔류차량 내 신선식품 하차	미하차 간선차 뒷문 전량 개방 신선 식품 확인 : 신선식품 후미적재 차량 확인 시 접안 하여 하차	비상운영팀 & Hub관제실 & Hub주재원
	작업현황 보고	비상운영팀 Hub 전일 신선식품 운영 현황 비상상황실(운영팀장, 고객팀장) 결과 보고	
	최종 점검	Hub 바닥잔류 신선식품 퀵발송 조치	주간Hub 근무자
비상 상황실	결과 보고	비상상황실 부문장, 운영담당 최종 보고	

3-8　택배시장 지배력 강화를 위한 중점추진과제

외부 사업환경 변화	Target In 2021	중점추진전략
• 온라인 중심의 유통구조 변화 　－옴니채널·모바일 시장 확대 　－쿠팡 등 유통업체들의 택배 　　진입	Market Leadership 영업 및 M/S 지속 확대	• 압도적인 시장지배력 확보 　－M/S확대를 위한 경로 　　별 추진전략 수립 　－마케팅역량 강화 및 　　신상품개발 　　新성장동력 확보
• 택배시장 경쟁구조의 재편 　－중소업체 간의 합종연횡/도태 　－대기업 시장진입	Operation Excellence Capa 및 원가경쟁력 강화	
• 국내 택배시장의 산업화 진전 　－택배사업 관련 법제화 추진 　－택배 영업용 차량의 증차 허용		• N/W최적화 및 생산성 제고 　－효율적인 중장기 Capa 　　확보 및 Operation 　　Excellence 강화 　－전체 운영 N/W의 최적 　　화 추진 　－Sub터미널 운영구조 　　혁신
• 첨단 기술의 발전 및 실용화 　－국내 분류 자동화 비율의 증가 　－Robotics, Packaging 신기술 　　도입	Customer Service Perfect한 서비스 제공 배송률 96.0% 회수율 92.0%	
내부 제한요인 증가		• 시스템 고도화 기반의 서비스 　완전 차별화 　－시스템 고도화의 완성 　－내부 프로세스 최적화 　－압도적 서비스 우위 　　확보
• 운영 Network 복잡성의 증가 　－경험과 수작업 의존한 N/W 　　설계 　－Manual과 자동이 혼재된 　　Hub	Globalization 한국型 모델의 글로벌화	
• 기존 프로세스의 성장 한계성 　－야간 분류 + 주간 1회전 배송 　－직영, 대리점 등 다양한 집 　　배조직		• 조직역량 강화 및 　글로벌 사업 적극 확대 　－현장 중심의 조직구조 　　혁신 　－현장안정화의 완성 　－국내사업역량 기반의 　　글로벌화

▪ Network 최적화 및 생산성 제고

📖 중점추진과제 및 세부 Action Plan

추진과제	세부 Action Plan
효율적인 중장기 Capa 확보 및 Operation Excellence 강화	• Hub 인프라 구축 및 설비 개선, 손실률 관리 등을 통한 Capa 확보 • Hub 설비-운영Capa間 생산성 관리를 통한 추가 Capa 개선 ─ 콘솔 Hub 입고물량 관리 및 생산성 관리 • 운영 Process 및 원가 관리를 통한 Operation Excellence 강화 ─ 간선적재량 개선 ─ 도급생산성 향상
운영 N/W의 최적화	• 시뮬레이션 Tool 및 첨단물류기술 도입 등을 통한 택배 N/W 최적화 추진 ─ Hub/Sub 터미널 모델링 및 운영전략(단기/중장기)수립 ─ Hub/Sub 자동화 및 신기술 개발 도입 • 택배운영 프로세스 관제시스템 구축 ─ 자동배차시스템(N/W Simulation Tool 연계) ─ Total Operation Management System • 요일별 물량 Shift를 통한 운영효율 최적화 추진 (일평균대비 월요일 물량 비중 증가) ─ 월요일 물량집중도 개선을 위한 휴일물량Shift 대상 고객사 선정/ 관리 ─ 요일별 차등가격정책 도입을 통해 월/화 물량 집중해소 추진
Sub터미널 운영구조 혁신	• 미래型Sub 혁신모델 도입을 통한 다회전 배송체제 구축 ─ Satellite型 Drop Zone 모델 도입으로 배송 생산성 제고 ─ 터미널 자동화를 통한 터미널 분류업무 효율성 혁신

B2C 물류 영업달인의 Sales Notes

"영업사원들이여, 상사의 Order를 많이 받는 사람은
역량이 우수한 영업사원임을 알자."

■ 시스템 고도화 기반의 서비스 완전 차별화

📖 중점추진과제 및 세부 Action Plan

추진과제	세부 Action Plan
시스템 고도화의 완성	• Big Data 활용 및 IT프로세스 개선을 통한 시스템 고도화 추진 　－과거 주문정보Data 분석을 통한 상품과 정보의 완전 일치화 구현 　　: 집배구역 정보 재정비, 주문주소정제 솔루션 고도화 등 　－상품 흐름 구간별 Data Scanning Process 개선 　　: 스캔장비 자동화, 운송장 표준화, 수기송장 제로화 등 • 현장 운영 효율성 제고를 위한 첨단시스템 도입 확대 　－인프라(ITS)[3]
내부 프로세스 최적화	• 7단계 Process 혁신과제 수행 • 상품과 정보흐름의 일치화 구현을 통한 집배송 Visibility 확보 　－업무시작 전 배송예정정보가 100% 제공될 수 있는 환경 구축 • 불필요한 요소 제거를 통한 효과적인 업무 Process 재 구축 　－고객상품의 집화부터 배송까지 7단계 프로세스 분석 및 재설계를 통한 SM배송 출발시간 단축 　－집배송 가용시간 확보
압도적 서비스 우위 확보	• 서비스 상향 평준화, 구성원 CS마인드 강화, 시스템 고도화 기반의 집배송 서비스 완전 차별화 　－배송대 및 고객 App활용 등을 통한 배송저해요인 개선 • 분실예방추적시스템 개발, 상품박스 표준화 추진으로 분실/파손 클레임 획기적 개선

---

3) ITS: Intelligent Terminal System, 첨단기기를 도입한 터미널 관리시스템.

■ 조직역량 강화 및 글로벌 사업 적극 확대

📖 중점추진과제 및 세부 Action Plan

추진과제	세부 Action Plan
현장중심의 조직구조 혁신	• 사업핵심역량 강화를 위한 R&R 재편 ▷ 현장중심의 변화 혁신 유도 －기존 단순 현장관리를 위한 기능적 조직구조에서 배송기사 중심의 소 단위 조직으로의 전환을 통하여 건전한 경쟁을 통한 성과 창출 [As-Is]　지점장　주재원／직영기사／대리점／협력사　→　[To-Be]　지점장　주재원／주재원／주재원／협력사　직영 직영 직영　대리점 대리점 대리점 • 기존 구성원 역량 강화 및 택배현장 핵심인력 확보 －현장 관리역량 강화를 위한 지점장 Pool 확보 －Sub별 책임관리자 선정을 통한 역할 및 책임 강화 • 직영기사의 기능 강화 및 확대 ▷ 현장안정화 및 영업역량 강화 －직영기사관리 전담조직 신설 및 제도 개선 －영업전문 배송기사양성을 통한 현장 시너지 강화
현장안정화 완성	• 대리점 배송기사수입 향상과 복리후생제도 확대를 통해 조직의 변화와 혁신에 동참 유도 및 직무에 대한 Pride 고취

B2C 물류 영업달인의 Sales Notes

"경쟁력 있는 B2C 서비스 제공자를 원하는가?
먼저 표준프로세스를 디자인하고,
Target을 정하고, 멀티플레이어가 돼라."

■ 고객의 관점(고객에게 우리가 어떤 가치를 제공해줄 것인가?)

실제 고객의 요구사항에 부합하는지 검증이 필요하고, 중요도/시급성에 따른 우선순위를 결정하여야 한다.

1) 받는 고객의 입장

부재 시 완벽한 안심서비스 제공	기사 사진제공, 상품위탁장소 사진제공, 해피콜, 생물 직접대면배송, 냉장/냉동 포장기능 개선, 2~3회전 배송을 통한 대면배송으로의 전환, 위탁장소 대행서비스 등
대면배송 시 완벽한 서비스 제공	시간지정 배송-야간배송/퀵배송/3시간배송/오전배송, 포장재 회수 등
공통 서비스	실시간 기사 위치정보안내 및 도착예정시간 알림 서비스, SM친절서비스-유니폼 착용/도색 100% 상태유지/명찰패용/차량청결 등, 당일 지정시간 및 장소 반품수거 서비스, 고객클레임 즉시처리-앱연계/콜센터연계/Self처리대응서비스, MMS전송 시 택배기사 신뢰도 부각방법 고민, 통합주소관리서비스, 손편지 등 감성서비스 제공 등
택배 이외의 창출 가능한 서비스 제공	IoT 기반의 자동주문배송, HMR서비스, 세탁물 수거 서비스, 독거노인 Care서비스, 설치/Repair서비스, 각종 생활정보 제공, VIP고객 별도관리 서비스, 비서기능 등

2) 보내는 고객의 입장

B고객	재고보관 및 유통가공 토탈솔루션 제공, 출고마감시간 연장, 잔류해소, 선입선출, 파손/도난/분실 해소, 기사친절, 배송예정시간 안내시간간격 단축 및 도착률 향상, 배송완료스캔 리얼타임제공, 허위스캔 방지, 대형고객 집화차량 상시대기, 완벽한 POD서비스, 전담인력, 전담배송조직, 전담콜센터 인력배치, B성 C고객의 리얼타임 집화요청, 임의배송 시 고객해피콜 시행 등
C고객	리얼타임 집화요청 및 방문시간 안내 서비스, 포장대행서비스 제공, POD서비스, 위탁장소 제공서비스 등

■ 향후 해야 될 일

- 경쟁사, 온/오프라인 유통업체의 향후 사업방향 예측 및 대응방안 수립
- C2C시장 공략방안 수립
- 글로벌 택배사업 진출전략 수립
- 2회전 배송구조 마련을 위한 SUB터미널 혁신방안 마련(Drop zone Hub 구축 등)
- 배송 및 부가서비스 제공을 위한 고정점포 운영안 검토
- SCM사업전략 수립(보관/유통가공/Repair/수배송 등 Total서비스 제공)
- 대리점 및 배송기사구조재편 계획 수립
- 직영기사 확대 및 운영전략 수립
- 미래 첨단기술과 연계한 택배 신성장 동력 창출방안 마련
- Packaging 신기술 개발전략 마련

B2C 물류 영업달인의 Sales Notes

영업사원들이여, 리더로 성공하기를 원한다면 다음의 4가지를 되뇌어보자.
1) 무엇이든지 열정이 있어야 된다.
2) 군림하지 않고 겸손해야 된다.
3) 자기확신과 자신감이 있어야 한다(항상 생각하고 준비하는 사람).
4) 남에 대한 배려가 있어야 한다(존중이 필요함).

택배사업 향후 미래전략

■ 사업환경 분석 및 미래 택배시장에 대한 시사점

■ 사업환경 분석을 통한 시사점 도출

1) 유통업계

고객의 구매 Trend 변화에 선제적 대응을 위하여 Big Data, Robotics, ICT 등 첨단기술을 기반으로 O2O 및 차별화된 물류서비스 역량을 강화하고 있다.

환경 분석	Trend	Insight
• [국내] 배송경쟁력 강화 및 핵심 인프라 투자경쟁력 차별화 　－쿠팡: 빅데이터 기반 수요관리 및 로켓배송 등 인프라 투자 강화 　－이마트: 온라인 사업강화를 위한 전담물류센터 및 자체배송망 구축 • [해외] 차별화된 물류서비스 및 물류 N/W 확대 　－아마존: 수요예측 Fulfillment N/W 기반 당일, 1시간 등 차별화 배송 제공 　－알리바바: 제휴를 통한 N/W 구축 및 신선식품 24시간 내 배송 실시	E－commerce O2O, Omni채널, 자체 배송망, SCM, Fulfillment, Big Data, 수요예측, 신기술/자동화	① Last－mile ② 당일/다회전 ③ SCM역량 ④ Big Data ⑤ 분류자동화

B2C 물류 영업달인의 Sales Notes

"영업의 달인이 되고 싶은가?
진정성, 미침, 절박함으로 완벽하게 일을 하라."

2) 택배업계

E-commerce 확대 등 시장변화에 따른 사업경쟁력 강화를 위해 규모의 경제 확보, 인프라 기술투자, 신상품 개발 등을 지속 추진하고 있다.

환경 분석	Trend	Insight

• [국내] 규모의 경제 확보를 위한 M&A 및 인프라 투자 강화
   - 롯데: 롯데 편입에 따른 계열사 물량 이전 및 이천 터미널 투자('16년)
   - 한진: 수익성 악화 극복을 위한 영업 강화 및 대전 (구) KG로지스 Hub 매입
   - 기타: 중소 택배사 간 생존을 위한 합종연횡 및 M&A 진행 활발
 • [해외] 글로벌 N/W 지속 확대 및 고객 접점의 배송서비스 강화
   - UPS: 아시아, 중국 등 글로벌 N/W 지속 확장 및 공학/기상 등 전문인력 확보
   - DHL: Hub의 자동화 설계 및 무인택배, 자동차 배송 등 배송서비스 강화
   - Yamato: Hub 365일 24시간 가동 및 日 3회전 배송, 시간지정 서비스 제공
	Scale Merit, Infra 투자, 분류자동화, Global N/W, 전문인력, 전담/시간지정, 무인택배	① 시장지배력
		② 원가경쟁력
		③ Capacity
		④ Global
		⑤ 서비스품질

3) 고객

쿠팡의 등장으로 택배서비스에 대한 받는 고객들의 기대수준이 높아지고 있으며, 빠르고 정확한 배송과 낮은 가격을 기본으로 SCM 등 다양한 서비스 Needs 증가가 예상된다.

환경 분석	Trend	Insight

• [보내는 고객] 가격 및 기본 집배송 外 부가적 서비스 요구
   - 당일, 시간지정, 전담, Cool, 고가, 지정일 등 부가 배송 서비스와 쌍방향소통
   - 저렴한 물류 Cost 기반 컨설팅, 재고관리, 포장/유통가공 등 토탈서비스
 • [받는 고객] 사진 정보제공과 더불어 안심·적시·적소 배송
   - 정시, 당일, 원하는 장소·시간 배송 및 해피콜 등 고품질 감성 서비스
   - 파손 및 도난 등 신속한 클레임 처리 및 배송 기사 실명제의 안심 서비스
	택배상품 다양화, Total SCM, 안전/실명제, 감성마케팅/소통, 실시간 Tracking, Low cost	① 신상품 개발
		② One-Stop
		③ 안심택배
		④ 쌍방향 Comm.
		④ Pricing역량

▪ 시사점 도출을 통한 미래전략 방향 수립

1) 미래전략 방향

시장, 택배업계, 고객 등 사업환경 분석을 통하여 도출된 Insight들의 상호 연관성에 대한 검토와 시사점을 기반으로 5대 미래전략 방향을 수립한다.

	시장	업계	고객
Insight	• Last Mile • 당일/다회전 • SCM역량 • Big Data • 분류 자동화	• 시장지배력 • 원가경쟁력 • Capacity • Global • 서비스 품질	• 신상품 개발 • One－Stop • 안심택배 • 쌍방향 Comm. • Pricing 역량
미래전략 방향	① [Market] 압도적인 M/S 기반의 시장지배력 ② [고객·Service] 고객과의 실시간 Two－way Communication ③ [Hub N/W] N/W 최적화 및 자동화를 통한 Cost－Leadership ④ [집배송] 다회전 배송체제를 통한 다양한 서비스 ⑤ [TES] TES 기반의 B2C型 SCM 서비스 역량		

전략 방향 1	압도적인 M/S 조기 확보를 통한 시장지배력 강화

- 미국 UPS, 일본 야마토 등 해당 국가의 1위 업체가 시장성장 및 업계 Trend 주도
- 시장지배력 강화로 유통 사업자들의 물류시장 진출저지 및 택배업계 內 확고한 주도권 확보

전략 방향 2	고객과의 실시간 Two-way communication 을 통한 소통 강화

- 최근 '로켓배송' 등의 영향으로 택배서비스에 대한 고객들의 기대수준이 높아지고 있음
- 상품위치 및 도착 예정정보에 대한 고객과의 실시간 소통시스템 구축을 통한 서비스 향상

전략 방향 3	N/W 최적화 및 자동화를 통한 Cost-Leadership 확보

- DHL 등 글로벌 선진사들은 인력 구인난 대응 및 Low cost 구조 확보를 위한 자동화 지속 확대
- 수도권 Mega-Hub 중심의 N/W 최적화 및 자동화를 통하여 압도적 우위의 원가경쟁력 확보

전략 방향 4	다회전 배송체제를 통한 다양한 서비스 제공

- 야마토는 日 3회전 배송시스템 운영을 통하여 시간지정 서비스 등 차별화된 배송경쟁력 확보
- Sub 자동화 등 운영 구조 혁신을 기반으로 日 2회전 배송체제 구축 및 신상품 개발 추진

전략 방향 5	TES 기반의 B2C型 SCM 서비스 역량 강화

- 아마존 등 글로벌 선진사들은 Robotics, Big Data 등의 첨단기술을 통한 물류경쟁력 강화 추진
- 고객사들의 집배송을 포함한 Total SCM 서비스 Needs에 대응하기 위한 B2C型 SCM 역량 강화

B2C 물류 영업달인의 Sales Notes

"리더들이여 지시할 때는 본인이 답을 가지고 지시하라."

2) 미래모습

2020년 이후 지속적인 사업 구조 혁신을 통하여 서비스, Hub, Sub 및 판가 등에서 경쟁사와 완전 차별화된 택배사업의 미래모습이 필요하다.

구분		미래 모습
서비스	Time	[익일배송] 우체국을 뛰어넘는 압도적인 익일배송 서비스 제공 [당일배송] 수도권 Hub 및 근거리 고객 창고에서 출고, 당일배송 [시간지정] 고객이 원하는 시간을 지정, 다회전으로 지정된 시간에 배송 [지정일배송] Hub 보관 기능을 확대하여 고객이 원하는 날짜에 배송
	Place	[취급점, 무인라커] 편의점, 세탁소 및 무인라커 설치 위탁 집배송 [지정장소] 운송장 주소 外 실시간 소통으로 고객 지정 장소로 배송 [Store] Sub 원거리 구역 특정 점포에서 집배송 및 부가서비스
	Function	[Total SCM] 집화, 배송 서비스에서 주문에서 A/S 관리까지 범위 확장 [신선, 고가] 야채, 채소 등 신선 및 미술품, 귀금속 등 특화 서비스 확대
	Emotion	[안심배송] SM 선발, 교육, 사전 사진 전송 등을 통한 고객불안 해소
	Communi-cation	[도착예정 알림] 배송 Routing상 아파트단지, 빌딩 인접 時 도착알림 [상품위치 전송] 스캔포인트별 상품의 위치를 문자 또는 Push 알림
HUB	최적화	[Hub N/W 운영 최적화] N/W 시뮬레이션 Tool 개발을 통한 최적화
	자동화	[자동화 분류체계 확대] 인력 구인난에 대비 Hub 자동화 설비 확충 [Hub 하차 자동화] Hub 하차 자동화 장비를 활용하여 하차 진행
	관제 시스템	[Hub 완벽 관제] 입출고 차량, 상/하차 Dock 배정, 도급인력 관제
SUB	2회전	[2회전 배송] Sub 자동화 연계 다회전 배송서비스 수행
	자동화	[Sub 분류자동화] SM 단위 배송지 분류 및 Hub 상차 시 자동분류 [물량예측, 자동배차] BigData 기반 고객사 물량, 체적 예측, 자동배차
	배송수단	[배송수단 다양화] 배송거점 재편에 따른 거리별 다양한 배송수단 도입
판가		[Pricing 결정역량] 높은 M/S와 차별화된 서비스역량을 기반으로 지역, 요일, 무게, 크기에 따른 요금 차등 및 가격결정권 확보

참고 Sub 터미널 2회전 운영(案)

Sub 자동화 기반의 2회전 배송 운영방안

구분	As-Is(1회전 배송)	To-Be(2회전 배송)	비고
분류 방식	 SM 수동분류	 휠소터 자동분류	운영효율성 고려 단계 별 생산성 확대 추진 • 1단계: 2회전 2교대 • 2단계: 2회전 3교대
분류시간	5시간	1시간	화요일 기준
배송가용 시간	5시간	7시간	
배송량	262Box/인	344Box/인	
기사수익	458만 원/인	560만 원/인(22%↑)	분류도우미 비용 포함
Sub 처리물량	17.0천Box/일	22.4천Box/일(31.7%↑)	
Process	하차 07시 ─ 　　분류 12시 ─ 13시 ─ 　　배송 18시 ─	하차 07시 ─ 1차분류 09시 ─ 12시 ─ 1차배송 　2차분류 13시 ─ 16시 ─ 19시 ─ 　2차배송	• SM 3명당 분류도우미 1명 배치 • 1/2차 분류작업 시 사전분류

B2C 물류 영업달인의 Sales Notes

"성공적인 조직이 되고 싶은가?
생각과 일하는 방식 모두 바꾸어라.
또한 개인의 Mind-Set을 중요시 하라."

택배사업 비전달성을 위한 전략 방향

■ 택배사업 전략 방향

택배 Quantum Jump 달성 기반을 확고히 구축하고, 서비스 및 Cost 경쟁력, 고객 Portfolio, Process 일류화 등 사업 체질 개선의 완성을 위해, Capa 한계 상황을 고려한 M/S전략을 추진한다.

■ 서비스

익일배송률 95%↑, D+2일 완벽배송, Visibility 100% 확보 등을 통해 우량고객 Retention 및 시장 신뢰도를 회복할 수 있는 서비스 수준 확보

- 택배업계 전체 Capa 및 경쟁고려하여 시즌別 최소 서비스수준 유지
- 非성수기(3~8월) → 최소 수준(95%), 성수기 → 고객이탈/클레임 최소화 수준 (90%) 유지
- Hub 주간가동을 통한 선입선출 100% Process 완성(D+2일 완벽배송)

■ 물량

對고객 서비스 유지를 전제로, 한계상황에 있는 경쟁사 성장 기회 차단 및 지속적인 시장 Leading이 가능한 수준의 최대 성장 목표 수립

■ 판가

저수익고객 대상의 제값받기 및 전략적 De－marketing을 통한 판가개선 추진

- M/S확대 중심의 전략에 따라 다소 미흡하였던 택배 제값받기 PJT 추진
- ITS[4])장비를 활용한 체적別 적정 가격 모니터링 및 판가인상 추진

---

4) ITS: Intelligent Terminal Scanner, 첨단기기를 도입한 터미널 관리장비로 스캔 및 상품체적 측정시스템.

■ 역량

택배사업 일류화 조기완성을 위한 운영역량 고도화 및 인적역량 강화

- 택배 운영역량 고도화 및 Process 일류화 기반의 경쟁력 있는 Cost Leadership 강화
- N/W 시뮬레이션 Tool, 물량예측 시스템, 표준 운영 Process 재정비, 미세 원가 관리체계 등
- 택배사업의 Operation 일류화를 주도할 수 있는 핵심인재 확보
- IT 융복합 택배 N/W 전문가(알고리즘, Big Data 분석, 시뮬레이션 등)

단기 과제	- N/W 재편, Hub 설비개선 및 콘솔 작업 확대 등을 통해 추가 Capa 확보
	 - Hub 주간 가동을 통한 선입선출 및 잔류 개선으로 서비스 수준 향상
	 - 생산성 저해 및 저판가 상품 등 제값받기 및 De-marketing을 통한 고객 Portfolio 개선
	   －6대 고객군 및 홈쇼핑, C2C 특산물 등 제값받기 전략 추진;
	   ITS, 영업관리 시스템 기반 생산성 저해상품 및 계약 미준수 고객사 집중개선;
	   집중관리 품목(쌀, 절임배추, 생수, 매트 등) 및 지역특산물 판가 가이드 재검토
	   및 강력 적용
	
	 - 택배사업 일류화 조기 완성을 위한 조직 및 인적 역량 강화
	   －일류화 과제: SCM역량 강화, ITS 고도화, 하차 자동화 등 택배型 10대 과제
	   －Big Data 분석 및 시뮬레이션 통한 운영체계 리모델링, 알고리즘 기반 택배 자동화 리딩

B2C 물류 영업달인의 Sales Notes

"소통은 끝단까지 모든 사람에게 전파되어야 한다."

3-12 신규 과제발굴 밸류체인(V/C) 확대 및 성장 모멘텀 방안

■ 추진목적

업무병행 창조적 학습 및 연구활동을 통해 사업과 연관된 새로운 비즈니스 영역개발 담당업무와 Align 개인별 연구과제 설정 및 시장분석을 통한 도전과 개척활동 전개과제와 성과연동을 통해 V/C 확대 및 성장 모멘텀을 제고한다.

■ Biz 항목별 주요과제 및 추진계획

📖 비즈니스 분야별 주요추진 과제

Biz 항목	분야	과제명	세부 연구 과제
신상품 (서비스) 개발·확대	우편	귀중품 시장상품공략	골드바, 귀금속 등 귀중품 배송시장 공략
		계약서 왕복서비스	계약 약정서, 렌탈상품 거래서류 등 시장 공략
	설치	홈쇼핑 설치 SVC진입	홈쇼핑 설치서비스 시장 공략 확대
전문·전담 네트워크 구축으로 V/C확대	당배	당일배송 N/W구축	홈쇼핑, 온라인 몰 등 대형고객사 및 전담 배송 추진
		3시간 배송(빠른배송)	퀵서비스 배송모델(3시간 이내) 개발 : 외부 Co—work확보
	설치	3PL + Tech결합	생활가구 보관 및 조립·설치 서비스
New Biz개발 (신성장동력)	신사업	기술 결합 택배물류	수리·A/S(repair, reform), 세척, 폐기 등 Tech 결합상품
		특수화물 시장개척	문화·예술품, 골동품 등 특수화물 배송서비스 개발
		상품권 유통사업	상품권 유통사업 진출을 통한 Biz 볼륨 제고
		택배 이사물 서비스	싱글족 및 오피스텔 증가 등 수요확대 틈새 시장개발

■ 과제수행 추진계획

선임, 보조 역할분담을 통해 책임직, 일반사원 간 협업을 추진하여 하위직 프로젝트 수행능력 함양과제에 따라 단기 및 중기 실행계획 설정 및 유관부서와 종합검토하여 병행추진하고 단기성과 실현 가능 과제를 우선하여 추진한다.

3-13   유통시장 트렌드

생산(제조사) 중심에서 마케팅(유통업체) 중심으로 시장 헤게모니 이동(예 대형마트 PL상품), 시장 과점화 진행 – 백화점, 대형마트, 대형온라인몰의 M/S, 바잉파워 지속 증대, 불황형 양극화 소비 – 백화점은 고가품, 마트는 중저가품으로 고객층별 분화가 뚜렷하다. 온라인 쇼핑몰, SNS 등 새로운 유통채널의 성장세가 높고(내수 침체에도 택배물량은 증가), 유통업체 간 인수합병, 프랜차이즈화되고 있다.

■ 유통택배 시장구도

백화점, 대형마트, 대형 온라인 쇼핑몰 중심이나 시장이 급변하므로 후발주자에도 유의필요, 향후 고객 니즈 변화, 유통업체의 요구 등으로 메이저사 간 본격 경쟁 예상, 유통시장의 변화를 넓고 길게 예측하고 단계적으로 대응할 것이 요구된다.

■ 유통택배 시장세분화

모든 유통채널에서 온라인 판매비중이 급격한 상승세를 보이며, 온라인 물량은 공통(점포배송) 또는 협력사 자체배송으로 크게 나뉜다. 전통적 제조사 택배물량 중 화장품, 도서음반, 유아용품, PC, 통신기기 등이 판매촉진을 위해 유통택배 물량으로 유입(대형 온라인몰 등에서 하루특가 형태로 판촉세일 일반화)된다.

구분		주요업체
백화점	전국/대형	롯데, 신세계, 현대
	지역/중소형	AK, 태평, 경방
홈쇼핑	TV	CJ, GS, 현대, 롯데, NS, 홈&쇼핑, 공영홈
	온라인, 특판	CJ몰, GS샵, NS이샵, H몰, 롯데i몰, 홈&쇼핑
대형마트	전국/대형	이마트, 롯데마트, 홈플러스, 농협하나로마트
	지역/중소형	그랜드, 이랜드, 메가마트, 세이브존
슈퍼	전국/대형	이마트, GS, 롯데
	지역/중소형	총판, 대리점, 지역체인, 동네슈퍼
온라인	오픈마켓	지마켓, 옥션, 인터파크, 11번가, 플레이오토
	종합몰	롯데닷컴, 신세계몰, 디앤샵
	마트몰, 슈퍼몰	이마트, 롯데마트, 홈플러스, 농협하나로마트, GS슈퍼, 롯데슈퍼, 에브리데이
	전문몰	소셜커머스, 식품전문몰, 패션전문몰, 복지몰, 카드포인트몰

■ 유통택배 Target시장

구분	특징, 시장성	비고
온라인몰 공통배송물량	대형매출, 운영난이도 높음	오픈마켓, 일부종합몰
백화점, 대형마트 점포배송물량	고정물량, 대형매출, 경쟁치열, 저이익	전체
온라인몰 협력사배송물량	중형매출, 판매주기 짧음, 채권관리유의	홈쇼핑몰 & 온라인몰 주요협력업체
대형슈퍼 점포배송물량	시장성 검토	동급의 도매유통 시장에도 관심 필요
물류자회사 재하청물량	기본매출 확보용, 관계망 활용	

■ 포지셔닝

유통택배는 고객 니즈 변화에 따라 새롭게 택배사의 주요 사업으로 격상되었고, 향후 유통업의 생리상 지속적으로 운영효율화와 서비스확대를 요구받을 것으로 예상되며 시장참여의 기회가 있다. 그룹사의 성격(홈쇼핑 & 대형제조)을 십분 활용하여 '유통을 잘 아는 물류서비스'를 모토로 주요 Target 화주에 대해 사전 제안활동이 필요하다.

■ 영업전개 방식

구분	세부내용	비고
Product (시장조사 및 상품성 개발)	• 유통택배 시장정의 • 세부시장조사 • 서비스 Point 개발	타임테이블 마련
Price (운영 flow 사전 구축 및 비용최적화)	• 전담조직 검토 • 화주유치 단계별 운영비용 산정 • 최적화 방안 협의	
Place (Target 화주 선정)	• 단계적 영업활동 전개	
Promotion (영업전개)	• 세부영업기준 마련 • 공격적 제안 필요	

유통패러다임 변화 대응을 위한 당일배송 시장현황 및 전략방향

■ **당일배송관련 업계동향**

모바일 기반의 온라인 쇼핑 증가로 유통 업체 간의 차별화된 배송 서비스 제공을 위한 식품 및 도서 상품위주의 당일배송 Needs가 지속 증가하고 있다.

■ **소셜커머스**

쿠팡의 직접배송에 따른 원가부담, 위메프/티몬은 마케팅 측면 활용

쿠팡	• '로켓배송' 중심의 차별화된 서비스 제공을 통한 브랜드 인지도 및 물량 지속 확대 　－주문 후 24시간 內 배송 　－수도권 일부 2시간 배송 진행 • 취급물량: 月 8.4백만 Box 　－로켓 6.7백만 개, 택배 1.7백만 개 　－센터 18개, 쿠팡맨 3.6천 명 운영 • 적자 및 쿠팡맨 내부 불만↑ 　－'19년 영업이익 －7.205억 　－쿠팡맨 배달 70개 → 200개
위메프	• 마케팅 차원의 '바로배송'서비스 제공 　－서울 內 배송차량 사전 배치 → 주문 후 2시간 內 배송(50대) 　－연내 5대 광역시 확대계획 • 취급물량: 月 9.2백만 Box 　－센터 0.7백만, 협력사 8.5백만, 바로배송 1만 　－경기 광주 물류센터 운영(7천 평)
티몬	• 자사 생필품 쇼핑몰 슈퍼마트물량에 대한 '슈퍼배송' 제공 　－새벽 5시 주문, 당일배송 　－서울 70대, 연내 130대 확대 　－CU와 제휴, 편의점 픽업 추진 • 취급물량: 月 8.0백만 Box 　－센터 0.6백만, 협력사 7.3백만, 슈퍼배송 0.1백만 　－장지동 센터 운영(1만 평); 경기광주 2센터 구축 예정

쿠팡은 적자 증가와 내부 불만 가중에 따른 쿠팡맨 이탈로 초기 로켓배송 효과(신속, 감성)가 감소하였다. 위메프, 티몬은 당일배송 서비스 확대에 대한 Needs는 있으나, 물류 Cost 이슈에 따라 마케팅 측면으로 활용(위메프 바로배송 물량 비중 0.1%, 티몬 슈퍼배송 물량 비중 1.7%)한다.

■ 대형할인점

소셜과 경쟁으로 저마진상품 판매증가 및 Cannibalization에 따른 수익감소

이마트	• 온라인 센터 확장에 따른 매출 비중은 증가하나 수익성 감소 　－센터: 보정(4천 평), 김포(1.2천 평) 　－매출비중 5.9%(전년비 1%↑) • 취급 물량: 日 3만 건 　－근거리 1,100대 운영 　－택배 日 3천 건 발송(CJ)
롯데마트	• 그룹차원 옴니채널 전략확대 　－온라인 구입 상품을 전국 롯데 매장에서 픽업 가능한 스마트픽 서비스 제공 　－김포 센터 운영, 3개 센터 구축 추진 • 취급 물량: 日 1.5만 건 　－근거리 510대 운영 　－택배 日 3천 건 발송(롯데)
홈플러스	• 숍 권역 점포별 대응 　－수도권, 광역시 20개 점포 • 취급 물량: 日 2만 건 　－근거리 720대 운영 　－택배 日 4천 건 발송(CJ)

이마트는 온라인 매출 비중이 증가하고 있으나, 저마진상품 판매증가에 따른 수익성은 감소하였으며, 롯데마트는 온라인 쇼핑시장 선점을 위한마케팅 및 물류서비스 강화에 따른 Cost 부담이 증가하였다. 또한 홈플러스는 온라인 강화를 위한 물류센터 건립 등 Needs는 있으나, 자사 매각에 따른 투자를 제한하고 있다.

■ 오픈마켓

자가 물류센터 구축 및 통합 배송운영을 통한 서비스 차별화 추구

이베이	• 자가 물류센터 확대를 통한 통합배송운영 강화 　－現11천 평 → ’17.1 ＋1만 평 예정 → ’18년 ＋4만 평(동탄); SKU 1.9만 건(택 　　배 및 일부 센터운영 CJ위탁) 　－통합운영을 통한 묶음배송, 전담배송 서비스 강화; 강남4구, 성남3구(日1 　　천건) → ’17.1 서울전역 확대계획 　－GS리테일 연계 스마일박스(무인택배)운영 中; 강남, 관악구 50개 매장운 　　영 → 지속 확대 예정
11번가	• 직매입 확대를 통한 판매/배송서비스 차별화 　－現 파주 4천 평(日4천 건), 이천 9천 평(日13천 건)운영 → 제3센터 확장 　　계획 중(부지 미정) 　－물량규모 및 수익성 등을 고려하여 당일배송보다 전담배송으로 검토하고 　　있음(강남지역 테스트 예정) 　－SK플레닛 통합을 통한 서비스 다양화 추진; 프로젝트앤(의류 스트리밍 　　서비스) 등

　　이베이는 자가 물류센터 확대를 통해 SCM경쟁력을 강화하고, 운영 및 배송은 위탁을 통해 Cost 효율을 높이고 있으며, 11번가는 특정지역을 중심으로 전담 등의 특화배송 서비스 시행을 검토 중에 있다.

■ 홈쇼핑/백화점

경쟁심화에 따른 배송서비스 차별화 검토 중이나 미미한 수준

홈쇼핑	• CJ: 당일배송 서비스 지역 및 상품군 확대 　－상품군(이미용 → 패션추가), 지역(지방권 N/W 추가) • NS: 제주 당일배송 시행 　－용인물류센터 이용 내륙지역 서비스 확대 검토 • GS: 당일배송 운영 검토 후 Drop
백화점	• 신세계: 現전담배송서비스 수익성 고려 중단 검토 • 롯데: 추석이후당일/안심배송 서비스 일부 시행 　－배송원 이름, 상품입고 및 배송현황 등 메시지 발송 • 현대: 야간/지정장소 배송 맞춤형서비스 일부 시행 　－오후 6~11시 사이/원하는 장소로 상품 배송

■ 온라인도서

주문시간 연장으로 당일배송 확대, 저비용 구조의 전담조직 위탁운영

알라딘	• 주문시간 3시간 연장을 통한 당일배송 물량 확대 추진 　- 주문시간 연장 서비스(3사 공통) 　- 당일배송 日6천 건(전체 30% 수준); 택배(CJ) 日20천 건 발송
Yes24	• 향후 물량 증가 시 배송서비스 유지를 위한 위탁운영社 집중관리 　- CJ(일반) 및 GTX(당배)배송서비스 문제 시 우체국 위탁전환 통보함 　- 당일 日10천 건 (전체 30% 수준); 택배(CJ) 日30천 건 발송
인터파크	• 당일배송 위탁사 서비스 이슈로 CJ 전환 　- 서비스 불만으로 인한 당일전환 　- 당일 日5천 건(전체 25% 수준); 택배(CJ) 日16천 건 발송

　도서업계는 시장성장 저하로 중고서적 등 상품을 다각화하는 동시에 당일배송 주문시간 연장 및 배송/회수 서비스 개선 등을 통한 물량 확대를 추진하고 있다.

■ 신선전문 온라인몰

수도권은 자체 배송망확보, 지방권은 수익성고려 위탁운영

배민프레쉬	• 새벽/익일 배송서비스 제공 　- 새벽배송(수도권 일부, 자체 40대; 日 2천 건(전체 20%) 　- 익일배송(전국, 우체국 위탁운영)
헬로네이처	• 새벽/당일/익일 배송서비스 제공 　- 새벽배송(수도권 일부, 자체 10대); 日 1.5천 건/하루로지스 일부 위탁 　- 당일/익일(전국, CJ 위탁운영)
마켓컬리	• 신선식품당일배송 운영 집중 　- 새벽배송(수도권 일부, 자체 80대); 日15천 건(전체 90%) 　- 당일배송(전국, CJ 위탁운영)

　최근 신선식품의 수요 증가로 기존 당일배송에서 새벽시간대 특화배송으로 서비스 범위가 확대되고 있으며, 수익성을 고려하여 전국 익일 및 지방권역 위주의 당일배송은 위탁운영 시행 중에 있다.

■ 새벽배송 운영 프로세스

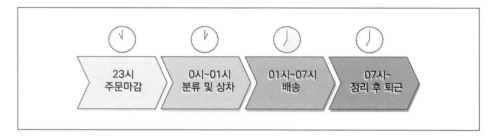

새벽배송은 전일 23시까지 주문마감한 상품을 익일 07시 이전에 배송하는 서비스로 소수의 개인사업자가 수도권을 중심으로 운영 중에 있다. 식자재 전문 쇼핑몰들이 주 고객사이며, 규모는 작지만 빠른 시장대응을 위해 선점이 필요한 시장이다.

■ 새벽배송 운영 특징

1) 새벽배송 인당 생산성

일평균 40~50건 배송(강남지역 100건 배송 가능, 인천, 강북 등 밀집도 낮은 지역은 서비스 지역에서 제외 및 Outsourcing 진행), 평균 급여, 차량 운영비 감안 시 개당 운송료는 3,500원 수준이나 매출 확대를 통해 3,000원 이하로 낮출 계획이다.

2) 비대면 서비스로 인한 보안성 취약

아파트 현관문 앞에 배송하는 형태(주문 시 아파트 현관 비밀번호 기재)로 배송완료 여부를 확인할 수 있는 시스템 미비, 요청 고객에 한하여 사진 전송 서비스 시행, 상습 분실지역은 배송기사가 사진 촬영하여 분쟁 발생 시 면책 근거로 활용한다.

3) 저온 상품 보관 공간 마련이 관건

새벽 위탁배송으로 인해 위탁불가, 마켓컬리는 정기고객 대상으로 소형 냉장고 설치도 검토했으나, 제도적인 제약으로 인해 샛별박스(현관 부착형 보관함)로 전환하여 일부 운영 중이다.

48시간 저온 유지할 수 있는 '스마트 큐브' 등을 고정 고객을 대상으로 맞교환 형태로 배송하는 방안을 업체와 협의 필요하다.

CHAPTER 04

채권관리

채권관리의 정의(定義)

■ **사전적(事前的, 발생 전) 정의**

채권의 합리적 관리로 부실채권의 발생을 사전에 예방함으로써 대손 위험을 최소화하는 것. 예 신용조사, 담보설정, 계약관리 등

■ **사후적(事後的, 발생 후) 정의**

부실채권 발생 후 신속하고 적절한 법적조치 등을 통한 대손을 최소화하는 것. 예 담보실행, 민사소송, 추심의뢰 등

■ 채권관리 Flow

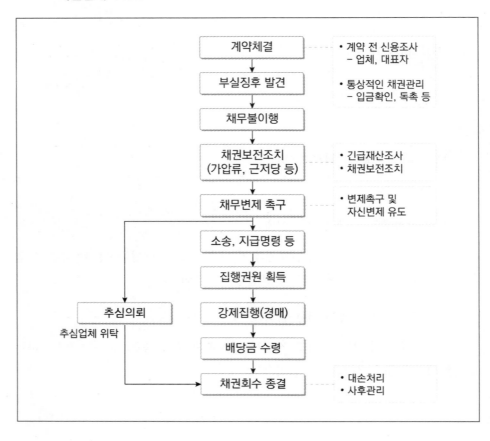

■ 택배대리점 개설 서류(개인)

개설	재계약
1. 품의서 2. 계약서(계약서 + 부속약관) 3. 영업양수도계약서(대리점승계 경우) 4. 현금보증금입금증명서 5. 보증보험 증권(또는 담보서류) 6. 사업자등록증 사본 7. 대리점장 통장사본	1. 품의서 2. 계약서(계약서 + 부속약관) 3. 미수잔액확인서(종전 계약종료일 기준) 4. 보증보험 증권(또는 담보서류)
8. 대리점 개설 및 후보자 평가서 9. 대리점장 주민등록등본 10. 대리점장 인감증명서 11. 연대보증서(배우자 필수) 12. 연대보증인 인감증명서 13. 연대보증인 주민등록등본 14. 가족관계증명원(미혼, 이혼일 경우 배우 　자 연대보증 안함)	5. 대리점장 주민등록등본 6. 대리점장 인감증명서 7. 연대보증서(대표이사, 배우자 필수) 8. 연대보증인 인감증명서 9. 연대보증인 주민등록등본

■ 택배대리점 개설 서류(법인)

개설	재계약
1. 품의서 2. 계약서(계약서 + 부속약관) 3. 영업양수도계약서(대리점 승계 경우) 4. 현금보증금입금증명서 5. 보증보험 증권(또는 담보서류) 6. 사업자등록증 사본 7. 대리점장 통장사본	1. 품의서 2. 계약서(계약서 + 부속약관) 3. 미수잔액확인서(종전 계약종료일 기준) 4. 보증보험 증권(또는 담보서류)
8. 대리점 개설 및 후보자 평가서 9. 법인 등기부등본 10. 법인 인감증명서 11. 연대보증서(대표이사, 배우자 필수) 12. 연대보증인 인감증명서 13. 연대보증인 주민등록등본	5. 법인등기부등본 6. 법인 인감증명서 7. 연대보증서(대표이사, 배우자 필수) 8. 연대보증인 인감증명서 9. 연대보증인 주민등록등본

■ 담보 설정 방법

대리점 개설 시

- 현금보증금, 보증보험, 연대보증인(배우자 필수) 등
- 대리점 급지별(A~C)로 담보조건 상이로 추가담보 설정
- 설정 기준: 누계미입금 또는 신용매출이 旣설정 담보를 초과한 경우
- 담보 종류: 근저당, 보증보험, 연대보증 등

4-2 담보 종류

4-2-1. 보증보험

■ 정 의

계약상의 채무불이행으로 채권자가 입게 되는 손해를 전보하는 보험

■ 유의사항

- 증권종류 확인: 이행(지급)보증보험증권
- 보험계약자(대리점 계약자 명의로 되어 있어야 함), 피보험자 확인
- 추가위험부담특별약관 기재 확인
- 계약 갱신 시 전계약과 후계약의 보험기간에 공백이 없도록 주의
- 증액 시 미수 채권잔액이 증액 전 보험가입금액을 초과해서는 안 됨
- 보험금 청구 시 초과부분에 대해서는 보상 거부

4-2-2. 근저당

■ 정 의

일정기간 동안 증감 변동할 불특정의 채권을 결산기(폐점일 등)에 최고액을 한도로 담보하기 위한 저당권

■ 유의사항

- 선순위 근저당 설정유무 및 금액 확인, 소재지 및 주변환경 확인
- 근저당 물건(부동산) 실가치 금액 확인: 주변 부동산의 시세 확인
- 세입자가 있는 경우 임대차 보증금 확인
- 세입자 없더라도 주택임대차보호법상의 최우선 변제 보증금 고려

■ 필요서류

구분	설정	해지
채권자 (당 사)	법인등기부등본, 사용인감, 담당자 신분증	근저당권설정등기필증, 법인등기부등본, 사용인감(설정계약서에 날인한)
채무자 (대리점)	주민등록등본, 인감도장, 인감증명서, 신분증, 설정비용	해지비용
담보제공자	등기권리증, 주민등록등본, 인감도장, 인감증명서, 신분증, 이사회결의서(법인인 경우)	

- 막도장도 가능하나, 설정 후 소유자 등이 담보제공 사실을 부인하는 것을 방지하기 위해 인감도장 날인
- 기타: 임대차 사실 확인서(당사 양식), 근저당 설정 동의서(당사 양식) 별도 수령

4-2-3. 연대보증

■ 정 의

보증인이 채무자와 연대하여 부담하는 보증채무

■ 유의사항

- '포괄', '한정' 구분 표시(배우자, 법인 대표자는 '포괄'만 가능)
- 채무자와 연대보증인의 관계(배우자, 형제 등) 및 연락처 확인
- 연대보증인의 재산 주기적으로 확인(연대보증 후에도 재산처분 가능)
- 연대보증인의 인적사항 등을 파악
- 당사 방침에 의거 재계약 시 연대보증서도 갱신

4-2-4. 채권양도

■ 정 의

채권의 내용을 변경하지 않고 이전함을 목적으로 하는 구채권자와 신채권자 간의 계약으로, 현재 채권양도는 본사(가맹본부)에서 대리점의 기본담보로 불인정. 단, 기타 담보로써 추가여신 반영 시 고려할 수 있음.

■ 유의사항

- 채권양도 통지서는 반드시 채무자(양도인)가 발송
- 채무자가 통지서 발송을 해태할 우려가 있는 경우
- 채권양도계약 시 통지서(3부)에 채무자 날인 후 수령
- 당사에서 채무자 명의로 배달증명 발송
- 양도금지특약, 법률상 양도금지 규정(국민임대주택보증금 등) 확인
- 임차보증금의 경우 월세가 있는 경우에는 담보로 부적격
- 임대인이 자신의 손해액(밀린 월세, 제세공과금등)만큼 먼저 공제 후 지급
- 임차기간 만료 후에야만 양수대금(보증금) 청구 가능
- 경고장 발행 및 상환계획서 수령

■ 경고장 발행

- 대리점에 미수금이 발생할 경우 사업부 또는 심사팀에서 발행
- 경고장은 반드시 내용증명(배달증명)으로 발송
- 내용증명(배달증명) – 하기 내용 참조

■ 상환계획서 수령

- 대리점장 명의의 미수금 상환(변제)계획서 수령
- 계획서 포함 내용
- 총미수금액, 일자(월)별 상환계획, 대리점장명, 날인, 작성일자

4-2-5. 내용증명

어떤 내용의 문서를 언제 발송하였는지 공적 기관인 우체국에서 증명하는 우편제도이나, 어떤 법률적 효력과 강제력이 생기는 것은 아니다.

■ 작성방법

- 문서의 원본 및 등본 2통 작성(총 3통)
- 문서에는 발신인과 수신인의 주소, 성명을 반드시 기재
- 주소, 성명은 편지봉투에 기재한 내용과 일치
- 문서가 여러 장일 경우에는 반드시 간인
- 문서 3통과 주소를 기재한 편지봉투를 우체국에 제출
- 우체국은 문서에 직인을 찍고 1통은 발신인, 1통은 우체국에 보관하고
- 1통은 수신인에게 발송
- 분실 시 우체국에 등본 교부 청구(우체국은 3년간 문서 보관)

■ 배달증명

내용증명이 상대방에게 배달되었는지 여부를 우체국에서 발신인에게 서면으로 알려주는 우편제도로 추가적인 서류는 필요 없으며, 우체국에서 구두로 요청하면 해당되는 상품으로 배달이 진행된다.

4-3 채권회수 방법

4-3-1. 담보실행

■ 현금보증금 회수

- 대리점 폐점 후 미수금 잔존
- 우선적으로 현금보증금 상계
- 미수금 상계 후 현금보증금 잔존
- 폐점 2개월 후 대리점장에 환급

■ 보증보험 청구

- 첨부 서류
- 보험금 청구문서, 보험증권 또는 그 사본, 손해액 증명서류(세금계산서, 입금대상액 월별 내역 등)
- 보험사고 발생 후 2년 내 청구
- 보증보험 청구는 채권회수에서 최후의 수단으로 활용

4-3-2. 근저당 실행

■ 근저당권에 기하여 임의경매 신청

별도의 소송절차(확정판결) 필요 없이 즉시 경매 가능

■ 채권양도 실행

제3채무자에 채권 청구 통지서 발송
임대차보증금 등 만료기간이 있는 채권은 만료 때까지 기다려야 한다.

4-3-3. 추심의뢰

■ 정 의

채권추심 전문업체와 계약을 체결하여 일정 수수료를 지급하기로 약정하고 부실채권의 추심을 의뢰하는 업무이다.

■ 추심 절차(추심업체)

채권관련서류 인계 → 추심담당자 배정 → 회수계획 및 재산조사 → 채무 이행 수시독촉 → 진행 상황통보(수시) → 채권회수

4-3-4. 가압류

■ 정 의

채무자가 재산을 처분할 것이 예상되는 경우 채무자의 재산에 대하여 양도, 증여, 담보제공, 매매 등의 처분행위를 금지하도록 하는 행위로 집행권원이 없을 때 진행한다.

가압류는 채무자에게 정신적인 압박을 줄 수 있으며 가압류 집행 후에는 집행권원을 받아 가압류 재산에 대한 경매 처분하여 채권회수가 가능하다.

■ 집행권원이란?

국가의 강제력에 의하여 실현될 청구권의 존재 및 범위를 표시한 집행력이 부여된 공정증서, 즉 법원의 확정판결, 공증약속어음, 지급명령, 양도공정증서, 화해조서 등(집행권원에 집행력이 있다는 것을 공증하기 위하여 판결문의 경우는 법원 서기관(주사), 집행증서에 대하여서는 합동법률사무소 혹은 공증인으로부터 집행문을 부여받아 강제 집행함)

■ 주요 대상

채무자의 거래처에 대한 채권(물품대, 용역비 등)

■ 예금채권(계좌)

해당 은행의 지점까지 확인 시 가압류 가능

■ 임대차 보증금(사무실, 주택 등 전/월세 월보증금)

- 채무자 명의의 부동산 사무실 비품 및 집기류가압류 대상금액이 300만 원 이상
- 최근 법원의 경향을 보면 건당 300만 원 이하인 경우 가압류 신청을 받아주지 않고 있으며 동일채무자에게 2건 이상의 가압류를 인정하지 않으려는 경향이 있음

■ 유의사항

- 채무자가 가압류 계획을 미리 알면 재산을 은닉할 수 있으므로 신속성 및 기밀성을 유지
- 제3채무자에 대한 채권 가압류 시 "채무가 없다"는 시비 등을 없애기 위하여 "제3채무자에 대한 진술최고 신청"을 함께 함
- 부동산 및 동산은 소재지, 채권은 채무자 주소지 관할지방법원, 계약서에 관할법원이 있으면 계약서의 내용대로 신청
- 가압류의 금지 품목인지 확인
- 의복, 침구, 가구, 주방기구
- 생활에 필요한 2개월간의 식료품, 연료
- 직업상 필요한 농업상의 농기구, 가축, 조산원의 출산용 기구 등
- 근로자 보수의 1/2, 국가유공자 대부재산, 공무원/군인의 연금 등
- 가압류 목적물의 주기적인 점검
- 부패 및 훼손여부 확인(식품 등 유효기간 있을 경우 기간 내 매각하여 매각대금 공탁)
- 필요시 집행관에 이전신청을 하여 채권자가 보관
- 목적물이 훼손 또는 처분되었을 때 채무자를 공무상 비밀표시무효죄로 형사 고발
- 가압류의 구비서류
- 가압류신청서
- 위임장(당사 직원용)
- 채권자의 법인등기부 등본
- 부동산의 경우 목적물의 등기부 등본
- 채권증서(어음, 수표, 세금계산서, 인수증, 연대보증서, 잔액확인서 등) 사본

4-3-5. 민사 및 형사 소송

- 채권채무관계에 있는 당사자들 사이에서 권리의 내용 및 범위에 관한 다툼이 있을 때 이를 해결하기 위하여 제기하는 소송
- 집행권원을 득하여 강제집행을 하기 위하여 제기
- 소멸시효의 중단, 연장을 위한 수단으로 활용

■ 형사 고소

- 대리점의 매출수입금 미입금행위는 업무상 횡령 또는 배임에 해당
- 관할 경찰서 또는 검찰에 고소장 접수

4-4 부실채권의 정의(定義)

부실채권이란 채권자가 의도한 정상적인 기일(결제기일) 內에 회수가 지체되고 있는 상태의 채권이다. 담보나 보증인이 있어 채권회수가 가능하더라도 대금지급기일에 지급이 되지 않는 채권을 포함한다.

■ 이행을 지체하고 있는 채권

변제기일 이후에 일방적으로 채무이행을 지체하고 있는 채권

■ 부도업체 채권

어음, 수표의 부도로 은행으로부터 거래정지 처분을 받은 업체의 채권

■ 파산, 법정관리, 화의, 회생절차 업체 채권

법원에 파산, 회사 정리 절차, 화의, 회생절차의 개시를 진행 중 또는 종결된업체의 채권

■ 기타 업체 채권

사업주의 잠적, 영업중단, 사업장폐쇄, 조세체납에 의한 압류, 임금체불, 경매 등 개시 업체의 채권

4-4-1. 부실채권의 발생원인

■ 채권자의 주의 부족

거래 상대방의 사전 미파악 및 계약서 작성의 소홀 등

■ 신속 적절한 대응능력의 부족

부실징후 발생 시부터 신속한 대처를 했더라면 조기에 회수할 수 있었음에도 불구하고 법적대처 및 정보수집능력 등의 부족으로 회수시기를 놓침

■ 비효율적인 채권관리

업무담당자의 소극적이고 형식적인 업무수행

■ 기타

어음제도 등의 제도적 원인

4-4-2. 부실채권 발생의 예방대책 방안

■ 거래 전 상대방의 철저한 신용조사

금융상의 신용상태 및 업체방문을 통한 현장조사, 주변의 소문 등을 파악

■ 계약서 등의 거래증빙 서류 작성

구두상의 계약도 효력은 있으나 문제 발생 시 혹은 소송 시 사실을 입증하기 곤란함. 반드시 계약서 혹은 약정서의 서면 작성 필수

■ 담보설정 및 연대보증인 등의 설정

신규업체 및 신용상태 미확인 업체인 경우 근저당, 보증보험 등의 담보를 설정한다(필요시 설정비용을 가맹본부에서 지급한다).
법인의 경우 대표자의 연대보증 설정

■ 기타

- 어음수취 지양
- 업무담당자의 채권관리 교육 업무수행능력 향상

4-4-3. 부실징후 탐지 방법(거래개시 시점)

- 계약서(약정서)나 이와 대체할 수 있는 서류(이행각서, 연대보증) 등의 작성을 기피하는 경우
- 계약서 작성은 반드시 서면으로 작성, 서류작성을 기피 시 신용상태 의심, 거래시점에서 자신의 신분관계가 불분명하거나 서류작성 시 인적사항을 명확히 기재하지 않고 인적사항을 확인할 수 있는 자료제출을 기피하는 경우
- 대금결제 시 채권자를 따돌리려는 의도가 있을 수 있음.
- 사업자의 실제 운영자와 명의가 다른 경우
- 실제 운영자가 자기의 명의로 사업을 할 수 없는 상황으로 대금결제 시 자기는 사업에 관여할 수 없다는 식의 책임을 회피할 가능성이 있으므로 실운영자의 연대보증을 별도로 받아두는 것이 좋다.

4-4-4. 부실징후 탐지 방법(거래 중)

■ 대금결제 시 항상 일부만 입금

- 다른 거래업체와도 같은 방법으로 결제해주고 많은 연체금이 남아 있어 채무가 어느 정도까지 늘어나면 부도를 내고 잠적해버리는 경우가 있음
- 거래업체 임직원들의 갑작스런 퇴직이나 이직 혹은 임금, 조세, 공과금 등의 연체발생 시
- 응대 태도가 갑자기 바뀌어 무뚝뚝하고 무관심한 경우
- 사업주가 자주 부재중이거나 평소보다 전화를 잘 받지 않는 경우
- 거래량이 급격히 줄거나 상품을 덤핑으로 처분하는 경우
- 낯선 사람이 자주 들락거리는 경우
- 어음을 남발하거나 사채를 빈번하게 사용하는 경우
- 가처분, 가압류 경매 개시 등의 처분 제한 등기가 경료된 경우

4-4-5. 부실발생 시 업무 진행

■ 신속한 재산파악 및 보전조치

- 채무자소유의 재산을 신속히 파악 후 가압류, 가처분 등의 조치를 취함
- 사업주의 소재파악 및 소송제기
- 사업주의 소재를 파악하여 임의(자진)변제 설득, 설득되지 않을 시 소송제기
- 채권회수 계획 수립
- 독촉, 대물변제, 담보실행, 채권압류 및 추심명령 등 진행계획 수립채권회수 진행
- 채권회수 계획에 의하여 진행
- 민사소송 및 형사고발(업무상횡령죄, 사기죄, 강제집행면탈죄 등) 등 필요시 동시 진행

4-4-6. 부실발생 시 행동 요령

업무 FLOW	내용 및 대책
부실징후	임금체불, 연체발생, 지급기일 연장요청, 원자재 및 재고의 덤핑처리, 조업단축, 주거래처 도산, 대형사기 및 사고에 연루, 융통어음의 증가, 재고의 급격한 증가, 사채의 과다, 악성루머의 유통
보 고	부실발생 예상 시 즉시 보고
대책수립	물품회수, 재산조사 및 가압류, 자진변제 유도
부도, 파산	어음 및 수표 부도, 법정관리, 영업폐쇄, 사업주 도주
현황파악	미수채권액 산정, 담보액 산정, 거래처의 부도액 및 부채총액 파악, 재산조사 및 현황파악, 임직원 동정 및 타 거래처의 동향 파악
대책수립	• 임의회수: 임의변제, 받을 채권 양수, 재고자산 수령 • 채권보전: 가압류, 가처분, 채권자대위권, 취소권행사 재산관계 명시신청, 추가담보 및 연대보증 징구 • 강제회수: 담보권 실행, 집행권원(판결, 화해조서, 공정증서, 지급명령) 획득하여 강제집행 • 심리적 압박: 사기, 강제집행면탈죄 등의 형사고발 위 사항 중 효과적인 방법으로 구체적인 대책수립
대책실행	변제협상, 가압류, 가처분, 담보/연대보증 징구, 소송제기, 형사고발
대손처리	대손요건 구비 시 대손처리(대손세액공제 10%)
사후관리	채권의 완전회수 또는 시효소멸까지 계속 추적 회수

4-5 신용조사 방법

■ 수집된 자료에 의한 조사

사업자등록증, 부동산등기부등본, 주민등록등본, 법인등기부등본, 신용정보사 등록자료(예 Cretop) 등을 이용하여 조사한다.

■ 현장실사를 통한 조사

주소지 위치, 주거형태, 사업체 규모 및 분위기, 종업원 실태, 공장 가동현황 등을 조사

■ 직접 면담을 통한 조사

사업주, 임직원 등을 직접 면담하여 거래동기, 매출실적, 재무상태, 노사문제

■ 기술력, 경영력, 인간성 등을 조사 기타

- 상대방의 거래처, 금융기관, 관할관청, 업체단체 등을 통한 조사
- 채무관계, 지출규모 등을 주변 사람들을 통하여 조사

■ 채무자의 재산 추적조사 방법

- 주민등록등본 초본을 발급
- 이해관계 사실 확인서(법무사 양식)

■ 법인등기부등본 발급

- 회사연감, 기업체연감 등 자료 참조
- 신용정보회사 회원가입, 자료활용
- 재산세 과세대장 열람
- 세목별 납세증명 발급
- 납세완납증명 발급(지방세법 제39조 동 시행령 제22조)
- 등록세 납부현황 파악
- 전화번호별 가입증명원 열람 및 발급
- 전직회사 임직원, 경리요원 접촉 탐문조사
- 거주주택 등기부등본 열람
- 전세 계약서, 전세 보증금 추적조사
- 기타 자동차, 중기 등록원부 등본 발급
- 금융기관 거래관계 조사
- 각 백화점, 금융기관의 전문신용카드회사의 신용카드 추적조사
- 각종 회원권(헬스클럽, 골프, 콘도, 오피스텔 등) 조사

P A R T

2

영업달인의
Physical
Fundamental

CHAPTER 01

B2C 택배의 이해

■ 택배의 정의

소형, 소량의 상품(제품)을 개인 또는 기업고객(송하인)으로부터 운송의뢰받아 고객이 원하는 주택, 사무실 또는 기타의 장소까지 지정된 받는 고객(수하인)에게 운송하여 인도하여 주는 Door to door 서비스를 말한다.

택배서비스는 국가에 따라 쿠리어서비스(Courier), 특송서비스(Express), 다큐빈서비스(宅配)라고도 불리며 국내에서 사용되는 택배는 일본의 영향을 받아 명명된 것으로 특송서비스로 시작하여 현재의 택배서비스로 정착되었다.

[그림 2-1-1] 택배서비스의 진화도

1-1 용어의 정의

택배 사업자	택배를 영업으로 하는 자
고객	사업자에게 택배를 위탁하는 자로서 운송장에 송하인으로 기재되는 자
수하인	고객이 운송장에 상품을 받는 사람으로 지정하여 기재하는 자
운송장	사업자와 고객 간의 택배계약의 성립과 내용을 증명하기 위하여 사업자의 청구에 의하여 고객이 발행한 문서
수락	사업자가 택배를 위해 고객으로부터 상품을 수령하는 것
손해배상 한도액	운송물의 분실, 훼손 또는 연착 시에 사업자가 손해를 배상할 수 있는 최고한도액은 50만 원 운송장에 상품의 가액이 기재된 경우 할증운임을 받은 경우에 한하여 최고 300만 원까지 보상 가능

1-2 시장의 특성

택배사업은 전국 네트워크를 기반으로 장비, 설비 등을 필요로 하는 장치형 서비스사업이며, 시장지위 확보를 통한 규모의 경제(Economy of scale)를 실현하는 것이 매우 중요한 사업이다.

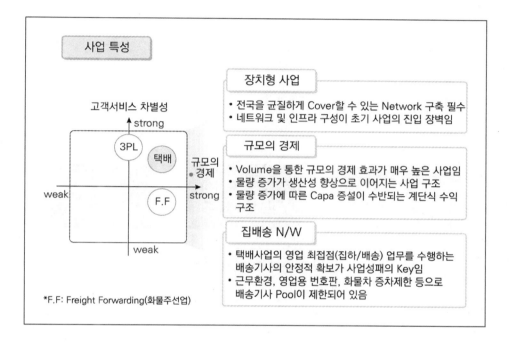

운영 프로세스

송하인으로부터 집하한 상품을 상하차 – 분류 – 환적 작업 등을 통하여 익일 수하인에게 배달하는 서비스를 기본 프로세스로 하는 구조이다.

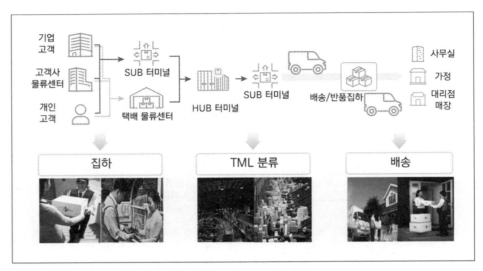

[그림 2-1-2] 택배운영 프로세스

사업 구조

 택배사업은 하드웨어(Hardware), 소프트웨어(Software), 원가(Cost)로 구성된다. 즉 대표적인 하드웨어로는 지속적인 투자를 필요로 하는 간선, 지선, 물류터미널 등의 Network, 소프트웨어로는 다량의 물량을 제공하는 기업고객 대상의 영업을 담당하는 영업사원과 집하 및 배송을 담당하는 집배송기사, 효율적인 하드웨어 및 소프트웨어의 운영을 통하여 창출되는 운영원가를 들 수 있다.

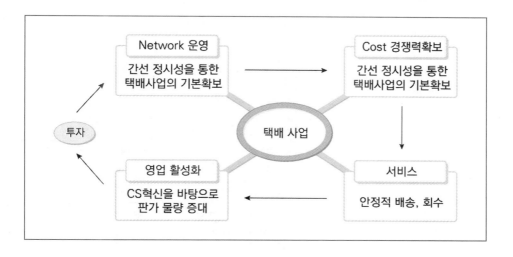

택배물량이 집중적으로 출하되는 월별 Marketing 또는 Event Calendar를 활용하여 하드웨어, 소프트웨어, 원가 등을 선제 대응하는 것은 영업사원의 기본역량이라 할 수 있다.

월별	주요 Event 물량	영업 및 관리활동
1월	구정선물	• 구정선물, 신학기 서적, 학습지, 문구류 등 영업활동 • 구정 성수기 배달계획
2월	신학기 서적/학습지/문구류/학생복 등 대학생 기숙사 물량	• 3월 출하물량 영업활동
3월	학생용 가방, 신발, 기타 학용품	• 4월 출하물량 영업활동
4월	5월 어린이날, 어버이날 선물용품, 석가탄신일 불교용품	• 5월 출하물량 영업활동
5월	4월과 동일	• 6월 출하물량 영업(기숙사 자치회 대상)
6월	대학생 기숙사 물량	• 7월 출하물량 영업, 바캉스 택배서비스 계획 및 홍보
7월	바캉스 용품	• 추석선물 영업대책 수립, 택배사원 교육
8월	대학생 기숙사 물량 추석물량(B2B)	• 추석선물 영업활동, 추석 성수기 운영계획 • 물량증가 대비 차량증차
9월	추석물량(B2B, B2C, C2C), 농산물 출하(과일 및 과즙)	• 추석선물 영업, 쌀배달 운영계획, 택배인력 확보계획
10월	쌀 본격 출하	• 대학생 기숙사 영업, 전자제품업체 영업활동 강화 신년도용품 영업계획 수립
11월	PC제품(방학 성수기 대비), 대학생 기숙사 물량, 캘린더, 수첩	• 신년도용품 영업 • 성탄, 신정용품 영업계획 및 활동
12월	캘린더, 수첩, 성탄 선물용품, 신정 선물	• 성탄, 신년선물 영업, 학습지, 서적, 문구류 영업 • 구정선물 영업계획 및 영업

택배시장은 발송주체에 따라 기업(B)고객과 개인(C)고객으로 구분할 수 있으며, B(Business)고객은 수하인 주체 기준으로 B2B와 B2C로, C(Consumer)고객은 발송목적에 따라 상업형(1:N)과 개인형(1:1)으로 세분화할 수 있다.

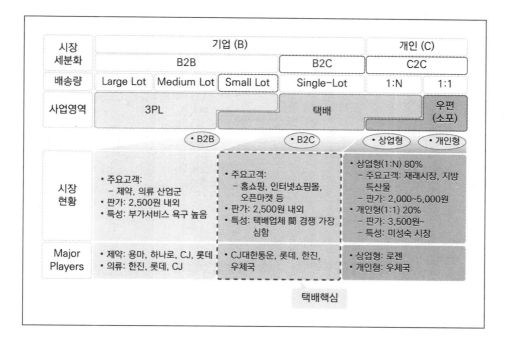

B2C 물류 영업달인의 Sales Notes

"택배는 국민편익 서비스사업으로 프랜차이즈 비즈니스 모델이며,
하나의 비즈니스 모델을 가지고 일하는 연극이다."

참고 1 택배운영 원가분석

택배원가는 집배송비, 간선비, 도급(터미널운영에 꼭 필요한 인건비), 시설 및 장비 임차료, 거론되지 않은 비용을 포함하는 기타비로 구분할 수 있다.

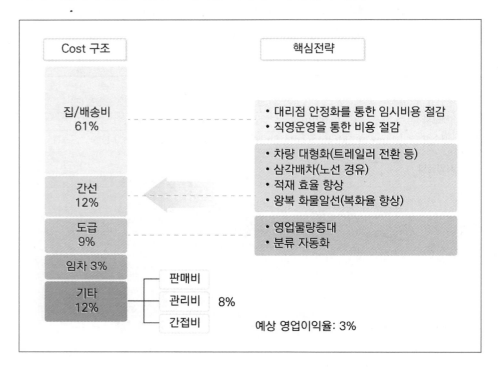

택배비즈니스의 대표적인 네트워크는 터미널 운영방식을 말한다. 택배터미널은 보관형이 아닌 통과형(Cross docking terminal)을 원칙으로 운영된다. 터미널의 형태는 크게 Hub & Spokes방식과 Point to Point 방식이 있고 Hub & Spokes 방식은 각 지역의 집배센터와 거리 또는 무게중심에 의한 중심지역에 설치한 대단위 HUB TML(Terminal)을 통하여 연계, 운송하는 시스템이다.

1) Hub & Spokes System

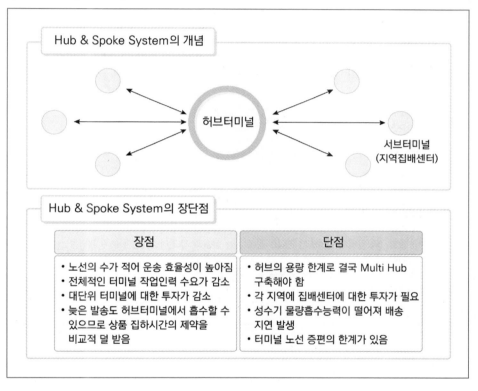

Hub & Spoke System의 개념

허브터미널

서브터미널
(지역집배센터)

Hub & Spoke System의 장단점

장점	단점
• 노선의 수가 적어 운송 효율성이 높아짐 • 전체적인 터미널 작업인력 수요가 감소 • 대단위 터미널에 대한 투자가 감소 • 늦은 발송도 허브터미널에서 흡수할 수 있으므로 상품 집하시간의 제약을 비교적 덜 받음	• 허브의 용량 한계로 결국 Multi Hub 구축해야 함 • 각 지역에 집배센터에 대한 투자가 필요 • 성수기 물량흡수능력이 떨어져 배송 지연 발생 • 터미널 노선 증편의 한계가 있음

2) Point to Point System

P2P 방식은 일정한 지역 내의 집배시설에서 집하한 상품을 배송될 지역으로 분류한 후 간선차량을 이용하여 배송할 지역 내에 설치된 집배시설에 도착시키고, 이 시설에서 배송처리하거나 하위의 배송조직으로 연계 처리하는 방식이다.

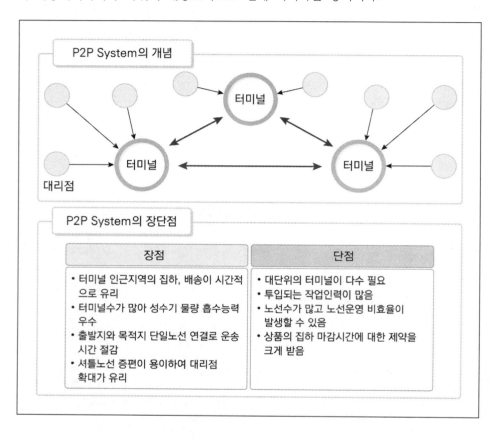

참고 3 택배터미널(CDT; Cross docking terminal)의 분류기준

Hub & Spokes System과 Point to Point System의 분류기준은 아래 그림에 표시한 바와 같이 지역 CDT 간에 운송하고 P2P, Hub CDT에 집결하면 Hub & Spokes가 되는 것이다.

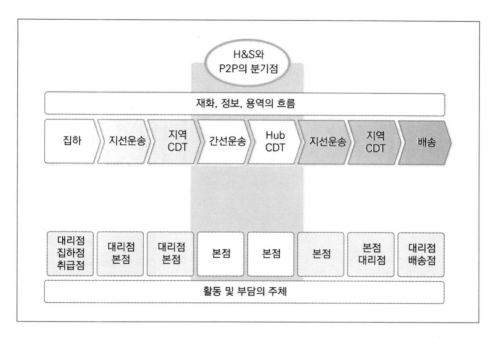

가격전략

　가격전략은 1장에서 소개했던 마케팅믹스의 2번째에 해당되는 요인이다. 제품(또는 서비스)이 만들어지면 원가, 연구비, 마진 등을 반영하여 가격이 결정된다. 현재 국내 택배시장에서 기본적인 가격결정 요소는 상품박스의 크기(Size)와 수량이 핵심요인으로 적용된다. 그러나 미래에서는 서비스 종류, 상품의 취급난이도, 상품특성에 따라 가격을 결정하게 될 것이며 또한 그렇게 되어야 한다.

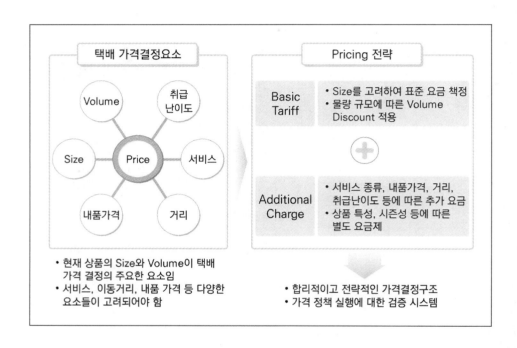

■ Pricing전략 – Tariff

상품의 부피와 중량으로 기본 가격을 설정하고 추가 서비스 제공 여부에 따른 추가 운임을 부과한 다음, 물량 규모에 따른 Discount를 적용하여 최종 가격을 결정하고, 거리는 시장현황을 고려하여 우선 도선비만 별도 적용한다.

1) Basic Tariff

(단위: 원, vat포함)

구분	부피	중량	Standard	Premium			
				특판	휴일	고가	당일
극소형	80cm 이하	3kg 이하	2,500	+500	+3,000	보상한도별로 한도액 1% 수준으로 요금 책정	3,500원↑
소형	100cm 이하	5kg 이하	3,000				
중형	120cm 이하	10kg 이하	4,000				
대형	160cm 이하	20kg 이하	5,000				

註) 부피와 중량은 높은 쪽 적용.

2) Volume Discount

구분	500개 미만	500개~ 999개	1,000개~ 1,999개	2,000개~ 2,999개	3,000개~ 4,999개	5,000개~ 19,999개	20,000개~ 이상
할인율	기본	-8%	-14%	-20%	-26%	-32%	-32% 초과
예시	2,500	2,300	2,150	2,000	1,850	1,700	전략적 결정

註) Volume Discount는 현 판가가이드 라인 수준에서 반영.
註) C고객은 B고객 기준에서 추가 요금 부과(소형 이하 1,000원/중형 이상 2,000원).

B2C영업에서 시장세분화 전략은 하단의 사례와 같이 이미 형성된 군집시장 군(群)을 대상으로 구분하는 수준을 말한다. 즉, 마케팅 서적에서 말하는 시장세분화와 같이 소비자의 생활수준, 학력수준, 나이, 지역 등과 소비자의 Life style에 따른 시장의 세분화가 아니라는 것이다. B2C 상품이 발생할 가능성, 발생 가능 수량, 발생했던 경험 등을 기준으로 이미 형성된 시장대상의 세분화란 것이다.

시장	시장특성	Target Account	추진전략
도서관	• 공공 도서관 16,000개(20년 기준)	• 국립중앙도서관, 전국 도서관	• 서비스 Quality 유지(D+1배송 및 D일 집하 100%) • 배달/회수용 전용 파우치 개발 제공
마라톤	• 年 약 500회 마라톤 대회 행사 개최	• 협회사, 마라톤 관리대행사	• 마라톤 택배 전담 콜센터 운영 제안 • 포장＋배송 One－Stop 서비스 제공
건강검진	• 검진기관수 8,576개, 수검자 21,841명(年)	• 각 검진기관 총무팀 및 행정실	• 인수자 확인, SMS발송 서비스 제공 • 당사 우편조직 활용을 통한 서신류 배송 제안
고시원	• 전국 고시원 수 11,457개(20년 기준)	• 전국 고시원	• C성 개인집하(고시원, 원룸, 하숙집 등) • 판촉물 및 브로슈어 배포를 통한 판촉 홍보활동 전개
맛집	• 전국 맛집 399,166개	• 전국 맛집	• 식품특성을 고려한 신속배송 체계 구축(콜드체인 서비스요구) • 당일배송 및 1일 2배송 체계 구축 및 제안
협회 (동호회)	• 전국 협회 약 10,000개	• 각 협회 홍보팀	• 입찰 공고 수시 확인을 통한 영업 기회 선점 • 단가경쟁력 제안을 통한 입찰 유치 추친
지역 특산품 및 재래시장	• 특산품, 재래시장 매출액 311억(택배 129억 규모)	• 각 지역 특산물 Vendor 및 전국 재래시장	• 재래시장 Vendor직접 개별 계약 구조를 통합운영 계약 제안 • APP 사용을 통한 시너지 효과 홍보

보험	• 보험시장 매출규모 226.3조 원(택배 67억 규모)	• 각 보험사	• 전국 보험사 통합관리 및 집화프로세스 간소화 • 본사 통합계약 및 통합 Process 제공: 라벨출력, 전산인터페이스 연동, 집화프로세스 간소화

B2C 물류 영업달인의 Sales Notes

"택배사업은 변화와 혁신이 필요하다. 똑같은 방식으로는 성공할 수 없다."

■ 택배 10대 행동지침

1. 나는 택배업계 1위의 경쟁력을 창출한다.
2. 나는 고객과의 약속을 철저히 지킨다.
3. 나는 완벽을 통해 고객의 만족을 넘어 성공에 기여한다.
4. 나는 진취적인 목표달성을 통해 지속적인 성장을 한다.
5. 나는 학습을 통해 업계 최고의 전문가로 성장한다.
6. 나는 생산성 향상과 효율성 증대를 이루기 위해 지속적으로 개선한다.
7. 나는 긍정적이고 열린 커뮤니케이션을 생활화한다.
8. 나는 '칭찬'과 '배려'를 통한 '존중'을 습관화한다.
9. 나는 열정의 공유를 통해 동료와 즐겁게 일한다.
10. 나는 사회적 책임을 완수한다.

절대 포기하지 마라. 벽에 부딪치거든 그것이 절실함의 증거임을 잊지마라.
삶을 즐겨라. 즐길수록 삶은 내 것이 된다.
솔직하라. 그것이 삶에서 꿈을 이루게 한다.
가장 좋은 숲은 쓰레기통의 밑바닥에 있다. 그러니 애써 찾아라.
당신이 뭔가를 망쳤다면 사과하라. 사과는 끝이 아니라 다시 할 수 있는 시작이다.
주변 사람들에게 베풀어라. 그만큼 삶이 풍요로워진다.
감사하는 마음을 표시하라. 감사할수록 삶은 위대해진다.
준비하라. 幸運은 준비가 기회를 만날 때 몰려온다.
완전히 惡한 사람은 없다. 그 사람의 좋은 면을 발견하라.
가장 어려운 것은 듣는 일! 그러니 사람들이 피드백을 해줄 때 그것을
소중히 여기라. 거기에 삶의 방향과 해답이 있다.
손에 든 카드 패를 어차피 바꿀 수 없다면 낙담하고 자포자기하기보다 오히려
그 패를 갖고 어떻게 신나게 놀 것인가를 생각하는 것이 현명하다.

- 마지막 강의[랜디 포시]

CHAPTER 02

물류센터의 이해

■ 물류센터 정의

물적유통(物的流通)의 중심지라는 뜻으로 물류거점의 일종이며 배송센터에 대응하여 규모, 시설, 기능(보관, 하역, 집하, 가공, 포장, 검품, 출하, 피킹, 정보관리 등) 등이 비교적 크고 종합물류활동이 이루어지는 유통센터판매(도매) 기능 중심의 물류시설로 일시 보관 및 가공시설, 판매시설 보유하며 건축법에 의한 창고시설을 말한다.

물류센터(Physical Distribution Center)는 고객의 주문에 대한 서비스를 제공하기 위하여 재고를 보관하면서 하역과 보관, 출고, 배송의 기능을 수행하는 물류 거점 및 시설이며, 물류시설이란 화물의 운송, 보관 또는 하역 등 화물의 유통을 위한 도로, 항만, 철도, 공항, 화물터미널 및 창고 등을 의미한다(화물유통촉진법).

집배송 센터는 집배송 시설 및 관련 업무시설을 갖추어 조성한 시설물을 말한다.

2-1   설계 시 고려사항

물류센터는 네트워크 사업인 택배사업의 핵심자사 및 경쟁력 중의 하나이자 고액단위를 투자가 요구되는 부분인바 설계단계에서부터 세밀한 준비와 시행이 필요하다. 설계 시 고려하여야 할 핵심사항에 대하여 공유하도록 한다.

2-1-1. 물류센터 설계단계별 주요업무

단계	주요 업무	세부업무
입지분석 단계	인허가 여부 조사	• 토지형질 변경 가능여부 및 인허가 비용 조사 • 용도지역, 건폐율, 용적률/향후 개발계획 여부 검토
	경제성, 타당성, 채산성 검토	입지분석: 환경분석, SWOT분석/물류거점 분석/투자효과 분석
	설계 기본자료 Data 분석결과 대안 제시	• 시설물의 적정 규모 설정 • 건축계획 및 투자효과 분석
설계단계	기본 설계	구조 및 운영 시스템 결정/주요설비 계획 및 기본설비 계획
	상세 설계	Layout 계획 및 작업, 정보, 운영시스템 설계
	토목시설 설계	토목시설 설계
	건축시설 설계	건축시설 설계
	설비시공 설계	설비시공 설계
	장비선정 설계	장비선정 설계
시공 및 완공	시 공	토목, 건축 시공/장비선정 및 설비시공 운영시스템(WMS 등) 구축 시공
	완 공	완공, 준공 시운전 보완/작업배치, 교육 및 훈련 사후관리, A/S 지속개선

2-1-2. 물류센터 현행 건축법상 문제점

작업의 효율화 증대와 편의성을 도모하기 물류센터 내외부에 설치된 설비
및 장비의 문제점을 짚어보고 개선안을 제시하여 설립초기 시간의 낭비와 낭패
를 제거하는 데 도움을 주고자 한다.

항목	문제점	개선안
1. 캐노피 (Canopy)	• 3m 이상 시 건폐율 포함 • 캐노피가 짧으면 건물사용 효율 저하	• 물류센터 캐노피는 5m 이상 되어야 효율적이므로, 건폐율 제외 필요
2. 도크 (Dock)	• 1m 이상 건폐율 포함	• 상/하역 작업 시 효율적인 dock 는 5~6m는 되어야 함으로 건폐율 제외 필요
3. 중이층랙 (Mezzanine Rack)	• 건물로 인정되어 용적률 저하	• 내부시설 랙으로 인정하여 건물 용적률에서 제외필요
4. 건폐율	• 관리지역 건폐율이 작아 부지 활용도 저하 (계획 40%, 생산 30%, 보전 20%)	• 건폐율 40% 이상으로 확대하여 부지 활용도 제고 필요

2-1-3. 국토의 계획 및 이용에 관한 법률 요약

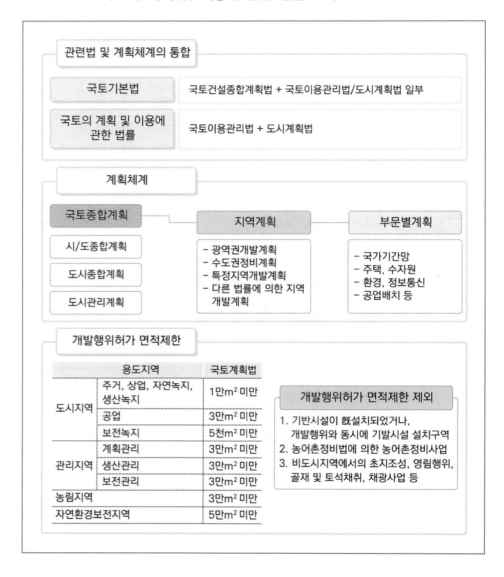

관련법 및 계획체계의 통합

국토기본법	국토건설종합계획법 + 국토이용관리법/도시계획법 일부
국토의 계획 및 이용에 관한 법률	국토이용관리법 + 도시계획법

계획체계

국토종합계획 ─ 지역계획 ─ 부문별계획

- 시/도종합계획
- 도시종합계획
- 도시관리계획

지역계획
- 광역권개발계획
- 수도권정비계획
- 특정지역개발계획
- 다른 법률에 의한 지역 개발계획

부문별계획
- 국가기간망
- 주택, 수자원
- 환경, 정보통신
- 공업배치 등

개발행위허가 면적제한

용도지역		국토계획법
도시지역	주거, 상업, 자연녹지, 생산녹지	1만m² 미만
	공업	3만m² 미만
	보전녹지	5천m² 미만
관리지역	계획관리	3만m² 미만
	생산관리	3만m² 미만
	보전관리	3만m² 미만
농림지역		3만m² 미만
자연환경보전지역		5만m² 미만

개발행위허가 면적제한 제외

1. 기반시설이 旣설치되었거나, 개발행위와 동시에 기발시설 설치구역
2. 농어촌정비법에 의한 농어촌정비사업
3. 비도시지역에서의 초지조성, 영림행위, 골재 및 토석채취, 채광사업 등

2-1-4. 용도지역별 건축할 수 있는 건축물

■ 용도지역별 건폐율, 용적률

용도지역			건폐율		용적률	
			법	시행령	법	시행령
도시 지역	주거 지역	제1종 전용주거지역	70% 이하	50% 이하	500% 이하	100% 이하
		제2종 전용주거지역		50% 이하		150% 이하
		제1종 주거지역		60% 이하		200% 이하
		제2종 주거지역		60% 이하		250% 이하
		제3종 주거지역		50% 이하		300% 이하
		준주거지역		70% 이하		500% 이하
	상업 지역	중심상업지역	90% 이하	90% 이하	1500% 이하	1500% 이하
		일반상업지역		80% 이하		1300% 이하
		유통상업지역		80% 이하		1100% 이하
		근린상업지역		70% 이하		900% 이하
	공업 지역	전용공업지역	70% 이하	70% 이하	400% 이하	300% 이하
		일반공업지역				350% 이하
		준공업지역				400% 이하
	녹지 지역	보전녹지지역	20% 이하	20% 이하	100% 이하	80% 이하
		생산녹지지역				100% 이하
		자연녹지지역				100% 이하
관리 지역		보전관리지역	40% 이하	20% 이하	100% 이하	80% 이하
		생산관리지역				
		계획관리지역		40% 이하		100% 이하
농림지역			20% 이하		80% 이하	
자연환경보전지역			20% 이하		80 %이하	

■ 용도지역별 창고시설 건축 여부

N	용도지역	가능여부
1	전용주거지역	창고시설 불가
2	(일반, 준)주거지역	창고시설 조례허용
3	(중심, 근린)상업지역	창고시설 조례허용
4	(일반, 유통)상업지역	창고시설 허용
5	(전용, 일반, 준)공업지역	창고시설 허용, 산업단지 내의 창고시설은 산업단지법 적용
6	보전녹지지역	창고시설(농, 임, 축, 수산업용에 한하다) 조례 일부허용
7	(생산, 자연)녹지지역	창고시설 일부허용 또는 조례 일부허용
8	(계획, 보전, 생산)관리지역	창고시설 조례허용
9	농림지역	창고시설(농, 임, 축, 수산업 용에 한하다) 일부허용
10	자연환경보전지역	창고시설 불가

2-1-5. 물류센터 건립을 위한 인허가 추진방안

1) 도시계획시설 결정(유통업무설비)
2) 제2종 지구단위계획 결정(유통형 지구단위계획)
3) 산업법에 의한 물류시설 개발(산단 내 체조, 생산활동의 지원에 필요한 화물터미널, 집배송단지 등 물류시설 집단화를 위한 용지
4) 기타: 상업, 공업, 계획관리지역인 경우에는 '유통단지조성사업'으로 추진 가능(물류시설의 개발 및 운영에 관한 법률에 의거). 도시관리계획결정 등의 각종 인허가 사항이 의제처리 될 수 있음.

구분	도시계획시설 결정	제2종 지구단위계획
결정권자	각 시도지사	시장(지자체 조례상 위임)
추진기간	약 1년 소요	약 8개월 소요
수도권 정비 계획법상 건축규모제한	도시계획시설 결정 부지전체를 일단의 부지로 보아 연면적 25,000㎡ 범위 內에서만 가능	자연보전권역 內 업무용 건축물 연면적이 25,000㎡로 제한되어 있으나 지구단위계획 수립 시 Block으로 분할되어 각 Block마다 25,000㎡ 이내인 경우 전체 연면적 상한 없음
장점	도시계획시설 부지 내 도로 및 녹지는 단지 내 시설로 보아 기부채납 불필요	• 시장 결정사항으로 인허가 기간 상대적 단축 • Block 분할에 따른 분할 건축 가능하여 목적 규모의 건축행위 가능
단점	결정권자가 도지사로 인허가 기간의 상대적 장기화 수도권정비계획법상 연면적 제한으로 목적하는 건축행위의 제한 있음	• Block 분할 시 도시계획도로에 의해 분할하므로 도로에 대해서는 기부채납 해야 함. • 지구단위계획 수립지침에 의해 결정되는 공공시설에 대하여 기부채납 가능성 있음

2-1-6. 지구단위계획

도시계획 수립대상지역안의 일부에 대하여 토지이용을 합리화하고 그 기능을 증진시키며 미관을 개선하고 양호한 환경을 확보하며, 당해 지역을 체계적/계획적으로 관리하기 위하여 수립하는 도시관리계획을 말한다.

- 지구단위계획구역 및 지구단위계획은 도시관리계획으로 결정

도시관리계획	
	용도지역, 지구 지정(변경)계획
	용도지역 지정(변경)계획
	기반시설계획(도시계획시설)
	도시개발사업 및 재개발사업계획
	지구단위계획

→ 실시계획(도시계획시설사업)

- 지구단위계획구역의 구분

1) **제1종 지구단위계획**: 토지이용을 합리화/구체화하고, 도시 또는 농/산/어촌의 기능의 증진, 미관의 개선 및 양호한 환경을 확보하기 위하여 수립하는 계획

2) **제2종 지구단위계획**: 계획관리지역 또는 개발진흥지구를 체계적/계획적으로 개발 또는 관리하기 위하여 용도지역의 건축물 그 밖의 시설의 용도/종류 및 규모 등에 대한 제한을 완화하거나 건폐율 또는 용적율을 완화하여 수립하는 계획

1) 인허가 점검-지구단위계획 수립절차

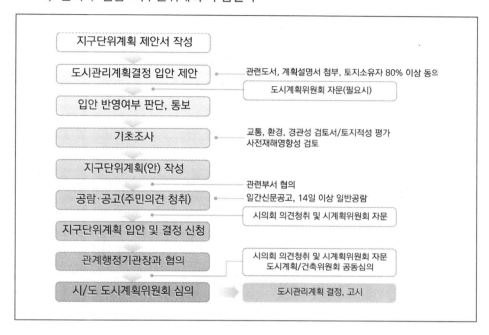

지구단위계획 제안서 작성

도시관리계획결정 입안 제안 ····· 관련도서, 계획설명서 첨부, 토지소유자 80% 이상 동의
　　　　　　　　　　　　　도시계획위원회 자문(필요시)

입안 반영여부 판단, 통보

기초조사 ····· 교통, 환경, 경관성 검토서/토지적성 평가
　　　　　　　사전재해영향성 검토

지구단위계획(안) 작성

공람·공고(주민의견 청취) ····· 관련부서 협의
　　　　　　　　　　　　일간신문공고, 14일 이상 일반공람
　　　　　　　　　　　시의회 의견청취 및 시계획위원회 자문

지구단위계획 입안 및 결정 신청

관계행정기관장과 협의 ····· 시의회 의견청취 및 시계획위원회 자문
　　　　　　　　　　도시계획/건축위원회 공동심의

시/도 도시계획위원회 심의 ⇒ 도시관리계획 결정, 고시

2) 인허가 점검-토지형질변경허가(개별인허가)

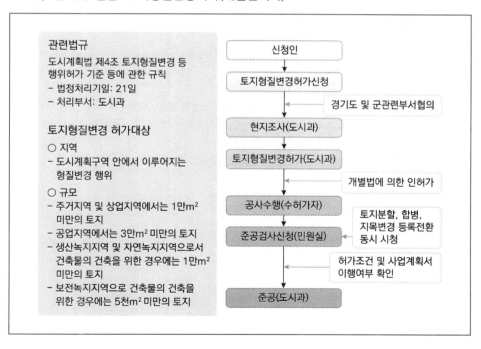

관련법규

도시계획법 제4조 토지형질변경 등
행위허가 기준 등에 관한 규칙
- 법정처리기일: 21일
- 처리부서: 도시과

토지형질변경 허가대상

○ 지역
- 도시계획구역 안에서 이루어지는
  형질변경 행위
○ 규모
- 주거지역 및 상업지역에서는 1만m²
  미만의 토지
- 공업지역에서는 3만m² 미만의 토지
- 생산녹지지역 및 자연녹지지역으로서
  건축물의 건축을 위한 경우에는 1만m²
  미만의 토지
- 보전녹지지역으로 건축물의 건축을
  위한 경우에는 5천m² 미만의 토지

신청인
↓
토지형질변경허가신청
↑ ····· 경기도 및 군관련부서협의
현지조사(도시과)
↓
토지형질변경허가(도시과)
↑ ····· 개별법에 의한 인허가
공사수행(수허가자)
↓ ····· 토지분할, 합병,
　　　지목변경 등록전환
　　　동시 시청
준공검사신청(민원실)
↓ ····· 허가조건 및 사업계획서
　　　이행여부 확인
준공(도시과)

3) 인허가를 위한 각 항목별 세부사항

도로인접성	고속도로 IC로부터의 이격거리/국도 (지방도)와의 인접성/진입도로 개설여부/대형차량 통행 용이성 외
인허가 가능성	관련법규상 인허가 가능성/소요기간/인허가비용(용역비)/기타제세(세제혜택) 외
적정지가	용도별 지가 기준 (지역별 표준지가) 비교/타 부지와의 상대비교/공시지가와의 차이 외
토지이용률	토지 고저차에 의한 불용면적/인허가상의 조경면적/계획도로 등에 의한 기부채납 가능성 외
토목/부대비용	고저차에 의한 성토, 절토, 치환/지질상태 불량에 다른 PILE항타/Utility(수도/전기GAS) 인입 용이성/지상구축물(수목/묘지/가설물)에 대한 보상 외
인력수급용이성	출퇴근 가능거리/시도군내 고용 가능성 외
사무환경	복리후생시설 접근용이(식당/매점외)/외지근무자의 숙소문제 외
지가상승	지역발전 가능성 고려/광고성/도로 개통 가능성/도시계획변경 가능성 외
확정 가능성	필요시에 따른 인접부지 확장 확보 가능성
소음/불빛 외	진입로/부지 인접 민가 여부(소음/진동/불빛)/인접부지 내 과수목 여부(야간불빛)/축사
환경문제	인접부지 내 제3자의 시설물의 유해물질 배출 여부(악취/미관: 대형 아스콘 공장, 도살장, 염색공장 외) 당사시설물중 세차시설, 자가주유소, 정비소 등 설치시 법적 가능성 검토 여부

4) 불법건축물 발생 시 처리절차

건축법 제8조(건축허가), 제9조(건축신고), 제15조(가설건축물), 제16조(착공신고 등) 규정에 의하여 건축허가 및 신고를 득하지 아니하고 무단으로 건축물건축시에는 고발 등 처벌을 받게 된다.

1) 불법건축물 발생 시 처리절차('92. 6. 1 이전 건축물)

- 불법행위적발 → 원상복구계고(시정명령) → 과태료부과 또는 행정대집행실시
- 과태료 부과 기준: 건물과세표준액(원) × 면적(㎡) × 30/100 이내
  - ☞ 예 근린생활시설을 철골구조로 305.6㎡를 불법 건축하였을 경우
    170,000 × 305.6 × 30/100 = 15,952,320(원)
    단, 과태료는 위반사항에 따라 부과 기준이 변경될 수 있음

2) 불법건축물 발생 시 처리절차('92. 6. 1 이후 건축물)

- 불법행위적발 → 원상복구계고(시정명령) → 사법기관고발 → 이행강제금 부과 또는 행정 대집행 실시
- 이행강제금 부과 기준: 건물과세표준액(원) × 면적(㎡) × 40/100 이내
  - ☞ 예 근린생활시설을 불법으로 24㎡를 증축하였을 경우
    150,000 × 24 × 40/100 = 1,440,000(원)
    단, 이행강제금은 위반사항에 따라 부과 기준이 변경될 수 있음

3) 기타사항
  - 이행강제금은 불법건축물 원상복구까지 1년에 2회 한도 내에서 매년 부과된다.
  - 과태료 및 이행강제금 미납부 시 지방세법 규정에 의거 재산압류 등의 조치를 받게 된다.
  - 시정명령 미이행 시에는 단전, 단수, 영업정지 등의 조치를 받게 된다.

1. 연면적?

건물 각층의 바닥 면적을 합한 전체 면적. 단, 용적률에서 지하층의 바닥면적은 제외

2. 바닥면적?

한 층의 바닥면적

3. 건폐율?

건폐율이란 대지면적에 대한 건축면적의 비율

(건폐율 = 건축면적/대지면적 × 100)

예 100평의 대지에 70평짜리 건물 건축 시 건폐율은 70%

4. 용적률?

용적률이란 대지면적에 대한 건축물의 연면적 비율

(용적률 = 건축물의 연면적/대지면적 ×100)

예 100평의 대지에 바닥면적이 70평인 건물 3층 건축 시 연면적은 210평이 되고 용적률은 210%

1) 물건분석

대상부동산에 대한 소유권 및 기타 제권리에 대한 권리분석을 통해 사전에 권리의 하자를 파악하여 거래 시 리스크를 최소화하기 위하여 필요함.

2) 주요공부

공부는 소유권과 소유권 이외의 권리에 대한 법원의 등기부 등본과 행정관련 사항을 파악할 수 있는 공부로 구성됨.

구분	주요내용	발급처
토지, 건물 등기부등본	부동산의 표시, 소유권 및 기타 권리사항	관할등기소
토지대장, 건물대장, 임야대장	면적, 지목, 소유자, 취득일, 건물구조, 주용도	관할 구청(군청)
토지이용계획확인원	용도지역 및 지구, 도시계획 일안사항, 도시계획 시설 저축여부, 토지거래구제 사항, 공시지가 등	
지적도, 임야도	각종 계획 및 공법상 제한	
토지가격확인원	공시지가	동사무소

3) 취득세/등록세

일반적으로 취득세는 취득금액의 2.2%	일반적으로 보존등기 등록세는 0.96%
• 취득세 세율: 표준세율은 취득금액의 2% • 농특세: 취득세의 10%	• 등록세 세율: 보존등기의 경우 부동산 가액의 0.8% • 교육세: 등록세의 20%

4) 중개수수료율

구분	종류	종별	거래가액	수수료요율	한도액
주택	아파트, 주상복합, 단독, 다가구, 빌라, 연립, 다세대, 원룸, 투룸, 전원/농가주택, 아파트/주상복합 분양권, 상가주택의 주택부분, 재개발/재건축 중 주택이 있는 경우	매매·교환	5천만 원 미만	0.6% 이내	250,000원
			5천만 원 이상 2억 원 미만	0.5% 이내	800,000원
			2억 원 이상 6억 원 미만	0.4% 이내	–
			6억 원 이상	거래가액의 0.9% 이내	
		임대차 등	5천만 원 미만	0.5% 이내	200,000원
			5천만 원 이상 1억 원 미만	0.4% 이내	300,000원
			1억 원 이상 3억 원 미만	0.3% 이내	–
			3억 원 이상	거래가액의 0.8% 이내	
주택 이외의 부동산	상가, 점포, 공장, 창고, 토지, 임야, 펜션, 숙박, 콘도, 오피스텔, 사무실, 빌딩, 오피스텔 분양권, 고시원, 고시텔, 건물, 상가주택 중 상가부분	매매, 교환, 임대차	거래가액의 0.9% 이내		

1. 교환계약의 경우에는 교환대상 중개대상물 중 거래금액이 큰 중개대상물의 가액을 거래금액으로 한다.
2. 동일한 중개대상물에 대하여 동일 당사자 간에 매매를 포함한 둘 이상의 거래가 동일 기회에 이루어지는 경우에는 매매계약에 관한 거래 금액만을 적용한다.
3. 중개대상물인 건축물 중 주택의 면적이 2분의 1 이상인 경우에는 주택의 규정을 적용하고, 주택의 면적이 2분의 1 미만인 경우에는 주택 이외의 부동산의 규정을 적용한다.
※ 각 시/도의 조례에 의하여 중개수수료 요율표는 달라질 수 있으며, 정확한 중개수수료 금액은 각 시/구/구/군정 지저고가에 문의필요

註) 월세 중개수수료의 산정방식
[월세보증금 + (한달 월세액 × 100)]으로 계산하여,
① 5천만원 미만일 경우: [월세보증금 + (한달 월세액 × 70)]을 적용한 거래가액을 산정한 후 수수료율을 곱한다.
② 5천만원 이상일 경우: [월세보증금 + (한달 월세액 × 100)]로 산출된 금액을 기준으로 거래가액을 산정한 후 수수료율을 곱한다.

■ 공사비 산정 예시

<table>
<tr><td rowspan="2">건축</td><td>1) 건축개요
   - 건축면적: 1,000평(3,305.8m²)
   - 창고높이: 10m(랙5단 가능)

2) 부지형태
   - 일반적인 토지 형태</td><td rowspan="2">부지</td><td>1) 지역, 지구
   - 관리지역: 2,500평 필요(건폐율: 40%)
   - 자연녹지: 5,000평 필요(건폐율: 20%)

2) 부지시세는 지역별, 용도지역별 차이 발생
   ※ 관리지역 외 지역은 용도변경필요
     (인허가 6개월 이상)</td></tr>
</table>

구분		평당 단가	투자 금액	비고
건축공사	설계	@50,000	50,000,000	
	공사	@1,400,000	1,400,000,000	
부대토목공사		@200,000	500,000,000	부지: 2,500평 기준
공사계		−	1,950,000,000	
제세공과	취득세	−	42,900,000	공사금액의 2.2%
	등록세	−	18,720,000	공사금액의0.96%
세금계		−	61,620,000	
합계			2,011,620,000	평당 2,011,620

註) 단, 토지매입가격은 제외.

2-2-1. 연간 임대료 결정구조

■ 연 임대료 결정구조

■ [예상사례]

- 토지면적: 5,000평
- 물류센터(건물): 4,285평 (층수: 지하1층, 지상2층)
- 토지매입비: 평당 70만 원 → 전체 35억 원
- 건축비: 평당 175만 원 → 전체 75억 원
- 기타 부대비용: 10억 원
- 전체 투자금액 → 120억 원
- 기대수익률: 9.4%
  - 연 임대료: 11.28억 원 → 월 임대료 9,400만 원
  - 건물 평당임대료: 9,400만 원/4,285평 = 21,937원
  - 시장 물류센터 월 임대료: 평당 25,000원 ~ 27,000원

Win-Win 상황

- User
  - 사전 언질로 좋은 창고를 낮은 임대료에 사용 가능

- 투자자
  - 사전 임차인 확보로 개발에 따른 공실 위험 제거

2-2-2. 시설투자 발주업무 FLOW

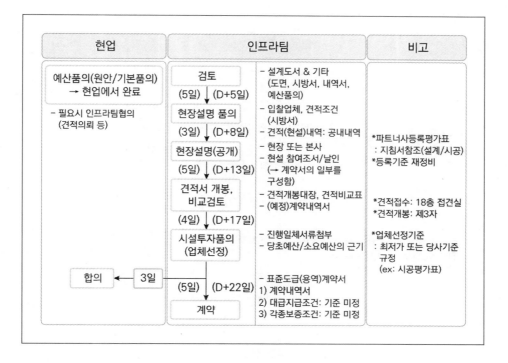

현업	인프라팀		비고
예산품의(원안/기본품의) → 현업에서 완료	검토	- 설계도서 & 기타 (도면, 시방서, 내역서, 예산품의)	
- 필요시 인프라팀협의 (견적의뢰 등)	(5일) ↓ (D+5일)		
	현장설명 품의	- 입찰업체, 견적조건 (시방서)	*파트너사등록평가표 : 지침서참조(설계/시공) *등록기준 재정비
	(3일) ↓ (D+8일)	- 견적(현설)내역: 공내내역	
	현장설명(공개)	- 현장 또는 본사	
	(5일) ↓ (D+13일)	- 현설 참여조서/날인 (→ 계약서의 일부를 구성함)	
	견적서 개봉, 비교검토	- 견적개봉대장, 견적비교표 - (예정)계약내역서	*견적접수: 18층 접견실 *견적개봉: 제3자
	(4일) ↓ (D+17일)		*업체선정기준 : 최저가 또는 당사기준 규정 (ex: 시공평가표)
	시설투자품의 (업체선정)	- 진행일체서류첨부 - 당초예산/소요예산의 근기	
합의 ← 3일	(5일) ↓ (D+22일)	- 표준도급(용역)계약서 1) 계약내역서 2) 대급지급조건: 기준 미정 3) 각종보증조건: 기준 미정	
	계약		

2-2-3. 가설건축물 축조신고 FLOW

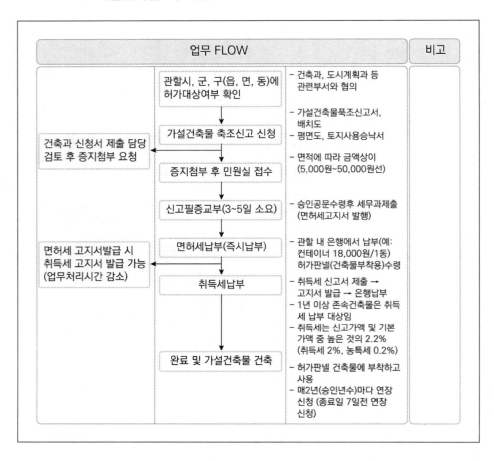

업무 FLOW		비고
	관할시, 군, 구(읍, 면, 동)에 허가대상여부 확인	– 건축과, 도시계획과 등 관련부서와 협의
건축과 신청서 제출 담당 검토 후 증지첨부 요청	가설건축물 축조신고 신청	– 가설건축물푹조신고서, 배치도 – 평면도, 토지사용승낙서
	증지첨부 후 민원실 접수	– 면적에 따라 금액상이 (5,000원~50,000원선)
	신고필증교부(3~5일 소요)	– 승인공문수령후 세무과제출 (면허세고지서 발행)
면허세 고지서발급 시 취득세 고지서 발급 가능 (업무처리시간 감소)	면허세납부(즉시납부)	– 관할 내 은행에서 납부(예: 컨테이너 18,000원/1동) 허가판넬(건축물부착용)수령
	취득세납부	– 취득세 신고서 제출 → 고지서 발급 → 은행납부 – 1년 이상 존속건축물은 취득세 납부 대상임 – 취득세는 신고가액 및 기본가액 중 높은 것의 2.2% (취득세 2%, 농특세 0.2%)
	완료 및 가설건축물 건축	– 허가판넬 건축물에 부착하고 사용 – 매2년(승인년수)마다 연장신청 (종료일 7일전 연장신청)

■ 가설건축물 축조신고

신고대상

- 공사에 필요한 규모의 범위 안에서 공사용 가설건축물
※ 관할 시, 구, 읍, 면, 동에 허가대상여부 확인(건축과, 도시계획과 등 관련부서)

※ 당사 대표사례: 천막창고, 컨테이너시설

구비시설

- 가설건축물 축조 신고서
- 가설건물배치도, 평면도
- 토지 사용자 허가서(건물주)

특기사항

- 가설건축물 신고시기는 착공 5일 전에 관할 **시, 구, 읍, 면 동사무소 신고**(처리기간: 1일)
- 건축허가신청 시 공사용 가설건축물을 포함하여 허가를 득하면 별도신고 불필요(건축허가 시 명기된 가설건축물의 규모이상 축조 시 별도 신고 필요)
- 가설건축물의 존치기간을 연장 시 존치기간 만료 7일 전에 **시장, 군수, 구청에 신고**
- 존치기간은 2년 이내, 3층 이하일 것
- 건축물의 높이 및 층수 제한은 시, 군조례에서 정함(서울시의 예: 층수는 2층 이하로서 높이는 8m 이하일 것)

관련법규

- 건축법 제15조 제2항, 제18조(별지 제8호 서식)
- 건축법 시행령 제15조 제4항
- 건축법 시행규칙 제13조
- 시도 건축 조례

■ 가설건축물축조 신고절차 및 관계법규

가설건축물 신고절차

1. 가설건축물축조신고서에 토지사용승낙서, 배치도, 평면도를 첨부하여 시, 군, 구(읍, 면, 동)에 제출하여야 한다.
2. 가설건축물축조신고 후 신고필증을 교부받아야 한다.
3. 해당 지역별로 법규적용 해석이 상이하므로 일단 관할시 시, 군, 구(읍, 면, 동)에 문의할 것.

가설건축물 신고대상

◆ 건축법 제15조
1. 철근콘크리트조 또는 철골천근콘크리트조가 아닐 것.
2. 존치기간은 2년 이내일 것(도시계획사업이 시항될 때까지 그 기간을 연장할 수 있다.)
3. 3층 이하일 것.
4. 전기, 수도, 가스 등 새로운 간선공급설비의 설치를 요하지 아니할 것.
5. 공동주택, 판매시설 등의 분양을 목적으로 건축하는 건축물이 아닐 것.
6. 재해가 발생한 구역 또는 그 인접구역으로서 시장, 군수, 구청장이 지정하는 구역 안에서 일시사용을 위하여 건축하는 것.
7. 공사에 필요한 규모의 범위 안의 공사용 가설건축물 및 공작물.
8. 전시를 위한 견본주택 기타 이와 유사한 것.
9. 시장, 군수, 구청장이 도로변동의 미관정비를 위하여 필요하다고 인정하는 가설점포로서 안전, 방화 및 위생에 지장이 없는 것.
10. 조립식구조로 된 경비용에 쓰이는 가설건축물로서 연면적이 10㎡ 이하인 것.
11. 조립식구조로 되어 있거나 외벽이 없는 자동차차고 기타 이와 유사한 것으로서 연면적 50㎡ 이하인 것.
12. 컨테이너 기타 이와 유사한 구조로 된 임시사무실, 창고, 숙소로서 존치기간이 2년 이하인 것.
13. 간이축사용 비닐하우스로서 연면적이 100㎡ 이상인 것.
14. 농업용 고정식 온실.
15. 이외 건축법 시행령 제15조, 시행규칙 제13조 정하는 바에 의한다.

1. 지방세법 제105조 제1항에서 취득세는 부동산, 차량, 건설기계의 취득에 대하여 당해 '취득물건의 소재지의'에서 그 취득자에게 부과한다고 규정하고 있고, 부동산이란 토지와 건축물을 말한다.
2. 취득한 날로부터 30일 이내에 신고와 동시에 과세표준액의 2%를 적용하여 산출한 세액을 신고납부하여야 한다.

■ 건축물 철거, 멸실 신고

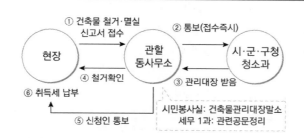

신고대상

철거대상 건축물

구비서류

• 건축물 철거, 멸실 신고서(건축법 제27조, 건축법시행규칙 제24조)
• 사진 전, 중, 후 자료 제출

특기사항

• 건축물 자의로 철거하는 경우 철거예정일 7일 전까지 건축물 철거 · 멸실 신고서를 시 · 군 · 구청에 제출한다.
• 건축물이 재해로 인하여 멸실된 경우에는 멸실 후 15일 이내 신고한다.
• 취득세 납부(취득한 날로부터 30일 이내 신고 납부)
  과세표준액의 2%(부지조성비 + 건물성조비 + 설비공사비 + 설계비 등 직간접투입비용)

참고 하절기 안전사고 예방 점검 – 센터별 점검 리스트

분류	예방 점검 항목	점검 결과	점검 후 조치 예정사항	비고
시설 점검	배수로 점검 (배수로에 쌓은 토사, 나뭇잎 등 등 제거)	–	–	
	창고 내 누수 점검 (창고 옥상/벽 등 누수지역 점검)			
	천막/캐노피 누수 및 끈 풀림 점검	–	–	
	배수펌프 시설 점검(작동여부)	–	–	
	전기시설 점검 (전선피복 부분 및 누전예상지역 점검)	–		
	축대/담장/펜스 기타 외곽 점검	–	–	
소방 점검	화재 취약지구 순찰 및 관리	• 취약지구: 없음 • 순찰: 오전/오후 각 1회	• 허가되지 않은 난방기 사용금지	–
	화재시 소화기구 설치 여부	• 센터 내 소화전, 소화기 비치	• 소화전 동파예방을 위해 열선 가동 중, 장비 점검 차 테스트 하고 있음	
	인화물질 저장 창고 주변 관리	• 인화물질 보관 없음	–	
	경보장치 및 자동 소화장치 가동 여부	• 경보장비 이상 없음 • 소화전/소화기 작동 이상 없음	–	
	소방 대비 훈련 여부	–	–	
기타	비상연락망 구축 (자체센터 및 관할소방서, 경찰서 등)	–	–	

CHAPTER 03

프랜차이즈 시스템의 이해

택배사업은 프랜차이즈 시스템의 대표적인 비즈니스라 할 수 있다.[1) 브랜드나 상호를 소유한 본사[2)가 어떠한 형태가 되었든 이들을 사용하는 대리점에게 금전적 대가를 받고 양립적인 유효관계가 성립되기 위하여 상호 간 일련의 내용을 계약서로 작성하여야 관계가 성립되는 시스템이다.

이러한 본사와 대리점 간 관계를 맺는 경영시스템을 이해하기 위하여 프랜차이즈 시스템을 요약하여 소개한다.

3-1 프랜차이즈 시스템의 개념

프랜차이즈 시스템은 사업형태의 측면에서 볼 때 기업혁신의 다양한 효과를 위한 수단, 지속 가능한 중소규모의 새로운 사업의 발견, 큰 조직의 유연한 구조조정, 해외시장으로의 사업확대 수단으로 활용되고 있는 미국 및 유럽뿐 아니라 전 세계적으로 가장 잘 알려진 사업형태[3)이다. 최근에는 조직의 경계, 업종의 경계, 산업의 경계, 사회의 경계를 허무는 경제변화의 중심 주체로 잡아가고 있다.

---

1) 구병모(2012). 물류프랜차이즈 조직관여주체의 성과향상과 관계강화에 관한 연구. 국립법인 인천대학교 동북아물류대학원 박사학위논문.

2) 국내 Big 5 택배사인 CJ대한통운, 한진, 롯데, 로젠, 우체국 등의 택배상품은 모두 본사가 브랜드, 상표권을 소유하고 독립채산식으로 점주의 금전적·비금전적, 유·무형의 책임을 갖고 운영되는 대리점(택배회사에 따라 명칭을 달리함)으로 구성된다.

3) Sydow, J.(1998). Franchise system as strategic networks: Studying network leadership in the service sector. *Asia Pacific Journal of Marketing and Logistics*, 10(2); 구병모(2017). 전략경영의 이해와 활용.

프랜차이즈 시스템(Franchise system)은 본부[4]와 가맹점[5] 간의 파트너십(Partnership)을 핵심으로 하는 네트워크(Network) 기반의 비즈니스 모델이다. 이는 본사가 가맹점으로 하여금 자기의 상표, 서비스 표, 휘장 또는 그 밖의 브랜드 등의 영업표지를 사용하여, 본부가 제시하는 품질이나 영업방식에 부합되게 상품 또는 용역을 판매 및 제공하도록 하면서 이에 필요한 경영 및 영업활동에 대한 광고, 교육, 경영관리를 지원하고 가맹점 사업자는 이에 대한 대가로 가맹본부에 금전을 지급하는 계약에 의한 계속적인 거래관계를 이루는 경영전략 기법이라고 정의할 수 있다(<표 2-3-1>).

그렇다면 왜 프랜차이즈 경영시스템을 운영할까? 독자들이 이미 인지하고 있는 바와 같이 우리는 매번 선택지 앞에서 고민하고 제반 정보를 대입하여 최상의 것, 최선의 것을 선택하려고 노력한다. 그것도 거의 양분법적 방식인 장점과 단점, 강점과 약점의 비교를 통하여서 말이다. 이 중 장점이 많은 것, 강점이 많은 것이 선택되어 운영, 경영의 방향이나 전략으로 실행된다. 본 프랜차이즈 시스템도 예외는 아니다. 단점보다는 장점이 많다. 약점보다는 강점이 많기 때문에 모든 업종에서 앞다투어 채택하는 경영시스템이다. 본부와 대리점 측면에서 장점과 단점을 짚어보도록 한다.

---

4) 본부(本部), 업종에 따라 본사, 가맹본부, 본점 등으로 불리고 영어로는 Headquarter, Franchisor로 표기한다.
5) 가맹점(加盟店)은 업종에 따라 대리점, 영업소, 지점 등으로 불리며 영어로는 Franchisee, Agency, Branch로 표기한다.

📖 〈표 2-3-1〉 프랜차이즈 시스템의 정의

구 분	주요내용
비즈니스 모델	• 본부의 유·무형자원 및 자산을 사용하는 대가로 가맹점이 지급하는 금전을 수익 모델로 하는 온라인 및 오프라인 비즈니스
거래 주체	• 특허, 기술, 노하우 등 유무형의 자원이나 자산을 보유·지원하는 본부와 이를 유상으로 사용하는 가맹점
거래의 성립	• 본부와 가맹점의 계약 • 계약의 주체에 따라 제조업자−소매업자 프랜차이즈 시스템, 제조업자−도매업자 프랜차이즈 시스템, 도매업자−소매업자 프랜차이즈 시스템, 상표허가자−소매업자 프랜차이즈 시스템으로 분류
사업 형태	• 하나의 본부와 복수의 가맹점 형태로 구성되는 네트워크 사업
지원 및 지급	• 본부는 가맹점의 영업에 필요한 제반의 유·무형을 지원 • 가맹점은 지원 받은 대가로 금전을 본부에 지급
명 칭	• 본부: 가맹본부, 본사, 본점, Franchisor • 가맹점: 대리점, 영업소, 지점, Franchisee, Agency, Branch
취급상품	• 유형의 제품이나 무형의 서비스 • Franchisor가 제조한 제품을 유통 및 판매하는 제품유통형 프랜차이즈와 외식업 및 서비스 부문에 활용되는 포괄형 프랜차이즈로 구분

3-2 프랜차이즈 시스템의 장점

3-2-1. Franchisor 측면

• 사업의 확장이 용이하다.
• 규모의 경제효과(Effect of economy of scale)를 누릴 수 있다.
• 본부의 검증된 시스템을 적은 비용으로 신속하게 확산시킬 수 있다.
• 경영상의 위험을 분산시킬 수 있다.
• 표준화된 매뉴얼로 운영관리를 효율적으로 할 수 있다.
• Franchisee의 창의적인 아이디어를 사업에 반영할 수 있다.

3-2-2. Franchisee 측면

- 고객에게 일관성 있는 상품과 서비스를 제공할 수 있다.
- 브랜드 및 제품에 대한 고객의 인지도가 높다.
- 창업성공의 가능성을 높일 수 있다.
- 표준화된 매뉴얼의 제공으로 경영과 관리가 용이하다.
- 적은 자본으로 창업할 수 있다.
- 본부로부터 교육훈련, 경영관리, 광고, 공동구매 등 지속적인 지원을 받을 수 있다.

3-3 프랜차이즈 시스템의 단점

3-3-1. Franchisor 측면

- 부진한 가맹점의 폐점조치가 직영점에 비하여 어렵다.
- 가맹점의 소재지나 지역에 따라 관리가 약해질 수도 있다.
- 개점하기 전까지 가맹점주의 경영적 소질을 검증할 수 없다.
- 본부와 가맹점, 가맹점 간 갈등발생 시 해결이 쉽지 않다.

3-3-2. Frachisee 측면

- 가맹점 운영의 독립성이 약하다.
- 본부에 대한 의존도가 높아질 수 있다.
- 본부의 광고 및 판매촉진 확대 시 비용부담이 증가한다.
- 사업의 성과와 무관한 로열티 및 수수료 납부 시 비용 부담이 될 수 있다.
- 계약서의 일부내용이 불합리할 수도 있다.

미국에서 시작된 프랜차이즈 경영시스템은 조직의 경계, 업종의 경계, 산업의 경계, 사회의 경계를 넘어 발생지인 미국뿐 아니라, 유럽 및 전 세계에서 경제변화의 중심전략으로 도입된 배경임은 전술한 바 있다. 이를 다시 이론적 측면에서 설명할 수 있는데, 자원부족이론(Resource scarcity theory), 대리이론 (Agency theory), 거래비용이론(Transaction cost theory), 탐색비용이론(Search cost theory), 소유권 재조직이론(Ownership redirection theory)이 그것이다.

- 자원부족이론(資源不足理論, Resource scarcity theory)은 기업이 활용할 수 있는 자원인 자본, 인력, 관리역량, 시장정보, 특정지역에 대한 지식 등은 유한할 수밖에 없는데, 이와 같이 유한하고 부족한 자원을 보완하고 강화할 수 있는 것이 프랜차이즈 시스템이 될 수 있다[6]는 이론이다.
- 대리이론(代理理論, Agency theory)은 대리이론 또는 대리인 이론으로 번역할 수 있다. 이에 의하면 조직은 조직관련 비용을 최소화하기를 원하는데 Franchisee(가맹점)는 본부의 시장개척비용, 유지관리비용, 직원인건비 등의 최소화에 기여할 뿐 아니라 이익창출로 만회하여 준다[7]는 이론이다.
- 거래비용이론(去來費用理論, Transaction cost theory)은 시장참여의 정도와 방법 등 무엇을 하든지 비용이 존재한다. 또한 기업이 단독으로 시장과 거래할 때의 비용과 조직을 조직하고 유지하는 비용과 비교하여 거래비용이 적은 쪽을 선택하여 운영하게 되는데 직영 Franchisee보다 가맹점을 선택하여 운영하는 것이 거래비용을 줄일 수 있다고 보는 이론[8]이다.

6) Oxenfeldt, A. R., Kelly, A. O.(1969). Will successful franchise systems ultimately become wholly−owned chains. *Journal of retailing*, 44(4); Combs, J. G., Castrogiovanni, G. J. (1993, August). FRANCHISING STRATEGY: A PROPOSED MODEL AND EMPIRICAL TEST OF FRANCHISE VERSUS COMPANY OWNERSHIP. In Academy of Management Proceedings (Vol. 1993, No. 1, pp. 7−11). *Academy of Management*.
7) Bergen, M., Dutta, S., Walker Jr, O. C.(1992). Agency relationships in marketing: A review of the implications and applications of agency and related theories. *The Journal of Marketing*, 1−24; Shane, S. A.(1996). Hybrid organizational arrangements and their implications for firm growth and survival: A study of new franchisors. *Academy of Management Journal*, 39(1).
8) Williamson, O. E.(1989). Transaction cost economics. Handbook of industrial organization, 1; Coase, R. H.(1937). The nature of the firm. *economica*, 4(16).

- 탐색비용이론(探索費用理論, Search cost theory)은 기업에서 점포 또는 사업장을 확장하고자 할 때에는 전략 수립에 반영할 정보수집과 분석을 위하여 시장조사 등 탐색을 하며, 이럴 경우 탐색비용이 발생하게 된다. 이런 경우 프랜차이즈 시스템 경영을 활용하면 기업의 시장 탐색비용을 절감할 수 있다는 이론[9]이 탐색비용이론이다.

- 소유권 재조직이론(所有權再組織理論, Ownership redirection theory)은 기업의 조직을 재편하거나 변화를 주고자 할 때의 근거로 프랜차이즈를 운영한다는 이론이다. 이 이론에 의하면 성공적인 판매망을 구축하고자 하는 초기단계의 회사에서 비용부담을 줄이는 데 최적의 조직형태가 프랜차이즈라고 한다. 그러나 초기와 다르게 어느 정도 성장단계에 도달하게 되면 자본금의 부담감이 적어진 본부가 운영하는 직영점의 숫자가 상대적으로 증가하게 되는데 이는 가맹점의 소유권을 본부가 거둬들이는 것보다는 직접시장을 개척하고 설립을 통한 확장이 증가한다[10]는 것이다.

---

9) Minkler, A. P.(1992). Why firms franchise: A search cost theory. *Journal of Institutional and Theoretical Economics* (JITE)/Zeitschrift für die gesamte Staatswissenschaft.

10) Lillis, C. M., Narayana, C. L., Gilman, J. L.(1976). Competitive advantage variation over the life cycle of a franchise. *The Journal of Marketing*; Dant, R. P., Kaufmann, P. J.(2003). Structural and strategic dynamics in franchising. *Journal of Retailing*, 79(2); 노기엽(2013). 프랜차이즈창업경영론, 서울: 학현사.

CHAPTER 04

택배대리점의 이해

본사와 일정구역 내 택배대리점 위수탁 계약 체결 후 본사의 명의로 집배송 및 기업/일반 고객사 집하업무를 수행하며, 집배송에 따른 택배운임을 택배사에 입금 후 계약에 따른 집배송 수수료를 수취하는 사업자를 말한다. 택배대리점 운영형태는 본사(가맹본부)가 대리점(가맹점)으로 하여금 자기(본사)의 상표, 서비스 표, 휘장 또는 그 밖의 영업표지를 사용하여, 일정한 품질이나 영업방식에 따라 상품 또는 용역을 판매하도록 하면서 이에 따른 경영 및 영업 활동에 대한 지원 및 교육과 통제를 하고 대리점 사업자는 이에 대한 가맹본부에 금전을 지급하는 계속적인 거래관계를 형성하는 프랜차이즈 경영시스템이라고 3장에서 밝힌 바와 같다.

각 대리점은 가맹점주가 소유주인 독립채산식 운영형태를 갖고 있다. 또한 각 대리점은 관할지역 내에서 집하와 배송의 권리가 보장되며 이를 담당하는 기사를 채용하여 서비스를 제공한다.

본 장에서는 대리점과 이를 구성하는 핵심인 기사에 대하여 알아보도록 한다.

4-1 대리점

4-1-1. 주요업무

택배 영업활동, 집하/배송 업무(기업고객사 및 일반고객), 서비스/클레임 관리, 고객사 수금업무, 정산 관리업무를 주된 업무로 한다.

4-1-2. 개설조건

급지	담보제공			연대보증인		비고
	현금	보증보험	계	개인계약자	법인계약자	
A	1천만	3천만	4천만	배우자	대표이사/배우자	• A급지: 구가 있는 시지역 (서울, 부산)
B	1천만	2천만	3천만			• B급지: 구가 없는 시지역, 구가 있는 시의 읍지역(파주, 하남)
C	5백만	1천만	1천5백만			• C급지: 읍면단위

註) 택배대리점 개설 조건은 회사에 따라 상이함, 제시된 조건은 CD사의 사례임.

> **참고** 대리점 운영사례

대리점 현황

• 지역: 의정부시 ○○ 동
• 인원: 대리점 사장 1명
• 배송기사 7명(지입 6명, 급여 1명)
• 지역특성: 주택 60%, 상가 40%
• 경쟁사 대리점: CJ대한통운, 한진, 롯데
• 영업개시일: 2020년 7월
• 주요 고객사: 100만 원 이상 매출 고객사 10개

성명	고용형태	월간 집하/배달 수량			당월 실지급액
		집하수량	배달수량	합계	
심○○	지입	5,700개	4,700개	10,400개	5,200,000원
전○○	지입	450개	4,140개	4,590개	3,500,000원
정○○	지입	2,200개	3,260개	5,460개	3,300,000원
정○○	지입	2,200개	3,050개	5,250개	3,300,000원
박○○	지입	120개	3,900개	4,020개	3,000,000원
윤○○	지입	170개	4,350개	4,520개	3,800,000원
이○○	월급	4,000개	1,500개	5,500개	1,600,000원
계		14,840개	24,900개	39,740개	23,700,000원

註) 집하 및 배달수수료는 택배사마다 상이함.

4-1-3. 자격요건

택배사업의 핵심성공요인(KSF)이면서 고객과의 접점 역할을 수행하는 택배대리점을 효과적으로 경영할 수 있는 대리점 사장의 자격요건을 도출하여, 관련 자질보유 가능성이 높은 업종의 경력자를 발굴하여 대리점 운영을 위탁한다.

지역특성		필요역량	선호 경험
시장성이 높은 지역	기업고객	• 영업마인드 & 손익관리능력 • 자금원동력 & 채권관리능력	• 연매출 5억 이상의 기업 혹은 상점 (가게) 경영 • 전문 영업사원 출신(보험/자동차/제약 등)
	특산물	• 성실성 & 지역상인친화력	• 해당 지역 내 20년 이상 거주 • 지역 내 각종 이해단체(囧 청년회 등) 간부 출신
배송 위주 지역		• 서비스마인드 & SM관리능력	• 메이저 택배업체 집배송기사 • 배달업종(가스, 우유, 신문 등) • 서비스업종(호텔, 백화점, 여행 등)

• 대리점(영업소) Role Model은 정성적인 요소가 더 강하기 때문에, 별도의 대리점 사장 자격요건은 존재하지 않음.
• 단, 유경험자 혹은 대기업 중견 간부 출신을 선호하는 경향이 있음.

4-1-4. 개설 프로세스

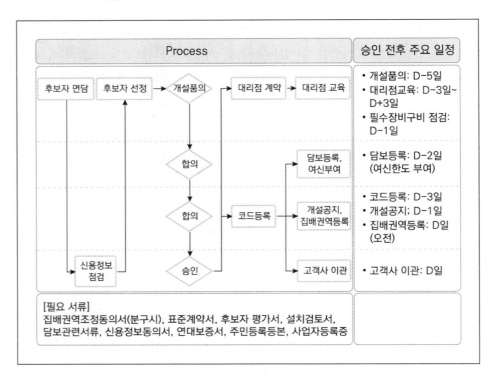

Process					승인 전후 주요 일정
후보자 면담 → 후보자 선정 → 개설품의 → 대리점 계약 → 대리점 교육					• 개설품의: D-5일 • 대리점교육: D-3일~D+3일 • 필수장비구비 점검: D-1일
합의 → 담보등록, 여신부여					• 담보등록: D-2일 (여신한도 부여)
합의 → 코드등록 → 개설공지, 집배권역등록					• 코드등록: D-3일 • 개설공지; D-1일 • 집배권역등록: D일 (오전)
신용정보 점검 / 승인 → 고객사 이관					• 고객사 이관: D일

[필요 서류]
집배권역조정동의서(분구시), 표준계약서, 후보자 평가서, 설치검토서, 담보관련서류, 신용정보동의서, 연대보증서, 주민등록등본, 사업자등록증

4-1-5. 개설 Check List

구분	세부항목	등급 점수				
		10점	8점	6점	4점	2점
정량 평가	1) 택배 혹은 영업 경력을 보유하고 있는가?	택배(유통) 3년 이상	택배(유통) 1년 이상	영업경력 3년 이상	영업경력 1년 이상	경험 無
	2) 후보자가 직접 보유한 차량 대수는 몇 대인가?	8대 이상	5대 이상	3대 이상	2대 이상	1대 이하
	3) 담보의 유형은 어떻게 되는가?	현금 100%	현금 50% 이상	현금 0% 초과	보증보험 100%	기타
	4) 최대 운영자금은 얼마인가?(최초 설정 담보 제외)	1억 원 이상	8천만 원 이상	5천만 원 이상	3천만 원 이상	3천만 원 이하
정성 평가	1) 택배대리점 경영에 대한 열정수준은 어떠한가?	매우 높음	높음	보통	낮음	매우 낮음
	2) 고객지향적인 서비스마인드를 보유하고 있는가?	매우 높음	높음	보통	낮음	매우 낮음
	3) 대리점 구성원을 장악 및 관리할 능력이 있는가?	매우 높음	높음	보통	낮음	매우 낮음
	4) 과거 성공적인 업적을 세운 적이 있는가?	사업 성공 업적 보유	영업 성공 업적 보유	기타 성공 업적 보유	있으나 다소 부실	없음
	5) 자기 관리는 철저한가? (복장, 언행, 시간 등)	매우 철저	철저	보통	미흡	매우 미흡
	6) 사업계획서를 충실하게 작성하였는가?	매우 충실	충실	보통	미흡	매우 미흡
합계						점

註) 3등급으로 구분 → A등급(80점 이상: 개설), B등급(60점 이상: 검토대상), C등급(60점 이하: 개설불가)

4-1-6. 고객사 방문 시 확인사항

B2C 물류 영업달인의 Sales Notes

"대리점 사장은 마인드 변화가 가장 중요하다."

4-2 배송기사

4-2-1. 정의

대리점에 소속되어 집배송 위탁업무 및 영업활동을 하는 담당자를 말하며, 택배회사와 위수탁 계약 중인 대리점에 집배송사원으로 입사 또는 지입계약을 체결하고 집배송 인적판매 업무를 수행하는 객체를 말한다.

■ 배송기사 업무 Process

- 차량 운행 전 안전 점검
- 아침조례 참석(공지사항 전달 및 교육시행, 일일 업무준비)
- 배송상품 분류 및 차량적재(배송상품 구분, 배송계획 수립, 스캔작업 등)
- 집하송장 인수
- 집배송 업무

참고 1 화물운송종사자 자격증(교통안전공단 주관)

배송기사의 업무 형태

소속(대리점기사, 특판기사, 직영기사) 및 계약형태(월급제, 지입제)로 구분한다.

구분	대리점기사	특판기사	직영기사
공통조건	1종보통면허 이상, 화물운송종사자 자격증		
정의	대리점 소속으로 집배 및 영업활동 수행	홈쇼핑 집배송을 전담하는 대리점 소속으로 집배활동 수행	대리점 미개설지역 또는 배송난지역 집배업무 담당
소속	일반 대리점	특판 대리점	지점
급여지급	본사 → (특판)대리점 → 본인 　　　수수료　　　　급여		본사 → 용역업체 → 본인 　　　용역료　　　급여
집배량/日	집하 70개, 배송 140개		집하 30개, 배송 80개
급여체계	월급제: 150~200만 원, 지입제: 250~350만 원		기본금(50만~70만) +집배수수료
비고	월급제 • 대리점 고용직원으로 대리점 차량으로 집배업무 수행 • 고정적인 월급여(기본급) 제공 지입제 • 사업자등록증 보유, 자기 차량으로 집배업무 수행, 대리점과 지입 SM 계약, • 대리점내 1인 대리점 형식으로 상호 세금계산서 발급 • 기본급 대신 정률제(대리점 집배수수료의 일정비율 10%~50%) 및 정액제(집배건당 일정액 100원~700원 지급)수수료 지급		

註) 배송기사의 급여체계는 택배회사별로 상이함.
　　SM: Sales Master

참고 2　화물운송종사 자격시험

□ 시험 시행일정

차수별	접수기간		시험일자	합격자 발표
	인터넷	방문		
1차	'10.1.4.(월)~1.22.(금)	1.18.(월)~1.22.(금)	2.7.(일)	2.9.(화)
2차	2.10.(수)~3.5.(금)	2.26.(금)~3.5.(금)	3.21.(일)	3.23.(화)
3차	3.24.(수)~4.16.(금)	4.12.(월)~4.16.(금)	5.2.(일)	5.4.(화)
4차	5.6.(목)~5.28.(금)	5.24.(월)~5.28.(금)	6.13.(일)	6.15.(화)
5차	6.16.(수)~7.9.(금)	7.5.(월)~7.9.(금)	7.25.(일)	7.27.(화)
6차	7.28.(수)~8.27.(금)	8.23.(월)~8.27.(금)	9.12.(일)	9.14.(화)
7차	9.15.(수)~10.8.(금)	10.4.(월)~10.8.(금)	10.24.(일)	10.26.(화)
8차	10.27.(수)~11.26.(금)	11.22.(월)~11.26.(금)	12.12.(일)	12.14.(화)

□ **시험 시행지역**: 서울, 부산, 대구, 경기, 광주, 대전, 인천, 울산, 전북, 강원, 충북, 제주(12개 지역)

□ **응시자격**
　○ 운전면허: 제1종 운전면허소지자(방문접수 마감일 기준)
　○ 연령: 만 21세 이상
　○ 운전경력기준: 3년 이상(사업용자동차 운전경력은 1년 이상)
　○ 운전적성정밀검사 기준(신규검사)에 적합한 자(시험접수일 기준)
　※ 방문접수 기간에는 운전정밀검사 예약수검자 증가로 검사를 못 받을 수 있으니 사전에 예약하여 검사를 받으시기 바랍니다.

□ **결격사유** : 화물자동차운수사업법 제9조 각호의 어느 하나에 해당하는 자는 화물운송종사 자격증을 취득할 수 없습니다.

□ **접수대상 및 접수방법(제출서류)**

　인터넷 접수
　○ 접수대상: 최초(신규) 응시자 및 재응시자(운전적성정밀검사 수검 3년 이내인 자만 해당)
　○ 납부방법: 전자결제(신용카드 및 계좌이체)

○ 접수대상: 운전적성정밀(신규) 검사 수검 후 3년 경과자(재응시자 포함) 및 사업용자동차운전경력 1년 이상 응시자(해당자에 한함)
  － 증빙서류: 사업용 운전경력증명서 1부, 전체기간 운전경력증명서(경찰서 또는 운전면허시험장 발행) 1부

□ 수수료

○ 응시수수료: 10,000원

○ 교육 및 자격증 발급 수수료: 20,000원

□ 시험시간 및 시험과목: 10:00~11:50(시험시간 30분 전 입실완료)

○ 1교시: 교통 및 화물자동차운수사업 관련법규, 화물취급요령(40문제, 50분)

○ 2교시: 안전운행, 운송서비스(40문제, 50분)

※ 수험 참고용 가이드북은 공단 홈페이지에서 다운로드가 가능함

□ 합격자 결정: 총점의 60% 이상을 얻은 자

■ 배송기사 표준 업무 규정(배송)

	배송 시 준수사항
배송 전 확인	상자에 직접 기재한 주소, 성명과 배송물품에 붙은 운송장을 최종 대조한다.
	문패와 운송장을 대조해서 번지와 성명의 일치를 확인한다. 만약, 이름이 다르거나 문패가 없는 경우에는 〈OOO 님 계십니까? OOO 님 댁이 맞으십니까?〉라고 반드시 확인한다.
	방문할 경우, 벨을 누르거나 노크를 1~2회 한 후 대답을 기다린다. 2~3회 불러서 대답이 없을 때에는 잠시 기다린다(전화를 받는 경우라든가 화장실 이용, 목욕 등으로 즉시 나올 수 없는 경우가 있다).
	SM이 기다리는 위치는 고객이 문을 열고 내다볼 수 있는 적절한 위치를 선정한다. (문 뒤에 서서 안 보이는 위치, 문에 너무 다가서서 고객이 당황할 수 있는 위치는 피할 것)
고객 대면 시 응대	고객이 문을 열어주면 "안녕하십니까. OO택배입니다"라고 인사한다, 〈OO택배입니다. OOO 님께서 보내신 소화물을 배달하러 왔습니다〉라고 말하고 상품을 전달한다.
	인수증의 인수자 서명란에 〈이곳에 정자로 서명 부탁드립니다〉라고 말하고 인수증을 전달한다.
	확인 서명란은 반드시 고객이 직접 하도록 한다(부득이한 경우 도장 또는 지장 날인).
	아파트 관리인 및 회사의 접수인에게도 꼭 인사를 한다.
고객 부재 시	수하인이 없을 경우에는 부재중 방문표를 문 안쪽으로 밀어넣고 온다. 이 경우 부재중 방문표가 외부에 보이지 않도록 주의!
	부재중 방문표 기입란 중 대리점명, 전화번호, 담당자명 등은 미리 기입해두면 시간 절약에 용이하다.
	부재중 방문표를 고객이 넣어뒀을 때는 즉시 무슨 또는 전화로 고객명, 운송장번호, 품명 등 필요사항을 대리점의 담당자에게 연락한다(고객이 귀가하여 대리점으로 문의 시 즉시 답변하기 위해).
	배달을 못 하고 다시 가져온 화물은 당일 중 재배달을 목표로 하며, 고객에게 미리 연락을 취하여 고객을 안심시키고 늦어도 익일 오전까지 배송한다.
인수자 서명의 중요성	1년의 이내 운송장에 대해 확인을 해주어야 하는 점과 바쁜 업무로 인해 인수자 서명을 정확히 받지 않는 점을 악용하여 한 업체에서 발송한 수개월 전 배송한 상품(휴대폰)의 인수자 확인을 요청하는 사례 ▶ 인수자 서명이 되어 있는 경우는 문제가 되지 않았으나 인수자 서명이 되어 있지 않은 10여 건은 **분실로 전액 변상 처리**

수취인 확인	배달은 실수하인에게 전달하는 것이 원칙이나 고객의 부재 시에는 고객과 연락을 취하여 고객이 요청하는 장소에 위탁배송한다. – 단, 업무에 무리를 주지 않는 범위 내에서 요청사항을 수렴/어려울 시는 양해를 구하고 대안 제시(익일배송, 다른 위탁장소 안내 등)
	사전에 수하인으로부터 대리수취 양해를 득한 경우에 한하여 대리인에게 물건을 인계하고 원래 수취인에게 연락을 취하거나 휴대폰 문자로 알리고 용이하지 않은 경우는 부재중 방문표에 대리 수취자(실수령인)의 이름을 기입해서 원래 수취인댁 문 안쪽으로 넣어놓고 귀사한다.
	대리수취를 의뢰할 때는 "○○○ 님 앞으로 배달되는 상품입니다만 부재중이시니 맡겨도 되겠습니까?"라고 양해를 구하고 동의해주면 정중히 "감사합니다. ○○○ 님께는 상품을 맡기고 간다는 문자나 부재중 방문표를 남겨놓겠습니다. 부탁드립니다"라는 인사를 잊지 말아야 한다. (깨지기 쉬운 것, 부패하기 쉬운 것 등은 대리 수취인에게 반드시 주의를 환기시켜줄 것)
	인수증의 인수자란에는 실수취인에게 정자 서명 받는다. 이 경우 운송장상에 동일 주소 거주인, 관리인, 이웃 사람 등의 구별을 분명히 기재하고 정자로 사인을 받는다. 흘림체나 사인, SM만 식별 가능한 약어로 표기하는 것은 파기한다.
	고객으로부터 위탁받은 중요한 상품이므로, 어떠한 이유가 있더라도 절대로 화물을 무책임하게 배송해서는 안 된다.
	현관 앞, 신발장 위, 계단 및 소화전 안 등 수취 확인 증명이 불가한 곳에는 위탁을 자제한다. –고객이 소화전 안에 위탁배송해주길 요청했으나, 분실 시 SM의 과실로 소보원 판결

■ 클레임 처리지침

택배 관련 클레임 발생 시 신속하고 적정한 고객 대응 조치와 개선활동을 실시하여 고객의 신뢰제고 및 고객만족 실현, 그리고 재구매를 그 목적으로 한다.

1) 클레임 적용기준

1. 고객이 불만을 제기한 순간부터 경미함이나 보상여부에 관계없이 회사 귀책이 있는 모든 불만은 클레임으로 접수한다.
2. 고객이 클레임을 제기할 때마다 발생원인에 따라 클레임으로 추가 등록한다.
3. 원인분석을 통해 추후 불만분류 수정은 가능하나, 관련부서와 고객의 의견이 다를 경우 고객 입장에서 최종 판단한다.

2) 클레임 유형

유형	내용
배송지연	운송장 기재내용에 오류가 없고 송하인 또는 수하인 연락이 가능한 상황임에도 불구하고 약정일을 초과하여 미배달한 클레임
집하지연	고객과의 약정한 날을 넘겨 미집하하여 고객이 클레임을 제기
불친절	고객과의 유선 및 대면 접촉 과정 중에 고객에게 심적 불쾌감을 초래하여 클레임을 제기
임의배송	위탁배송을 하는 경우 수하인 당사자의 사전 동의 없이 타인에게 전달하거나 혹은 임의로 방치
차량불만	당사 로고가 부착된 택배 운송 차량을 운행함에 있어 신호위반, 난폭운전 등에 대한 고객의 불만이 접수된 클레임
분실	송하인으로부터 수탁 이후 최종 수하인의 손에 들어가기 전까지 일련의 과정 중에 발생한 일부 및 전부도난, 분실된 클레임
파손	송하인으로부터 수탁 이후 최종 수하인의 손에 들어가기 전까지 외부의 충격이나 취급부주의로 운송물이 파손된 클레임
변질	식품, 약품류 등의 운송물이 배송지연이나 보관, 배송 중 취급부주의로 내용물속성 변화, 효능상실, 변질이 발생한 클레임

사고처리 원칙	사고발생을 인지한 후 48시간 이내 사고발생 등록을 하여야 한다. 예외 사유가 인정되는 고정업체를 제외하고 당월 발생 건은 당월 등록된 건만 사고 클레임으로 인정한다.
	사고 클레임 처리는 등록 이후 14일 이내 출금을 원칙으로 한다.
	사고 발생원인 및 관련 지침에 따른 부책기준에 의거하여 귀속 부서/대리점/TML에 처리 비용을 분담한다.
	고객의 실제 피해 입은 물질적인 가치만 금액으로 환산하여 전액 보상하는 것을 원칙으로 한다.
사고처리 절차	운송장에 기재된 물품가액 및 제반 입증자료에 통해 객관성 있는 사고금액을 산출하여 고객과 신속하게 협의한다.
	협의된 금액 또는 제 증빙서류를 기초로 사고보고서를 완성하여 상위지점, 본사로 보고 및 판정 의뢰한다.
	사고잔존물은 회수처리하고 회사부책이 있는 건은 터미널로 송부한다.(대리점 부책 50% 초과 건 제외) <택배고객 및 클레임 처리규정 제16조>
	판정결과에 대한 이의제기는 판정월로부터 2개월 이내, 1회에 한하여 인정한다.

■ 배송기사 표준 활동

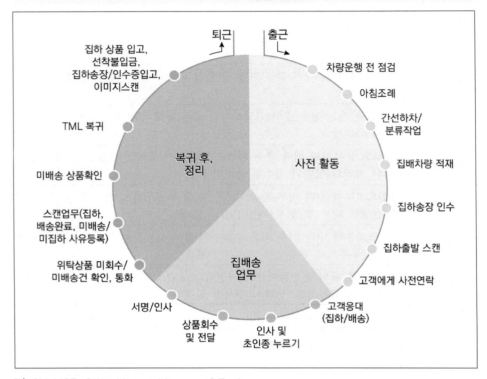

SM MOT - 상품배송

퇴근 / 출근

집하 상품 입고,
선착불입금,
집하송장/인수증입고,
이미지스캔

차량운행 전 점검

아침조례

간선하차/
분류작업

TML 복귀

복귀 후,
정리

사전 활동

집배차량 적재

미배송 상품확인

집하송장 인수

스캔업무(집하,
배송완료, 미배송/
미집하 사유등록)

집하출발 스캔

위탁상품 미회수/
미배송건 확인, 통화

집배송
업무

고객에게 사전연락

서명/인사

고객응대
(집하/배송)

상품회수
및 전달

인사 및
초인종 누르기

註) SM MOT: Sales Master, Moment of Truth

■ 배송기사 표준 CS활동-(1)

프로배송기사의 기본서비스	프로배송기사의 세 가지 마음가짐
• 집배송 시, 고객이 기다리지 않도록 연락을 한다. • 생물을 먼저 배송하거나 급 배송요구에 선뜻 응해준다. • 단정하고 깔끔한 옷차림을 항상 유지한다. • 무거운 상품은 집안까지 들여준다.	첫째, 고객을 위해 온갖 정성을 다하는 마음 둘째, 고객을 위한 정성스러운 마음 셋째, 고객에게 친절을 전하는 마음

전화하는 배송기사	미소로 인사하는 배송기사
• 방문지연 시 양해 전화하는 배송기사 • 위탁 후, 확인 전화하는 배송기사 • 문자하는 배송기사	• 집배송 시, '감사합니다' 인사하는 배송기사 • 방문지연 시, '죄송합니다' 인사하는 배송기사
힘쓰는 배송기사	센스 있는 배송기사
• 요청지까지 정확하게 배송하는 배송기사 • 위탁장소에 안전하게 배송하는 배송기사	• 장마철 상품이 젖지 않도록 배려하는 배송기사 • 배송 후, 문을 닫아주는 배송기사

B2C 물류 영업달인의 Sales Notes

"영업맨의 기본은 철저한 '乙'의 마인드를 가지는 것이다."

■ 배송기사 표준 CS활동-(2)

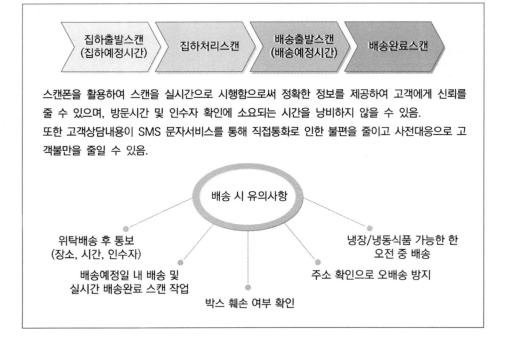

스캔폰을 활용하여 스캔을 실시간으로 시행함으로써 정확한 정보를 제공하여 고객에게 신뢰를 줄 수 있으며, 방문시간 및 인수자 확인에 소요되는 시간을 낭비하지 않을 수 있음.
또한 고객상담내용이 SMS 문자서비스를 통해 직접통화로 인한 불편을 줄이고 사전대응으로 고객불만을 줄일 수 있음.

■ 택배 클레임의 종류

B2C 상품이 대부분인 택배서비스에서 발생되는 클레임은 발생기반에 따라 많은 종류가 나타날 수 있다. 하단은 집하 및 배송을 담당하는 서비스 딜리버리 (Service delivery)인 기사 기반의 대고객 클레임 종류를 설명하는 것이다.

클레임 유형	내용
배송지연	배송예정일이 넘었는데도 배송되지 않아서 발생되는 클레임
반품지연	반품예정일이 넘었는데도 반품을 회수해가지 않아서 발생하는 클레임
임의위탁 배송	고객의 사전(사후) 동의 없이 지정된 장소 이외에 배송시켜 놓아서 발생되는 클레임
허위배송	실제로는 배송을 하지 않았으나 정보처리상 배송된 것처럼 처리해서 발생되는 클레임
불친절	여러 가지 이유로 배송기사가 고객에게 불친절해서 발생되는 클레임
사전전화 불이행	고객에게 사전에 상품이 배송될 예정이라고 연락을 취하지 않은 상태에서 갑작스런 방문으로 발생되는 클레임
근절 VOC	폭언, 폭행, 무단침입, 성희롱에 의한 클레임

B2C 물류 영업달인의 Sales Notes

"고객을 위해서라면, 간? 쓸개? 그것보다 더한 것도 내어 놓아야 한다."

■ 배송 시 준수사항

택배서비스는 배송에 의하여 좌우된다고 할 정도로 서비스 품질을 좌우하는 핵심 Site가 배송부분이다. 몇 가지 상황에 직면했을 때의 확인사항과 행동요령에 대하여 알아본다.

상황	확인사항	행동요령
1. 배송 전 확인 및 고객 대면 시 응대	1) 문패와 운송자 대조 번지, 성명 일치 확인	틀릴 경우 연락하여 정확한 주소 재확인
	2) 웃는 얼굴로 인사 및 방문 목적 설명	고객 및 주변의 아파트 관리인에게도 꼭 인사
	3) 인수증의 인수자란에 정자 서명요청	고객이 정확한 서명이 되도록 위치를 알려준다.
2. 고객 부재 시	1) 부재중 방문표(방문시간)를 반드시 작성	문 밑쪽으로 방문표를 밀어놓고 온다.
	2) 장기부재 고객에게 연락 (전화 또는 문자)	장기부재 고객이 위탁할 수 있는 장소 확인
	3) 부재 고객이 귀가 시 연락 올 때 재배달	특별한 경우가 아닌 한 재배달해준다.
3. 수취인 확인	1) 임의배송, 위탁배송 금지	고객과 사전연락된 경우 외에는 해서는 안 된다.
	2) 반드시 인수자 정자 날인	본인 여부를 묻고 정자로 서명받는다.
	3) 위탁배송 시 위탁인 철저 기록	가족, 경비원 등 수취인과 관계를 정확히 적는다.
4. 익일 재배달 및 사후처리	1) 미배달 발생 시 익일 재방문 배송	재방문 시 부재일 경우 고객과 반드시 통화한다.
	2) 배송된 제품에 대한 클레임 신속 처리	이유를 따지지 않고 즉시 재방문하여 조치한다.
	3) 분실 및 미수취건은 대체품을 신속 배달	고객이 못 받았다고 하는 경우 대체품을 갖다준다.

■ 배송 시 유의사항

고객 대면 시 응대, 비대면 전화응대, 확인되지 않은 배달상품의 긴급사항 발생 시에 대한 유의사항을 공유한다. 또한 출발 전 염두에 두어야 할 대면 시 유의사항, 예절 및 태도, 배송 시 유의 및 체크사항을 짚어보도록 한다.

대면 시 유의사항

1	물건 전달하기 전 주소지와 성함 재확인
2	주소 및 연락처 오류 시, 담당자 통보
3	화물사고 접수 시 즉시 처리하기
4	어떠한 경우라도 폭언, 욕설 삼가기
5	고객님, 사모님 등 적정한 용어 사용하기
6	임의배송 시 고객에게 양해 구하기
7	전화응대 시 소속, 성함 밝히기
8	물건 전달 후 끝인사 하기
9	복장은 단정히

B2C 물류 영업달인의 Sales Notes

"10% Planning 90% Action."
"실행력이 관건이다."
실행하라! 또 실행하라! 그리고 또 실행하라!

전화예절

첫인사
- 안녕하십니까? ○○○입니다.
- ○○○ 님 이십니까?

용건
- ○○○를 배송할 예정입니다.
- 0시에서 0시 사이에 방문해도 괜찮겠습니까?
- 외출계획이 있으시면 맡겨드릴 만한 곳을 말씀해주시겠습니까?

끝 인사
- 감사합니다. 그럼 조금 후 방문하겠습니다.
  (이따가 뵙겠습니다.)

대면 시 예절

첫인사
- 안녕하십니까? ○○○입니다.
- ○○○ 님 계십니까?(○○○님 댁 맞으십니까?)

용건
- ○○○상품입니다.
- 외출계획이 있으시면 맡겨드릴 만한 곳을 말씀해주시겠습니까?

끝 인사
- 감사합니다. 좋은 하루 보내십시오.

대면 시 태도

바른 자세로 고객에게 상품을 전달합니다.
과격하게 문을 두드리거나, 문을 빨리 열라고 재촉하지 않습니다.
고객이 택배 SM님의 얼굴을 확인할 수 있도록 고객응대를 합니다.

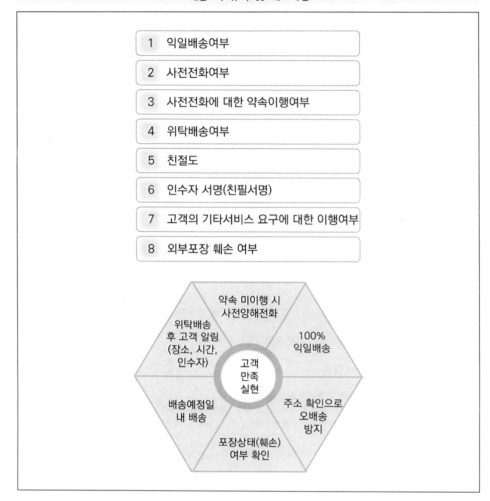

1	익일배송여부
2	사전전화여부
3	사전전화에 대한 약속이행여부
4	위탁배송여부
5	친절도
6	인수자 서명(친필서명)
7	고객의 기타서비스 요구에 대한 이행여부
8	외부포장 훼손 여부

B2C 물류 영업달인의 Sales Notes

"배송기사는 주인의식을 갖고 고객을 감동시켜야 한다."

Risk 관리활동 절차와 내용

Risk는 더 큰 Risk로 커지기 전에 선제적 대응을 통한 위험의 최소화가 가장 중요하다. 그러나 Risk로 불거진 이후에는 다음과 같은 절차와 내용의 프로세스로 대응하기를 추천한다.

사전 예방관리	Risk 항목 정의	• 그룹 및 당사의 유/무형 가치에 악영향 및 손실을 발생시키는 항목 정의
	사전예방 자체 점검	• 주기적인 Risk 자체 점검(조직별 분기 1회 보고)
	사전예방 Risk 진단	• 경영지원실 주관 Risk 진단(반기 1회 진단)
정보입수/ 등급판단	Risk 정보입수	• 동향 및 정보 사전입수 및 징후 포착 時 Risk 발생 경위 보고
	Risk 분석 및 위험등급 판단	• 사안의 중대성, 발생 時 영향도를 고려하여 Risk 등급 분석/판단
Risk 대응	대응전략 구체화 및 실행방안 수립	• 유관부서(부서장) 협의를 통해 대응방안 수립
	Risk 대응	• 유관부서(부서장)와 Risk 등급에 따른 신속한 대응
	처리결과 F/B 및 종결	• Risk 대응 후 처리결과 보고/공유
사후관리	사후 모니터링	• 동일한 Risk에 대한 재발방지 대책 수립 및 지속적인 사후 모니터링 실시

4-3-1. Risk 항목의 정의

리스크는 경영활동 및 기업 이미지 등 유·무형 가치에 악영향을 미치며, 손실을 발생시키는 제반 이슈 및 불확실성을 Risk로 정의한다.

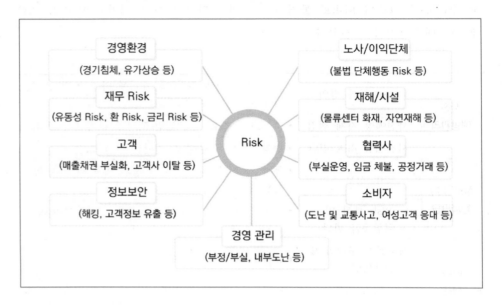

4-3-2. Risk 사전예방 자체 점검 방안

리스크의 점검은 각 조직의 Risk 관리부서 주관으로 항목별 분기 1회 자체 점검 실시하고, Risk Committee(위원회, 필요시 소집이 가능한 T/F조직 등) 등 상위 부서에 보고하여 전사차원의 리스크 공유와 관리가 이루어져야 한다.

註) 사전예방 자체 점검 주기: 연간 사전 점검 Schedule에 따라 각 조직별 자체 점검 실시(해당월 Risk Committee에 20일 점검 결과 보고).

■ Risk 항목별 사전 점검 내용

Risk 항목	사전 점검 내용	비 고
경영환경	• 유가현황 주기적 모니터링 및 유가예측: 시나리오에 의한 판가전략 수립 • 경기침체 등으로 인한 물량 감소 時: CFT운영 등 비상대응 전략 수립	각 사업본부 /해외사업총괄
재무 Risk	• 환율 변동성 수시관리 및 업체 계약 時 변동요인 합의조항 명시 • 환율 상황에 유연하게 대응할 수 있는 환 Hedge 방안 개발	국제 /해외사업총괄
고객	• 화주사 부도 및 부실채권 대비 주 단위 매출관리 프로세스 구축 • 고객사 이탈로 인한 물량 감소 時: 운영차계 구축(Lock－in강화)	각 사업본부 /해외사업총괄
경영관리	• 부정/부실, 도난방지를 위한 재고조사 실시 및 정기교육 실시	각 사업본부 /해외사업총괄
노사/이익단체	• 유관기관과 긴밀한 관계를 통한 불법 단체행동 동향 정보수집 정례화	각 사업본부 /해외사업총괄
재해/시설	• 표준 체크리스트 현장 자체 점검(매월 수시 점검) • 동/하절기, 해빙기 표준 체크리스트 사전 점검 및 보안 공사 실행	각 사업본부 /해외사업총괄
협력사	• 파트너사 지속 모니터링 및 정기 간담회 실시(재무구조 파악 및 관리 강화)	각 사업본부 /해외사업총괄
소비자	• 소음, 환경오염 근원 등 문제예상 사항 점검 및 개선 • 각 사건 사고, 불친절 대응 사례 점검 및 개선	각 사업본부 /해외사업총괄

註) ① Risk 관리부서: 각 조직의 실질적 관리(Risk 측정 및 보고) 담당 부서.
② 사전 점검 내용은 각 조직별 구체화하며, 문제발생 時 해결방안/재발방지 대책 마련.
③ 조직 內 부서명칭은 기업마다 다를 수 있음.

4-3-3. Risk 정보입수/등급판단

　　Risk 관리부서가 Risk 발생징후를 입수하여 비상연락 체계도에 따라 육하원칙에 따라 발생 경위를 보고하고, 유관부서장 소집 후 Risk 분석 및 위험등급을 판단하여 적절하게 대응한다.

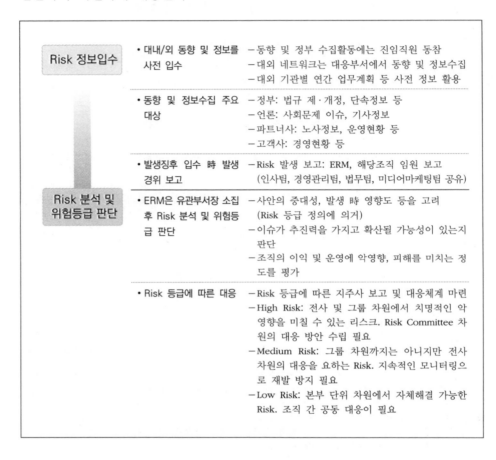

Risk 정보입수	• 대내/외 동향 및 정보를 사전 입수	– 동향 및 정부 수집활동에는 진임직원 동참 – 대외 네트워크는 대응부서에서 동향 및 정보수집 – 대외 기관별 연간 업무계획 등 사전 정보 활용
	• 동향 및 정보수집 주요 대상	– 정부: 법규 제·개정, 단속정보 등 – 언론: 사회문제 이슈, 기사정보 – 파트너사: 노사정보, 운영현황 등 – 고객사: 경영현황 등
Risk 분석 및 위험등급 판단	• 발생징후 입수 時 발생 경위 보고	– Risk 발생 보고: ERM, 해당조직 임원 보고 　(인사팀, 경영관리팀, 법무팀, 미디어마케팅팀 공유)
	• ERM은 유관부서장 소집 후 Risk 분석 및 위험등급 판단	– 사안의 중대성, 발생 時 영향도 등을 고려 　(Risk 등급 정의에 의거) – 이슈가 추진력을 가지고 확산될 가능성이 있는지 판단 – 조직의 이익 및 운영에 악영향, 피해를 미치는 정도를 평가
	• Risk 등급에 따른 대응	– Risk 등급에 따른 지주사 보고 및 대응체계 마련 – High Risk: 전사 및 그룹 차원에서 치명적인 악영향을 미칠 수 있는 리스크. Risk Committee 차원의 대응 방안 수립 필요 – Medium Risk: 그룹 차원까지는 아니지만 전사 차원의 대응을 요하는 Risk. 지속적인 모니터링으로 재발 방지 필요 – Low Risk: 본부 단위 차원에서 자체해결 가능한 Risk. 조직 간 공동 대응이 필요

4-3-4. Risk 등급의 정의

사안의 중대성, 발생 時 영향도 등을 고려하여 Risk 등급을 정의한다. 제시된 사례는 국내의 대표 택배기업인 C사의 사례이다.

	중대성/영향도		
	Low Risk	Medium Risk	High Risk
판단 기준	• 본부에서 자체해결 가능한 Risk • 중대성 및 리스크 영향이 크지 않음	• 전사 차원의 대응이 필요한 Risk • 그룹 Risk化 가능성이 크지 않음	• 전사 및 그룹에 치명적인 영향(브랜드/이미지 등)을 미치는 Risk -이슈 언론 기사화
보고 체계	• ERM, 해당조직 임원 보고 • 유관부서 공동 대응 및 ERM 보고	• ERM, 해당조직 임원 보고 • ERM, 주관 대응방안 수립 및 지속적 모니터링 후 재발 방지 • 이슈 언론 기사화 감지 時 지주사 사업팀 이메일/SMS 공유	• ERM, 해당조직 임원 보고 • ERM, 주관 Risk Committee 개최를 통한 전사 차원의 대응방안 수립 • 이슈 언론 기사화 감지 時 지주사 공유 및 공동 대응
관련 Risk	• 경기침체로 인한 물동량 급감 • 유가상승에 따른 Risk • 파트너사 부실운영에 따른 Risk	• 매출채권 부실화 • 환/금리 Risk • 유동성 Risk • 부정/부실, 내부도난	• 불법 단체행동 Risk • 택배기사의 고객사고 발생, 고객정보 유출 등 Brand Risk • 물류센터 대형화재 등 안전사고

4-3-5. Risk 등급별 대응체계

■ High Risk

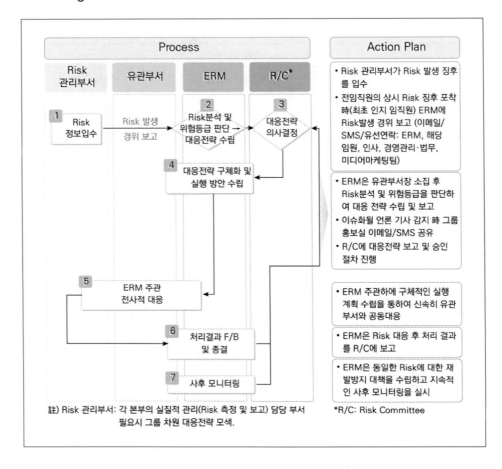

■ Medium Risk

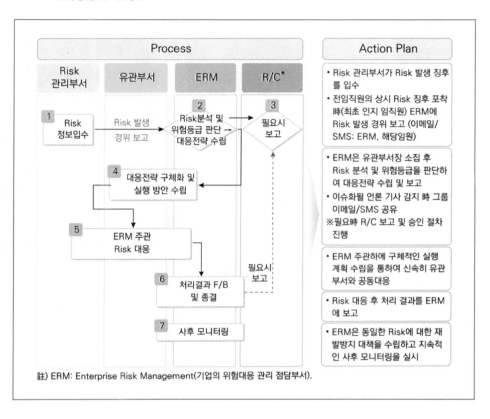

Process				Action Plan
Risk 관리부서	**유관부서**	**ERM**	**R/C***	• Risk 관리부서가 Risk 발생 징후를 입수 • 전임직원의 상시 Risk 징후 포착 時(최초 인지 임직원) ERM에 Risk 발생 경위 보고 (이메일/SMS: ERM, 해당임원)
1 Risk 정보입수 → Risk 발생 경위 보고		2 Risk분석 및 위험등급 판단 → 대응전략 수립	3 필요시 보고	• ERM은 유관부서장 소집 후 Risk 분석 및 위험등급을 판단하여 대응전략 수립 및 보고 • 이슈화될 언론 기사 감지 時 그룹 이메일/SMS 공유 ※필요時 R/C 보고 및 승인 절차 진행
	4 대응전략 구체화 및 실행 방안 수립			• ERM 주관하에 구체적인 실행계획 수립을 통하여 신속히 유관부서와 공동대응
	5 ERM 주관 Risk 대응		필요시 보고	• Risk 대응 후 처리 결과를 ERM에 보고
		6 처리결과 F/B 및 종결		• ERM은 동일한 Risk에 대한 재발방지 대책을 수립하고 지속적인 사후 모니터링을 실시
		7 사후 모니터링		

註) ERM: Enterprise Risk Management(기업의 위험대응 관리 점담부서).

■ Low Risk

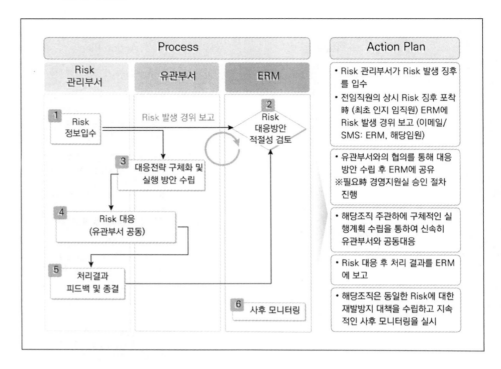

사후활동

발생된 Risk 대응 후의 사후활동은 재발방지, 유무형의 피해로 사손(社損)
발생 방지 등을 위하여 반드시 공유하여야 한다.

■ 사례 분석 및 공유

- ERM 주관으로 Risk 발생부서와 원인분석 작업 및 향후 대책 마련
- 사례별 분석자료 작성을 통한 재발방지 및 노하우 축적
- 사안에 따라 필요시 전 임직원 사례공유를 통한 예방 조치 시행
- 정기적인 Risk 점검을 통한 당사 위험 요소 파악 및 재평가 실시

■ 위험관리 감사

- 감사팀 주관으로 위험관리 감사 시행
- Risk 발생자체에 대한 문제지적 또는 성과평가 반영은 가능한 한 배제
- 발생부터 사후처리까지의 프로세스에 주안점을 두고 감사
- Risk 관리에 대한 책임의식 강화 지속 추진

참고 1) Risk Management 조직의 목적과 역할

Risk Management 목적	• 인지된 또는 잠재된 Risk의 발생 가능성에 대한 사전 점검과 발생 시의 사후 대응 및 재발방지 대책 수립 • 상황 발생 시 신속하고 체계적인 대응으로 Risk 영향 최소화 • Risk 발생 시 유관 부서 및 전사 RM조직 공동 대응
R/C 역할	R/C (Risk Committee) • 회사의 전사적 중대 Risk에 대한 대응전략 의사결정 기구 • 구성원 : 대표이사, 각 본부장, 경영지원실장 • 개최 주기 −정기 협의: 月 1회 → Risk 사전 점검 및 해당기간의 Risk 대응결과 Review −부정기 협의: 개별 중대사안에 대한 경영진 의사결정 필요 時
ERM 역할	ERM (Enterprise Risk Managemnet) • 전사적 Risk의 정보수집 후 Risk 등급 분류 및 판단 • Risk 등급별 대응전략 수립 후 유관부서를 통한 전략적 대응 • 그룹차원의 대응 時 커뮤니케이션 창구 담당 • 개최 주기: 개별 사안에 대한 전사 차원의 대응 필요時(경영지원실장 주관, 유관부서 및 RM 조직)

1) 대관 대응 Manual

> • 대관 대상 : 공정거래위원회, 관할 세무관서, 한국소비자원, 관할 구청, 노동부, 금융감독원, 관할 경찰서 등
> • 대관 점검은 반드시 담당 간부와 해당 업무의 경험이 많은 담당자가 공동 대응해야 함
> • 당사의 입장이나 의견을 충분히 설명하여 확인서를 작성하지 않도록 적극 대응함
> - 현장 점검은 공무원이 재량으로 판단하는 부분이 많으므로 상황에 따라 정상 참작 여지가 많음
> • 문제점 및 지적사항은 현장에서 확인서를 작성하지 않고 해결해야 함
> - 현장을 벗어나면 기속행위 관점에서 업무가 처리되므로 대응이 어려워짐
> • 불가피하게 확인서를 작성해야 할 경우 사실관계를 명확히 하고 최대한 유리한 조건에서 작성토록 함
> • 확인서 작성 시 공무원과 이견이 있을 경우 당사의 의견을 확인서에 같이 기록해야 함
> • 협력사 대관 점검 시 협력사는 당사와 긴밀한 정보 공유 채널 유지해야 함
> - 협력사는 확인서 작성 시 반드시 관련부서의 확인을 받은 후에 작성해야 함

2) 대관 수검 시 대응 요령

> • 수검 담당자는 점검자를 사무실로 안내하면서 방문 목적을 확인한다
> - 공무원과 동행하지 않은 언론사 등의 방문, 인터뷰, 촬영 등은 일단 정중히 거부하고 책임간부 및 조직장의 지시에 따른다.
> • 책임간부 및 관련 부서에 연락하고, 책임간부 입회하에 상호인사를 한다(조직장은 참석하지 않는다)
> - 대응은 법과 업무를 충분히 알고 있는 사람이 대응함
> • 점검자의 질문에 대해서는 짧게 대답하고 질문 외 사항은 말하지 않는다
> • 점검자의 자료 요구 시 파일 전체를 주지 말고 문제가 없는 필요한 부분만 제시한다.
> • 수거품이 발생할 경우, 반드시 상사에게 보고 후 지시에 따라 수거 압류증을 받아 둔다.
> • 위반 사실에 대해 확인서 요구 시 조직장에게 보고 후 지시에 따르고, 관련 법규조항을 찾아 행정처벌 수위를 확인한다
> - 확인서를 작성하지 않고 마무리 되도록 최대한 대응해야 함
> • 해당 조직장은 확인서 내용을 점검한 후 지시한다(당사에 불리한 사항으로 확인이 안된 것은 반드시 확인 사실을 거친 후 대응)
> • 점검 완료 후 출입 검사기록부를 작성하고, 관련부서에 점검 사항에 대해 공유한다

고객 대응 Manual

고객 대응 Manual

- Risk 발생 시 정확한 사실관계를 확인한 후 고객 대응을 해야 함
  - 사실관계 파악이 안 된 경우에는 사실관계를 확인하겠다고 설명
- 감성적 호소력을 가진 웹 대응역량 강화
  - 상투적인 답변이 아니고 고객별, 상황별 특성에 맞는 맞춤 대응역량 확보
  - 고객의 감성적 코드를 이해한 바탕에서 신속하게 대응
- 대응 글은 가능하면 짧게 작성하고, 명확한 논리와 근거에 입각해서 설득
  - 언론기사, 정부발표, 연구기관 등의 자료를 최대한 인용하여 대응 글의 신뢰성 제고
- Call, Web의 일일 고객반응 상황에 따른 신속한 대응인력 증원체제 구축
- 상황별 네티즌 대응전략 준비
  - 적극적인 네티즌 대응은 오히려 기폭제 역할을 하므로 일일 동향 파악으로 여론을 주시하면서 신중하게 대응함
- 고객에게 당사의 입장을 소신 있게 전달할 수 있는 법규 및 지식기반 확충
- 고객 대응에서 피해야 할 주요 사항
  - 직접적인 원인 제공이 불명확한 상태에서 정신적 피해보상
  - 원인 불명 상황에서의 100% 보상하겠다는 약속
  - 회사 내부 사정으로 고객과의 접촉 지연

참고 4 대외 커뮤니케이션 대응 Manual

대외 커뮤니케이션 Manual

- Risk에 대응할 수 있는 자체적인 PR역량 확보가 필요함
- 언론 대응 창구는 홍보팀으로 일원화
- 일관성 있는 대외 Communication 및 경영진의 명확한 의사결정을 위해 신속 정확한 현황 파악 및 보고체계 구축
- 보도자료 배포 시 내용 문구 및 배포 시점에 대해 신중히 고려해야 함
- 과거 사실 및 정확한 데이터 확인 후 신중히 사과문을 작성한 후 내야 함
- 인터넷 매체, 전문지와 네트워크를 통한 전략적 활용 기반 구축
- 고객에게 당사의 입장을 소신있게 전달할 수 있는 법규 및 지식기반 확충
- 對 국민 담화문, 사과문 작성 방향
  - 기본 구성 : 사실관계, 책임(과실, 도의) 관계, 사과 및 반성, 피해보상 대책, 향후 개선방향 등
  - 금지 형태 : 면피성 문구, 무조건 책임 감수 문구, 부정확한 사실을 인정하는 문구 등
- 대외 Communication 대상
  - 인터넷: Pop-up창, 대고객 사과문(그룹, 사별 게시판) 등
  - 일간지: 대언론 해명문, 대국민 사과문, 대국민 담화문 등

CHAPTER 05

택배편의점의 이해

택배편의점은 택배회사를 대신하여 택배상품을 접수하고, 보관 및 택배기사에게 접수된 화물을 인계하는 일을 주 업무로 하는 화물접수 장소이다. 이는 생필품스토어(CVS), 마트, 부동산 중개사 사무실, 주유소 등과 같이 기존의 업무를 중심으로 사업을 영위하며 해당 영업장의 고객편의, 추가적인 수익원 창출, 기존 영업장의 홍보 등을 목적으로 제공하는 추가서비스에 해당한다.

우리나라는 택배가 시작된 1992년부터 편의점 영업장이 개설되고 운영되었다. 또한 여러 업종에서 편의점업무를 시도했지만 택배서비스를 이용하는 소비자입장에서 편익을 느낄 정도의 성공적인 활성화는 이루지 못했던 것이 사실이다.

이러한 국내 택배 편의점사업의 특성을 고려하여 본서에서는 우리나라와 다르게 편의점이 활성화된 일본 택배산업의 편의점을 대상으로 소개한다.

5-1 일본 택배편의점 현황

2020년 3월 기준, 약 12개社의 편의점 체인, 일본 전역에 약 6만 개의 점포가 있으며, 상위 3개 회사인 세븐일레븐, 로손, 훼미리마트가 전체 편의점의 약 80%를 차지하고 있다. 이들은 고객의 니즈 변화에 신속하게 대응하여, 단순한 일상용품 판매가 아닌, 도시락, 반찬, 야채, 정육 등 신선식품을 취급하고, 배달서비스, 택배서비스, 공공요금 수납, 공연 예약, 금융업무 등의 생활편리 서비스를 확대하여 지속적으로 성장하고 있으며, 사회적 인프라의 일부 기능을 동시에 수행하고 있다.

구분	일본	한국
주요 편의점 체인	12개社 (세븐일레븐, 로손, 훼미리마트 등)	5개社 (GS25, CU, 세븐일레븐, 미니스톱, 위드미 등)
점포 수	약 60,000개	약 34,000개
시장규모	약 103조 원(2015년 경제산업성 조사)	약 15조 원 (2015년 업계동향조사)
생활 편의 서비스	• 택배 접수 및 수령 서비스 • 택배박스 및 포장 재료 판매 • 배달서비스(도시락, 반찬, 식재료 등) • 렌탈상품 회수 서비스 • 공공요금 및 대금 수납, ATM 금융 서비스 • 사무서비스(인쇄/복사/팩스/사진인화 등) • 티켓예매(전시/공연/비행기/버스/테마파크 등)	• 택배 접수 및 수령 서비스 • 공공요금 및 대금 수납, ATM금융 서비스 • 티켓예매 등

참고   세븐일레븐의 '세븐밀 서비스'

도시락, 식재료, 생활잡화 등 편의점 內 상품을 인터넷으로 주문하면 집 또는 회사 등으로 배달해주는 서비스이다. 일본의 제1 택배기업인 야마토운수가 전담배송을 하는 것으로 알려졌다.

5-2	일본 편의점 택배 계약구조

구분	택배접수	택배수령
계약체계	편의점이 전담 택배사를 지정하여 계약	편의점이 전담 택배사를 지정하여 계약 ※ 아마존, 라쿠텐 등 일부 온라인몰은 편의점과 직접계약
계약구조	편의점과 택배사	편의점과 택배사/편의점과 온라인몰
상세내용	• 계약된 택배사의 택배로 접수	• 편의점 수령에 대해서 택배사 및 편의점과 사전 계약된 온라인몰 상품 대상 • 상품 주문 시, 편의점 수령 선택 → 편의점社 선택
특이사항	• 편의점 직원이 POS에서 직접 택배접수 ※무인접수대 없음	• 야마토운수의 경우, 쿠로네꼬 멤버즈(회원)는 온라인몰 계약 有/無 관계없이 부재 시 편의점에서 택배수령 가능

참고 1 편의점별 택배사 계약현황(2020년 3월 기준)

편의점 체인명	점포 수(개)	점유율	전담 택배사	
			택배접수	택배수령
세븐일레븐	18,787	33.1%	야마토운수	야마토운수
로손	12,360	21.8%	일본우편	일본우편, 사가와큐빙
훼미리마트	11,712	20.6%	야마토운수	야마토운수, 일본우편
서클K산쿠스	6,329	11.2%	야마토운수	야마토운수
미니스톱	2,229	3.9%	일본우편	일본우편
데일리야마자키	1,546	2.7%	야마토운수	야마토운수
세이코마트	1,268	2.2%	일본우편	일본우편
세브온	577	1.0%	야마토운수	야마토운수
포프라	507	0.9%	야마토운수	야마토운수
뉴데이즈	498	0.9%	야마토운수	야마토운수
쓰리에프	493	0.9%	야마토운수	야마토운수
코코스토아	323	0.6%	야마토운수	야마토운수
그 외	95	0.2%	택배서비스 제공 안 함	
합계	56,724	100%		

참고 2 택배사별 편의점 택배점유율(택배접수 기준/2020년 3월 기준)

구분	야마토운수	일본우편
계약 편의점 체인	9개 社	3개 社
계약 편의점 점포 수 합계	40,772개	15,857개
점유율 (점포 수 기준)	72.0 %	28.0%

5-3 야마토운수 편의점 택배 상품 및 서비스

구분		상세 내용
택배접수	상품종류	• 일반택배/택배콤팩트/골프택배/스키택배/공항택배/왕복 택배/노트북 택배/하코Boon (※1)
	특화 서비스	• Today 서비스(오전 5시까지 접수 → 당일 14시 이후 배달) • 나이트 서비스(오후 21시까지 접수 → 익일 오전배달) ※ 도쿄, 관동지역 한정: 무료
택배수령 (※3)	상품종류	• 일반택배(세변합 100cm 內)/택배콤팩트/옥션택배 (※2)/노트북 택배/초속택배
	특화 서비스	• 계약된 모든 편의점에서 수령 가능 • 편의점 택배 도착 시 알림톡 발송
비고		• 편의점에서 택배 발송 시, 운임의 100엔(1,000원) 할인

註) 1) 하코Boon: 야후 옥션에 출품하는 고객을 대상으로 만들어진 택배상품. 기존 택배보다 최대 50% 싼 운임으로 이용할 수 있으며, 파손 및 분실에 대해 독자적인 보상제도를 운영하고 있음(훼미리마트 한정).
2) 옥션택배: 옥션에서 낙찰한 상품을 안전하고 간단하게 결제, 배송해주는 택배상품(익명배송으로 출품자의 개인정보를 보호/낙찰자는 상품수령하여 확인 후 결제).
3) 쿠로네꼬 멤버즈 회원 한정 서비스(입회비/서비스 이용료 무료).

5-4　야마토운수 계약 편의점택배 입력 프로세스

프로세스	상세내용	비고
① 편의점 택배접수	• 편의점 직원이 직접 택배접수 (야마토운수에서 택배접수 매뉴얼 제공) ※ 접수 프로세스 참고	• 수기운송장, 줄자, 저울 등 택배접수 용품 구비 • 야마토운수 택배박스 및 포장재료 판매 • 편의점 內 지정 장소에 접수 상품 보관
② SM 편의점 집화	• 매일 13시/16시 2회 집화 방문 (택배접수 有/無 관계없이 일 2회 방문계약) ※ 수도권의 경우 오전 5시(Today 서비스)/오후 21시(나이트 서비스) 집화 추가 방문 • SM 편의점 POS접수 정보 확인(수량, 택배종류 등)	• 편의점－야마토운수 시스템 연동 없음 (접수 정보 전송 없음)
③ 접수 정보 입력	• 점포에서 실시간 접수 정보 입력	

■ 택배 접수에서 배달까지

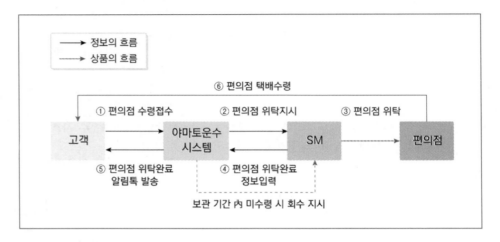

프로세스	상세내용	비고
① 편의점 수령접수	• 상품 주문 시 편의점 수령으로 지정 • 재배달 접수 시 편의점 수령으로 변경 가능	
② 편의점 위탁지시	• 접수 정보 실시간 SM전송	• 타 구역 편의점 수령으로 재배달 접수 시, 해당 구역 지점으로 택배 전송 지시
③ 편의점 위탁	• 집화 방문 시 상품 위탁	• 편의점 內 지정 장소에 위탁상품 보관
④ 편의점 위탁완료 정보 입력	• 점포에서 실시간 위탁정보 입력	
⑤ 편의점 위탁완료 알림톡 발송	• 위탁 편의점 정보/수령방법/보관 기간 (위탁일로부터 약 3~10일 內) 등 안내	
⑥ 편의점 택배수령	• 본인 확인/편의점 수령접수 내역 확인 후 위탁상품 전달 (야마토운수에서 택배수령 매뉴얼 제공)	보관 기간 內 미수령 시 SM이 회수

편의점마다 수수료 계약체계가 다르며, 정액제(1건당 150엔~200엔)/정률제 (택배 운임 단가의 20%) 2가지 수수료체계에 대해서 편의점이 선택하여 계약

구분		세븐일레븐	훼미리마트	서클K산쿠스
택배 접수	계약체계	정액제	정률제	정액제
	수수료 (1건당)	150엔~200엔 (약 1,500원~2,000원)	택배 운임 단가의 20%	150엔~200엔 (약 1,500원~2,000원)
택배 수령	계약체계	야마토운수 全 계약 편의점 정액제 계약 中		
	수수료 (1건당)	50엔~70엔 (약 500원~700원)		

註) 1) 편의점 택배접수 운임단가 평균 1,000엔(약 10,000원).
   2) 편의점과 점주 간의 수수료체계에 대해서는 편의점 내부 계약에 따름. 파악불가.

■ 택배접수

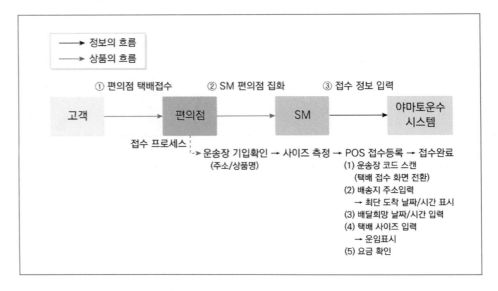

■ 편의점 택배접수 물동량 비교(2019년 월평균)

　　우리나라와 일본의 취급점 이용 활성화 정도의 이해를 돕기 위하여 국내 대표 택배회사인 CD사와 일본의 야마토택배를 비교해보았다. 야마토운수(택배)의 경우, 편의점 외에도 전국 20만 개 이상의 취급점 및 영업소에서도 택배 접수 및 수령이 가능할 뿐 아니라 야마토택배 1개사의 연간 택배물량이 우리나라 전체의 연간물량과 대동소이한 시장규모로 인해 편의점 택배의 비율은 높지 않게 보일 수 있다.

구분	국내 CD사	야마토운수
계약 편의점 점포 수	약 23,200개 (3개社)	약 41,000개 (9개社)
택배접수	약 144만 개	약 300만 개
편의점 택배 접수 비율	약 2.4% (총 택배접수 물량: 약 6,200만 개)	약 2% (총 택배접수 물량: 약 1억 6,000만 개)
택배수령	약 1만 개	약 65만 개

	국내 CD사	야마토운수
계약 편의점 체인 수	3개社 (주요 편의점 5개社)	9개社 (주요 편의점 12개社)
점유율 (계약 편의점 점포 수 기준)	68.3% (약 23,200개)	72.0% (약 41,000개)
택배상품	일반택배	일반택배/택배콤팩트/골프택배/스키택배/공항택배/왕복택배/노트북택배 등
특화 서비스	없음	• 편의점 특화 서비스(Today/나이트 배송) • 택배박스, 포장재료 판매
접수	무인접수대	편의점 직원 접수(POS입력)

집화	• 일 1회 방문
	  (일부 점포 일 2회 방문)
	• 휴일 집화 불가
		• 일 2회 방문
		  (수도권지역 일 4회 방문)
		• 365일 집화

5-7-1. 야마토그룹 생활편리 서비스 추진목적

야마토그룹은 2020년 경영계획인「아시아 NO.1 물류·생활지원 솔루션 프로바이더」를 달성하기 위해 각 그룹의 서비스와 기능을 활용한 고부가가치 사업모델 구상을 추진하고 있다.

이는 라이프 스테이지, 라이프 스타일의 변화에 따른 지역사회의 문제, 생활에서의 고민을 물류를 통해 해결하기 위해, 야마토운수의 '라스트 원 마일 네트워크'의 강점을 활용하여 '지역과 생활에 더욱 밀착된, 생활지원, 생활편리 서비스로 확대하여 고객 만족뿐만 아니라 지역사회에도 공헌하려는 의지와 목표를 담고 있다.

5-7-2. 야마토운수 생활편리 서비스 제공현황

커뮤니티 거점(배달방)「네꼬서포스테이션(쿠로네꼬 야마토 서포트 스테이션)」은 운영하는데 야마토운수는 야마토 홈콤비니언스(Yamato convenience) 계열사와 연계 판매서비스를 제공하고 있다. 대표적인 상품이「딜리버리 플러스」(식품, 특산물 등)이다.

■ **커뮤니티 거점 「네꼬서포스테이션」 추진배경**

■ 일본의 지역 및 사회문제

일본의 경우, 저출산으로 인해 인구고령화가 가속화되고, 가족의 형태가 변화하면서 핵가족화 및 1인 가구가 급속히 증가하고 있으며, 특히, 고도성장기에 지방에서 도심부로 이주한 단카이 세대(1940년대 말 출생), 베이비붐 세대가 도심부에 남아 노년을 보냄에 따라 도심부에서의 고령화 문제가 심각화되고 있다.

■ 기업 및 정부의 생활편리 사업추진

이러한 사회적 문제를 해결하기 위해 정부는 고령친화적 생활환경 조성에 관련된 사업을 적극적으로 추진하고 있으며, 기업에서는 핵가족 및 1인 가구를 대상으로 한 생활편리 서비스를 확대하고 있는데 야마토그룹 또한, 시대의 변화를 반영하여, '이에나까(家中: 집안의 생활 관련) 서비스'의 확대, '지역사회에 밀착한 생활지원 플랫폼의 설립' 등을 통해 고객의 생활지원, 지역사회 공헌 사업을 적극적으로 추진하고 있다.

5-7-3. '타마뉴타운' 지역선정 및 추진과정(사례 소개)

■ 커뮤니티 거점 지역선정 이유

1960년대 중반 고도성장기와 더불어 개발된 도쿄근교의 타마뉴타운은, 면적 약 900만 평, 계획인구 35만의 일본최대의 신도시였으나 주거주민의 고령화, 저출산으로 인한 인구감소 등의 영향으로 구매력이 저하되면서 지역 내 상점들이 폐업하게 되고, 식료품 구입 및 생활에 불편함을 겪고 있다. 또한 지역 내의 고령화가 가속화되면서, 관련된 여러 가지 지역 및 사회적인 문제가 발생하고 있는 상태였다.

■ 추진과정

이러한 문제를 해결하기 위해 야마토홀딩스는 '도시개발기구(개발주체)', '타마시(행정기관)'와 협의회를 구성하여 「물류네트워크를 활용한 지역생활지원 및 지역산업의 활성화」를 통해 노년층을 비롯한 주거민의 생활이 더욱 편리해지고, 젊은층의 유입으로도 이어질 수 있도록 지역 내에 커뮤니티 거점인 「네꼬서포 스테이션」 설립을 추진한다.

정기 협의회, 지역주민 심층설문조사, 지역관계자(지자체위원, NPO단체) 인터뷰 등을 통해 타마뉴타운의 지역 및 생활 관련 현황, 문제점, 고객 니즈를 분석하여, 지역주민이 꼭 필요로 하는 서비스가 무엇인지 파악하여 선정하였고, 지속 가능한 서비스 및 운영을 위해 관련업체와의 시범운영을 시행하여 문제점 도출 및 보완 등을 통해 구체화하였다.

■ 커뮤니티 거점 위치

2016년 4월 말부터, 타마뉴타운 내 2개 커뮤니티 거점을 운영(카이도오리 거점/나가야마 거점)

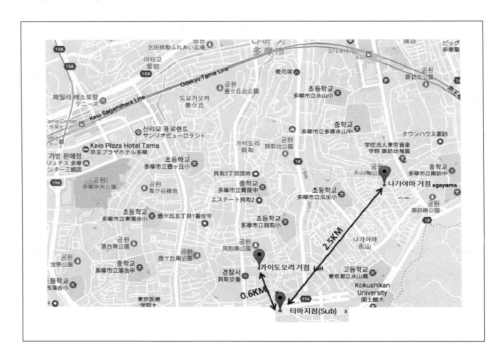

■ 커뮤니티 거점 역할 및 서비스 내용

택배접수 및 배송, 구매대행, 가사대행 서비스, NPO 및 지역단체 등과의 연계 활동 및 생활 관련 상담, 타마시 지역의 정보 발신 및 공유, 지역주민의 일자리 창출 등 지역주민의 생활편리 서비스 제공뿐만 아니라, 지역 및 사회과제를 해결하는 역할도 하고 있다.

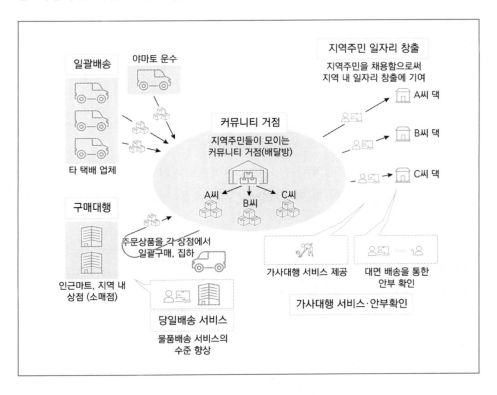

■ 일괄배송 서비스

1) 서비스 제공 배경

타마뉴타운 지역은 보행자가 자동차와 교차하지 않도록 차도 위로 보행자 전용의 공중보도가 설치되어 있으며, 차가 들어갈 수 없는 지역도 있어 택배업 자들이 집배활동에 어려움을 겪고 있다.

복수의 택배사로부터 상품이 배달되는 경우, 각 택배사마다 배달 시간에 차 이가 있어, 상품수령 및 재배달 연락 등에 불편함을 겪고 있어, 일괄배송에 관한 고객 니즈가 증가하고 있다.

2) 서비스 내용

야마토운수가 타마뉴타운 내에 배달되는 사가와큐빙, 일본 우편의 물량을 위탁받아 일괄배송한다.

각 택배사마다 쿨택배의 취급 온도, 콜렉트택배의 대금지급 방법 등이 달 라, 현재는 일반택배에 한(限)해 일괄배송 서비스를 제공한다.

3) 운영 상세

수탁자	상품위탁			위탁업무
	시간	장소	방법	
사가와큐빙	5시~6시	해당지역 사가와큐빙터미널	야마토운수 방문, 인수	• 상품 수량확인 • 운송장번호 연계 작업 ※ 각 사 시스템이 연계되어 있어, 배달정보 입력 및 실시간 전송, 운송장 조회 결과 등, 실시간으로 확인 가능
	10시	해당지역 야마토운수 지점	사가와큐빙 방문, 전달	
	15시			
일본 우편	7시	해당지역 우체국	야마토운수 방문, 인수	
부재 시 대응			사고처리(분실 및 파손)	
일주일간 부재 시(재배달 연락 없을 경우), 수탁자에 반품			수탁자인 사가와큐빙, 일본우편에서 대응하여 처리 단, 상품 위탁 후 발생 건에 대해서는 야마토 운수에서 상품금액 지불	

■ 구매대행 서비스

1) 서비스 제공 배경

역 근처 상권의 발달, 구매인구 감소에 의해 지역 내 상점의 폐업이 가속화됨에 따라 생필품 및 식료품을 구입할 수 있는 인근 상점이 줄어들고 있다.

특히 노년층의 경우, 체력적인 한계 등으로 인해 생필품, 식료품 조달에 불편을 겪고 있다.

2) 서비스 내용

생필품뿐만 아니라, 정육, 야채, 청과, 냉동식품 등 지역 내 상점에서 판매하는 900개 이상의 상품을 카탈로그 및 홈페이지에 게시하여 Web, 전화, SM 및 커뮤니티 거점을 통해 주문접수한다.

구입총액 1,500엔 이상부터 이용 가능하며, 상품 1개당 20원 구매대행료가 적용된다. 배송료는 무료이며, 결제는 배달 시 현금으로 배송사원에게 금액을 지불한다.

3) 운영 상세

시간	업무	내용
전일~14:00	Web, 전화, SM, 커뮤니티 거점을 통해 주문접수	각 채널로 고객이 구매상품 주문
14:00~15:00	주문마감 및 주문정보 전송	야마토운수의 각 채널로 접수된 주문정보를 각 상점별로 전송하여 일괄주문
15:00~16:00	토탈피킹	해당 상점에서 주문 상품을 토탈피킹
16:00~16:30	집하	야마토운수 스텝과 해당상점 직원 간 상품 인수
16:30~17:30	개별패킹	각 상점에서 집화해온 상품을 고객별로 재분류, 패킹
17:30~	배달	해당 지역 배송 및 결제(대금수금)

■ 당일배송 서비스

1) 서비스 제공 배경

실제로 상품을 직접보고 구입하기 원하는 고객의 니즈에 대응하여 당일배송 서비스를 제공하고 있으나, 오전접수, 오후배송의 운영으로 배송까지 걸리는 리드타임이 길어 편리성이 떨어진다.

2) 서비스 내용

기존의 오전 접수마감, 오후배송의 1일 1회 배송을 1일 4회까지 늘리고, 이용 가능한 소매점이 확대되고 있다.

■ 가사대행 서비스

1) 서비스 제공 배경

가사대행 서비스를 제공하는 업체 및 가사대행 서비스에 관한 고객 니즈는 있으나, 낯선 사람을 집 안에 들이는 것에 대한 심리적 거부감과 비교적 높은 이용금액, 신청 후 방문기사가 방문하는데 시간이 오래 걸려 원하는 시간에 바로 서비스를 받을 수 없어 불편하다는 등의 이유로 이용률이 낮다.

2) 서비스 내용

커뮤니티 거점에 있는 배송사원 또는 스태프가 직접 고객의 집을 방문하여, 청소, 형광등 교체, 가구 조립 및 이동, 가전 설치 등의 서비스를 제공함으로써 고객에게 신뢰감 있고 안심된 서비스를 제공한다.

지역주민 가까이에 위치한 커뮤니티 거점에서 자사 스태프를 활용함으로써 고객이 원하는 시간에 비교적 싼 가격으로 서비스를 제공하고, 청소(창문, 베란다, 가전제품 등), 설거지, 전구교환, 대형쓰레기 배출 등의 1~2가지 가사서비스를 1회 1,500엔 정도의 금액으로 이용할 수 있다.

5-7-4. 그 외의 서비스 및 활동

■ 안부확인 및 지역서포트

타마시와 「타마지역 주거민 보호활동관련 협정」 및 「도로 파손 등에 의한 위험 지역의 정보 제공 관련 협정」을 체결하여, 집배송 업무 시 지역주민(노년층)의 안부확인, 도로파손 등의 보고를 통해 안심하고 살 수 있는 지역 만들기에 동참한다.

업체소개

커뮤니티 거점에서 제공하지 않는 생활지원 서비스를 제공하는 타 업체 소개(리폼, 인테리어 등)

■ NPO소개 및 연계 등

1) 지역주민의 일자리 창출

배송사원 및 거점 스태프 등에 지역 내의 노년층 및 여성인력을 적극적으로 고용하여 노년층의 경제활동을 지원하고, 풀타임제, 파트타임제를 적용하여 주부 및 학생들이 원하는 시간, 형태로 일할 수 있는 일자리를 제공한다.

2) 이벤트 개최

중고장터 특산물 판매 등을 통해 지역주민 간의 교류활동 지원

3) 운영결과

2016년 4월 말에 커뮤니티 거점을 오픈하여 아직 1년이 지나지 않아 활성화 중이며 상세 매출 현황 등은 파악하기 힘드나, 국토교통성의 「지역을 유지시키는 지속 가능한 물류네트워크 구축관련 모델사업」의 성과로 인정받고 있다.

4) 시사점

일본에 이어 한국에서도 저출산 고령화의 문제가 심각화되고 있으며, 일본의 비슷한 추세를 보임에 따라 생활편리 서비스의 니즈가 증가하고 커뮤니티 거점(배달방) 사업의 필요성이 높아질 것으로 예상된다.

야마토운수의 커뮤니티 거점 사업의 추진 배경 및 설립 과정에 중점을 두어, 지역 및 사회의 문제점을 해결하고, 고객의 니즈에 대응하기 위해 커뮤니티 거점이 어떠한 역할로 어떠한 서비스를 제공하고 있는지 주목해야 한다.

커뮤니티 거점에서 제공하는 서비스가 택배사 단독의 추진이 아닌, 행정기관 및 지역 단체와 협의회를 구성하여 현황과 문제점을 자세히 파악하고, 지역 주민 설문조사 및 인터뷰를 통해 고객의 니즈를 철저히 분석하는 과정을 거쳐 고객이 진정으로 필요로 하는 서비스를 제공하고 있다.

배송인력 및 거점 스태프의 가사대행 서비스 제공, 지역 서포트 활동 등은 SM의 역할 변화 관련 선례로써 참고할 수 있다.

■ 벤치마킹 가능한 서비스 및 기대되는 효과

벤치마킹 가능한 서비스	적용 시 기대되는 효과		
	고객	지역 및 사회	택배사
일괄배송 서비스	지금까지는 택배사별로 각각의 타이밍에 상품이 도착하였으나, 일괄배송으로 인해 한번에 받을 수 있게 됨으로써 택배수령에 대한 고객 편의성 향상	CO_2 배출량 감소, 주거지역에 들어오는 차량 대수(타사)가 감소함에 따라 안전하고 정돈된 주거환경 보장 가능	집하효율 상승 및 업무생산성을 높임과 동시에 고객과의 접점을 늘릴 수 있으며, 시장주도의 기회가 됨.
구매대행 서비스 및 당일배송 서비스	노년층 및 육아, 가사 등으로 쇼핑이 어려운 주부들도 집에서 쉽게 물건을 구입할 수 있게 됨. 구입한 물건을 직접 가지고 가야 하는 불편함 때문에 구매에 한계가 있었으나, 필요한 물건을 고민하지 않고 구입할 수 있음.	지역 소매점의 판매를 촉진을 통한 지역 상생 및 지역 소비활성화에 기여	구매대행 서비스를 통해 택배+유통의 부가가치 사업모델 창출
가사대행 서비스 (당사 인력이 서비스를 제공할 경우)	배송사원 및 스태프가 직접 방문함으로써 고객이 안심하고 서비스를 이용할 수 있으며, 고객 가까이의 거점이 있어, 원하는 시간에 바로 서비스를 받을 수 있음.	배송사원 및 거점 스태프에 지역 주민을 고용하여 일자리 창출에 기여	타사보다 차별화된 서비스를 제공할 수 있으며, 기존 인력을 효율적으로 활용할 수 있음.

PART

3

영업달인의
Insight
Fundamental

CHAPTER 01

라스트마일 딜리버리

라스트마일 딜리버리(Delivery, 이후 라스트마일 물류와 혼용한다)는 물류의 끝단에서 최종 소비자와의 만남이 이루어지는 최접점 배송단계를 말한다. 이는 바로 B2C 영업의 성패가 좌우되는 부분이기도 하다. 아마존, 알리바바, 쿠팡 등 전자상거래 업체와 월마트, 타겟(Target) 등 유통업체, 주요 3PL 등 물류업체들은 라스트마일 딜리버리 서비스를 신속하고 효율적으로 제공하기 위해 기업 인수합병 및 신기술 도입을 위해 투자를 확대하고 있음은 물론, 스마트 물류기술을 기반으로 하는 Start-up기업도 라스트마일 딜리버리 시장에 참여하고 있다.

1-1 라스트마일 딜리버리의 등장배경과 중요성

2017년 라스트마일 물류비용은 총 배송(Delivery)비용 중 53%를 차지하여 장거리 운송이나 분류와 집화 비용보다 높은 것으로 나타났고, 전자상거래 시장의 급성장에 따라 고객의 기대치와 비례하여 라스트마일 물류의 중요성이 한층 높아지고 있다. 특히 O2O(Online to offline) 환경에서 물류가 중요해지고, 소비자의 Needs가 더 중요해지는 환경에서 물류 패러다임도 First Mile에서 Last Mile로의 이동속도가 빨라지고 있다.

소비자 입장에서 최종 배송단계는 사용자 경험(UX)이 형성되는 첫 번째 단계이며 공급자 입장에서는 증가된 물동량에 의해 배송효율 개선이 가장 필요한 지점이 라스트마일이다. Online과 On demand의 성장은 최종 고객이 원하는 장소와 시간에 신속한 배송서비스를 요구하기 때문에 택배업체, 유통업체, 물류업체를 지속적으로 압박하고 있는데, 특히 도시지역에서는 교통혼잡, 부정확한 주소, 고객의 부재, 물품수령 거부, 주차공간의 부족 등 현장에서 예기치 못한

다양한 상황 발생 등 물류네트워크 구조의 변화로 라스트마일 딜리버리(물류)의 중요성이 한층 더 높아지고 있다.

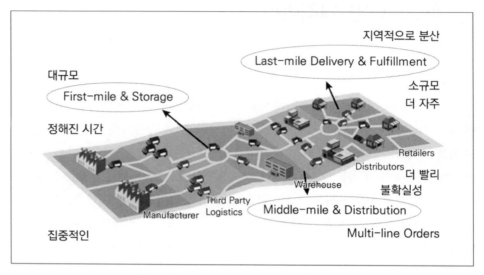

[그림 3-1-1] 물류네트워크 구조의 변화

출처: 송상화(2017). ICT 기반활용 물류산업 활성화 정책 연구를 편집하여 인용.

대표적인 글로벌 유통기업, 잘나가는 제3자 물류회사(The third party logistics company)는 라스트마일 물류를 2017년부터 지속적으로 해오고 있다.

	Target		Walmart	Alibaba
인수	Gradn Junction	shipt	parcel	Cainiao
일자	2017.8.	2017.12.	2017.9.	2017.9.
거래액	불명	5억 5천만 달러	1천만 달러 미만	8.7억 달러
수행 능력	• 기술과 700개 이상 운송 파트너 네트워크 • 최적 경로 결정, 화물추적, 운송인 성과 평가를 위한 소프트웨어 기술 등	• 회원제 기반의 온라인 식료품 및 가정용품 기업, 당일배송 플랫폼 • 복수의 유통업체를 통한 주문이행을 위한 2만 개 이상 쇼핑객 네트워크 구축	• 리스 차량 • 라우팅 알고리즘 기술 • 당일, 심야, 2시간 배송	• 2015년 중국에서 매일 5,700만 개 배송 • 250개 이상 도시에 창고 네트워크 • 200만 명 이상의 배송/창고 인력 • 차량 23만 대, 18만 개 배송거점 • 물류 데이터 플랫폼
목표	• Target 재고지원, 필수품은 익일 배송서비스 • 뉴욕시에서 당일 배송 지원	• 미국 전역에서 효율적 당일배송 • Shipt 시장침투로 전환, 로컬 쇼핑객 네트워크 • 독립적으로 자회사 운영	• 뉴욕시에서 일반 상품, 콜드체인 제품 배송 확대 • 야간 등 업무/범위 확대	• 온라인과 오프라인 채널 통합 • 중국 내 24시간, 전 세계 72시간 내 어디든지 배송

출처: Coresight Research, The Final Hurdle Innovation in Last-Mile Logistics, September 12.

다음은 4차 산업혁명 시대가 도래하면서 핫이슈(Hot issue)로 재론되는 공유경제와 긱경제를 통하여 라스트마일 딜리버리의 이해를 돕고자 한다.

공유경제(共有經濟; sharing economy)는 유휴자산(제품, 서비스 등)을 여럿이 공유해 쓰는 협력소비를 기본으로 한 경제방식을 말한다. 공유경제가 확대되면 스마트폰, 웨어러블 디바이스, 일용 잡화, 속옷 등 극히 일부 상품만 소유하고 대부분 물품은 물론, 생산설비나 서비스는 개인이 소유할 필요 없이 필요한 만큼 빌려 쓰고, 자신이 필요 없는 경우 다른 사람에게 빌려주는 공유소비의 의미를 담고 있다. 즉, 유형과 무형을 모두 포함하는 공유경제는 거래형태에 따라 크게 '쉐어링', '물물교환', '협력적 커뮤니티'로 구분할 수 있다. 이 중 '협력적 커뮤니티'는 에어비앤비(Airbnb.com)나 차량 공유 플랫폼 우버(Uber) 등 특정한 커뮤니티 내부의 사용자 사이의 협력을 통한 방식으로 유형과 무형의 자원 전부를 다룬다.

긱이코노미(Gig Economy, 긱 또는 기그 경제라고 칭한다)란 그때그때 필요할 때마다 단기 계약직, 임시직, 프리랜서 등을 섭외해 일을 맡기는 경제형태다. 긱이코노미에서 근로자들은 회사나 고용주에 얽매이지 않고 독립적으로 혼자 일한다. '우버' 기사나 '에어비앤비'에 숙소를 제공하는 사람 등 온디맨드 서비스에 참여하거나 프로젝트에 참여하는 프리랜서 및 1인 기업이 모두 긱경제의 주체다. 재능이나 시간 등이 있는 사람과 이를 필요로 하는 사람이 연결돼 서로 재화, 용역, 대가를 주고받는 거래방식이다. 이렇게 출현한 긱경제는 세계경제와 고용시장의 새로운 트렌드로 떠오르고 있으며, 미국에서는 2020년이 되면 직업의 43%가 이 같은 형태로 바뀔 것으로 예측되고 있다.

4차 산업혁명 시대에는 공유경제와 긱(Gig)경제로 전환되고 보편화될 것이다. 우리 사회도 상품과 서비스는 소유에서 공유로 공유에서 구독(Subscription)경제로 전환하고 제조, 유통, 물류기업과 산업의 구조도 '공유경제형', '긱경제형'으로 급속히 보편화될 것이다. 우리나라뿐 아니라 전 세계적으로 물류 부문, 특히 배달인력의 구인난은 심각한 수준에 와 있다. 물류기업과 유통기업에서는 부족한 배달인력(Trucker)과 배달차량을 공유경제와 긱경제를 통해 보완하고 있다.

우리나라에서는 쿠팡 플렉스(Coupang Flex)가 대표적이다. 현재 쿠팡의 로켓배송으로 주문 가능한 품목은 총 540만 종에 달한다. 2018년 9월 기준 350만 종에서 5개월 만에 200만 종이 늘어난 것이다. 로켓배송 물량도 올해 2월 들어 하루 170만 개를 넘어섰다. 이전 100만 개를 훌쩍 넘어선 것이며 당일배송, 신선식품 새벽배송까지 영역을 넓히고 있고 금명간 200만 개 돌파가 전망된다. 로켓배송 물량증가와 배송인력의 부족으로 배송지연 사태를 겪은 쿠팡은 '17년 8월에 쿠팡맨의 배송부담을 줄이고, 업무효율 제고를 위해 2인 1조 시스템(워크맨시스템)을 시도했지만 작년 말 접은 바 있다. 작년 8월부터는 새로운 물류 실험인 '쿠팡 플렉스'로 돌파구를 찾고 있다.

쿠팡 플렉스는 '아마존 플렉스(Amazon Flex)'를 벤치마킹해 일반인이 개인 승용차를 이용해 쿠팡 상품을 인근 물류센터에서 수령, 적재 후 배송업무를 하는 시스템이다. '쿠팡 플렉스'는 지원자(Flexer)가 자신의 스케줄에 따라 원하는 날짜를 근무일로 선택해 자유롭게 택배배송 업무를 할 수 있는 전형적인 '긱경제' 일자리다. 2018년 말부터는 기존 쿠팡 플렉스가 유휴 인력인 일반인들을 아르바이트 형태로 운영하는 것을 넘어 유휴 영업용 화물트럭들까지 적극 활용해 라스트 마일 물류서비스를 시도하고 있다. 자사 전담차량과 택배회사의 차량, 일반인 차량 외에 시중의 유휴 영업용 화물트럭(개별, 용달)을 쿠팡 플렉스와 같은 형태로 라스트마일 배송서비스에 활용하려는 시도다.

미국에서는 아마존 플렉스(Amazon Flex)와 우버 플렉스(Uber Flex)가 대표적이다. 아마존은 2016년 5월부터 고객들에게 빠른배송 서비스를 제공하고, 배송비용을 절감하기 위해 '프라임 나우(Prime Now)'라는 서비스를 런칭하면서 개인 차량을 소유한 일반인을 배송원으로 활용하는 플렉스(Flex) 서비스를 개시했다. 운전면허가 있고 차를 소유한 21세 이상의 일반인은 아마존 플렉스 운송을 지원할 수 있다. 단, 형사 범죄 기록, 운전 기록 조회에서 결격 사유가 있으면 아마존 플렉스에 참여할 수 없고, 배송정보를 확인하기 위해 안드로이드 운영체제(OS)가 설치된 스마트폰을 소지해야 한다. 선정된 일반인 지원자는 아마존의 당일배송 서비스인 '아마존프라임나우(Amazon Prime Now)' 상품에 대한 배송을 맡게 된다. 플렉스 서비스에 참여하는 운전자(Flexer)들은 시간당 약 18~25달러를 받으면서 하루 12시간 이내에서 원하는 만큼 자유롭게 일할 수 있다. 현재 미국 내 30개가 넘는 도시에서 수시로 드라이브 파트너를 모집하고 있다. 평균 주당 30시간을 근무할 경우 연간 3만 달러 정도의 수입을 얻는 것으로 알려졌다.

우버(Uber)도 우버 이츠(Uber Eats)에 이어 우버 러시(Uber Rush)라는 서비스를 출시했다. Uber의 기사들이 상품 배송원이 되는 것이다. 배송료는 우버보다 약간 저렴한 기본요금 7달러(3달러＋4달러/1마일)에 마일당 4달러이다. 지역 상권의 모든 것을 배송해주는 서비스로 이미 있는 기사 자원을 활용하기 때문에 확장성이 뛰어나다. 이미 미국의 이커머스 사이트 '오퍼레이터(Operator)'와 협업한 서비스를 출시하기도 했다. 오퍼레이터의 어플을 켜면 배송 옵션에 우버 러시가 등장하고, 구매를 하면 당일배송이 된다.

중국에서는 징동(京东)과 '윈냐오(云鸟)'가 대표적이다. 2015년 5월, 중국 이커머스 징동(jd.com)은 '징동쭝빠오(京东众包)'를 출시했다. 만 18세 이상의 모든 중국인이 배송원이 될 수 있다는 '만인배송(万人配送)'을 표방한 이 서비스는 등록과 교육을 이수하고 예치금을 예치하면 누구나 배송원이 될 수 있게 설계되어 있다. 그들 플랫폼에서 발생하는 물동량으로 많은 배송원을 모집하여 O2O의 물류 서비스를 제공하고 있다. 2014년 11월에 첫 서비스를 개시한 배송서비스 전문기업 '윈냐오(云鸟)'는 엄청난 속도로 발전하여 2017년 기준으로 4만 명의 기사를 보유하고 있다. 트럭을 보유하고 있는 기사의 경우 B2B 물량까지 운송할 수 있도록 서비스의 영역을 넓히고 있다.

4차 산업혁명 시대에는 공유경제, 긱경제가 보편화되고 배달시스템도 큰 변화가 일어날 것이다.

첫째, 전담인력(영업용 화물차량)을 통해서만 배송하던 시대에서 일반인과 일반인의 차량을 배달시장에서 활용하는 시대가 도래할 것이다. 배달에 활용되는 모빌리티의 범위도 화물차, 승용차, 택시, 바이크, 자전거, 도보 배송을 넘어 비행기, 기차, 버스, 지하철 등 이동수단 모두와 이동하는 모든 사람이 배송이라는 공유경제에 참여할 가능성이 높다. 아마존도 플렉스 서비스에 차량 외에 자전거와 도보를 활용한 배달 서비스도 고려하고 있다. 우리나라에서 자전거 배송은 우편 집배원의 전통적인 배송수단이었다. 미국에서는 '98년 '한 시간 이내(in less than an hour)에 배달'로 닷컴업계에 돌풍을 일으켰던 코즈모닷컴(Kozmo.com)은 오렌지색 유니폼을 입은 코즈모 배달원들이 자전거를 타고 담배 한 갑부터 TV까지 각종 상품을 집으로 배달했다. 도보배송은 DHL의 워킹쿠리어(Walking Courier)가 가장 일반적이었다. 신용카드 배송, 고지서 배송 등에 도보배달원이 투입된 이력이 있다. 세계 각지의 사람들은 매일 어떤 한 지점에서 다른 지점으로 이동한다.

그것은 지역 내 움직임일 수도 있고 지역을 넘어 조금 더 멀리 가는 여행일 수도 있다. 피기비(Piggy Bee), 무버(Mover) 등 스타트업은 이러한 대중의 여정을 통해 새로운 공유경제 배송시스템을 만들고자 한다.

전통적인 자전거와 도보 배송은 전담배송조직으로는 그 효율성, 수익성 모두에서 낮았지만, 4차 산업기술로 무장한 공유경제, 긱경제하에서는 매우 효과적인 배송수단으로 재탄생할 것이다.

둘째, 인력에 의존하는 배달이 아닌 AI(인공지능)로 무장한 자율주행차, 드론, 로봇, DRU 같은 무인배송이 일반화될 시대가 눈앞에 와 있다. 선도기업 아마존의 무인배송은 로봇, 드론, 자율주행 전기자동차가 주축이다. 배송로봇은 '아마존 스카웃(Amazon Scout)', 드론은 '아마존 프라임 에어(Amazon Prime Air)'이다. 아마존은 자율주행 전기차를 위해 세콰이어(Sequoia), 셸(Shell) 등과 같이 자율주행기술 전문 스타트업인 '오로라(Aurora)'의 5.3억 달러 투자에 참여했고, 지난달에는 전기자동차 스타트업인 '리비안 오토모티브(Rybian Automotive)'에 7억 달러 투자를 발표했다. 이 회사는 SUV, 트럭 등 대형 전기자동차를 생산하기에 곧 아마존의 무인배송 차량을 볼 수 있을 것이다.

셋째, 물류산업에서는 배달을 넘어 보관 등 물류 전 영역으로 범위가 확대될 것이다. 이미 '스토어 X', 'Clutter' 등 스타트업은 일반인의 유휴 보관 공간을 공유경제의 보관서비스에 제공하고 있다.

아마존의 '벤더 플렉스(Vendor Flex)'는 아마존 직원이 제조사 또는 유통사의 물류센터에서 포장과 배송을 완료하는 것으로 별도로 창고를 보유하지 않고도 배송 운영효율을 높일 수 있다.

'공유경제', '긱경제'하에서는 밀레니엄세대, Z세대는 굳이 직장에 소속되어 조직에 얽매이지 않고, 자신이 좋아하고 할 수 있는 일을 찾아 단기 일자리를 추구하는 플렉서(Flexer)와 'N잡러'가 많아질 것이다. 일자리도 분해돼 조각난 일거리들인 '긱워크(Gig Work)' 연결로 바뀔 것이고, 물류서비스의 이용자와 제공자(Flexer)는 그 경계가 더욱 모호해질 것이다(이상근, 2019, 아웃소싱타임즈).

1-3 라스트마일 물류와 스마트 물류기술

라스마일 딜리버리의 성공을 좌우하는 것 중에 핵심이 물류기술이다. 최근의 물류기술은 4차 산업 시대의 ICT기술과 접목되어 엄청 빠른 속도로 진화하고 현장에 스마트 물류기술로 접목되고 있다.

스마트 물류기술은 다른 분야에서 개발된 첨단기술과 지능화된 소프트웨어가, 전자상거래 물류, 콜드체인 물류, 도시물류 등 물류분야에 접목되어, 물류산업의 부가가치 향상과 효율성 향상을 도모하는 기술로서, Logistics 4.0과 밀접한 관련이 있기도 하다.

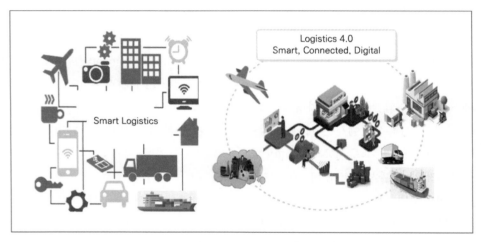

[그림 3-1-2] 스마트 물류기술과 물류 4.0

라스트마일 딜리버리에 접목 및 시도되고 있는 스마트 물류기술의 사례로는 드론(Drone), 자율주행차량(Autonomous car), 무인라커(Locker), 스마트 락(Smart lock), 무인배송 로봇(Robot), 비행선 등 다종다양한 기술들을 찾아볼 수 있다.

Drone

무인배송 Robot

자율주행 차량

비행선

[그림 3-1-3] 라스트마일 딜리버리에 접목되는 스마트 물류기술

📖 〈표 3-1-1〉 라스트마일 딜리버리에 접목되는 스마트 물류기술

구분	이점	한계	개발단계
알고리즘	• 신속/저렴/유연한 배송 • 저렴한 자본비: 진입장벽 낮음 • 신배송모델 개발 가능	• 일부 기업은 적절한 비즈니스 사례 제시하지 못함 • 클라우드 소싱관련 신뢰 문제	대규모 채택
배송 Drone	• 신속/유연한 배송 • 친환경적 • 원거리 접근/저렴하게 특정 지역 접근 곤란 • 혼잡도로 통과/한산한 도로	• 엄격한 규제로 한계 • 안전과 사생활 침해 문제 • 용량 한계 • 배송거리 한계 • 기술적인 문제 한계	시험 중
무인배송 Robot	• 신속/저렴/유연한 배송 • 친환경적 • 안전과 사생활 침해 문제는 드론보다 양호 • 드론보다 용량 큼	• 배송거리와 속도 한계 • 혼잡 지역에서 운행 불가 • 도난 문제 • 장애물 극복하기 위한 능력 한계	시험 중
무인 Vehicle	• 신속/유연한 배송 • 저렴한 운영비 • 친환경적 • 먼 거리 도달 시 비용효과적	• 엄격한 규제로 한계 • 무인차량의 고비용 • 많은 기술적 과제 상존	시험 중

출처: Stanford Business(2016). TECHNOLOGICAL DISRUPTION AND INNOVATION IN LAST-MILE DELIVERY.

1-4-1. 스마트 시티(Smart city)

인구증가와 메가시티[1] 증가, 전 세계적으로 많은 사람이 점점 도시로 몰리면서 2050년 지구촌의 도시인구 비율은 68%에 이를 것으로 전망된다. 또한 전자상거래 시장이 급성장하고 속도의 중요성이 증가할 뿐 아니라 공유경제가 더 확대되어 스마트 시티는 라스트마일 딜리버리의 성패를 좌우하는 기반이 될 것이다.

스마트 시티는 정보와 통신 기술을 활용하여 주거환경, 작업환경 측면에서 지속 가능성을 향상시키며 도시물류 효율화에도 공헌한다.

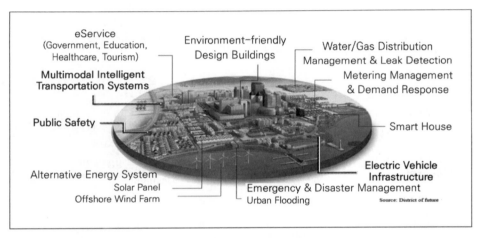

[그림 3-1-4] 스마트 시티 기반의 스마트 물류기술

출처: William HK LAM 외 3인(2017). SMART TRANSPORTATION.

---

1) 인구 1,000만 명 이상의 대도시를 메가시티라 한다.

1-4-2. 스마트 시티에 활용되는 기술

스마트 시티에 활용되는 기술 중 공통적으로 중요시되는 기술을 상품을 필요로 하는 고객과 상품을 공급하는 공급자 간 구매를 위한 소통, 배달을 위한 소통인 커뮤니케이션 수단기술, 그리고 상품을 제공하는 공급자에게 요구되는 공급기술 측면으로 구분하여 설명한다.

커뮤니케이션 수단기술은 O2O Digital Platform을 기반으로 이루어진다. O2O Digital Platform은 휴대가 간편한 모바일 기반으로 제시되는데 이 기술은 수요자의 주문, 결제, 상품 추적을 가능하게 하고, 공급자가 상품을 준비, 가공 및 발주를 가능하게 할 뿐 아니라 수요자와 공급자 간 정보의 공유, 상품의 거래를 가능하게 하는 핵심기술이기 때문이다.

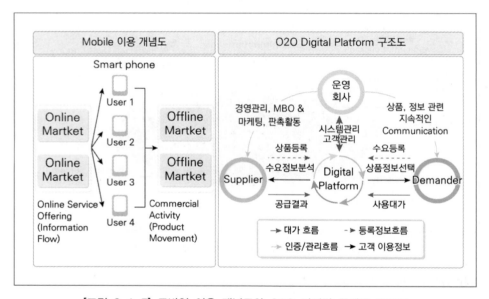

[그림 3-1-5] 모바일 이용 개념도와 O2O 디지털 플랫폼 구조도

출처: 구병모(2019). Developing of O2O Sharing Business Model for Direct Trading of Freshness Cargo. *Korea Logistics Research Association*, 29(3), pp. 11-29.

공급자(Supplier)의 상품공급기술은 4차 산업혁명 시대의 핵심기술로 라스트마일 딜리버리의 스마트 물류기술과 공유되는 측면이 많다. Big data, IoT, Smart car를 비롯하여 무인배송 로봇, 드론 등을 들 수 있다.

- Big Data: 수요 및 공급 관련의 제반 정보 수집−가공−최적의 결과 도출−제공
- 무인배송 Robot: 도심 중심의 배송
- Drone: 도시 및 도심 중심의 배송
- 스마트 카: 도시 중심의 배송
- IoT: Digital 참여 개체와의 연결과 정보의 Communication

CHAPTER 02

물류기업 배송전략

2-1 국내 물류기업 배송전략

2-1-1. 쿠팡의 배송전략

구분	주요배송전략	비고

쿠팡	• 로켓배송의 수익성 개선 위한 간접적인 유료화 추진(아마존 Prime 채택)
	  영화/음악 등 콘텐츠를 번들로 묶어 판매하는 간접 유료화 방식 채택 예상
	• 수익성 개선을 위해 신규사업에 진출 가능성 높음
	  (최근 자기자본팀(pi)과 인수/합병(m&a)팀을 신설)
	• 쿠팡은 프리미엄 멤버십 서비스인 "로켓클럽" 서비스 출시
	  회비가 월 5천 원, 연 4만 9천 원인 서비스(로켓스타일/로켓배송 제품을 무료 반품 가능)	

■ 쿠팡의 기업공개(IPO)

적자구조에 쿠팡이 로켓배송을 지속 영위하기를 원한다면 IPO(기업공개)도 선택할 가능성이 높다.

지분구조는 세쿼이아캐피탈 10%, 블랙록 12%, 소프트뱅크 20%로 추정되며, 실소유주인 김범석 대표가 58% 지분을 보유 중이며, 유동성 확보를 위해 기업을 공개하더라도 최대주주 지위는 변동이 없을 것으로 판단된다.

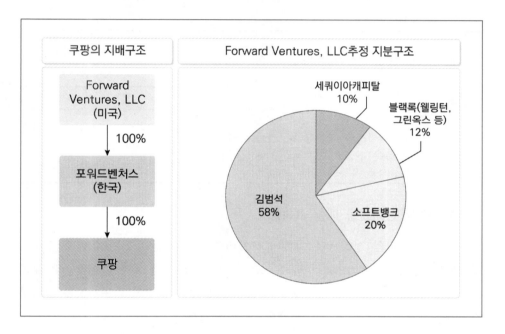

■ 쿠팡 영업흑자 구조 전환

아마존의 사례를 기준으로 쿠팡이 영업이익을 달성하기까지는 3~5년이 추가로 소요될 것으로 전망된다. 쿠팡도 설립 이후 막대한 비용을 투자함에 따라 대규모 투자가 마무리되고 매출이 성장한 이후 흑자전환이 가능할 것으로 판단된다.

2-1-2. 이마트 배송전략

구분	주요배송전략	비고
이마트	• 자체 배송 "쓱배송(SSG배송)" 서비스 제공 • 쓱배송 강화를 위해 온라인 전용센터 명칭 NE.O(NExt generation Online Store)로 변경 • 현재 2개 NE.O를 2020년까지 수도권 지역에 6개로 확대 • 55% 수준인 당일배송 서비스를 '20년까지 100%까지 확대계획 • NE.O는 당일배송 마감시간 오후 3시/경쟁사 12시 당일배송 주문마감(경쟁사比 경쟁력 높음)	

■ 이마트 배송 장/단점 분석

구분	장점	단점
이마트	• 막강한 자본력 • 소셜커머스와 비교할 수 없는 다양한 품목 취급 • 신선식품 유통에 강점 보유	• 무료배송 기준: 최저금액 당일 4만 원 익일배송 3만 원 • 쿠팡 로켓배송 9,800원보다 높음

■ 이마트 온라인몰 매출 고성장

온라인 쇼핑의 성장으로 기존의 오프라인 유통사업인 할인점 매출 성장이 정체되고 있으며, 온라인몰 매출은 고성장세로 2014년 4분기 이후 매 분기 20~30% 수준의 성장세를 실현하고 있고, 이에 따라 온라인 쇼핑시장을 공략하기 위해 가격경쟁에 이어 배송경쟁에 대해 본격화할 것으로 분석된다.

2-1-3. 소셜커머스 배송전략

티몬과 위메프는 막대한 투자비용이 들어가는 자체배송 대신 기존 택배사를 이용한 배송정책을 취하기 때문에 배송지연에 대해 보상을 해주는 배송책임제를 시행하고 있다.

■ 티몬 배송전략

구분	주요배송전략
티몬	• 롯데택배와 연계한 슈퍼배송 서비스(2015년 6월부 시행) • 티몬 내 슈퍼마트에서 구입한 상품 전담 택배기사가 24시간 내 배송해주는 서비스 • 주문한 물건 근처 편의점에서 찾을 수 있는 픽업 서비스 시행(전국 9,300개 편의점/24시간 내 Pick up이 가능) • CU의 점포 인프라를 활용 '신선식품배송' 및 '당일 N시간 배송' 등의 서비스제공 계획을 확보하고 있음

■ 위메프

구분	주요배송전략
위메프	• 택배사와 연계하여 21시 이전 주문상품에 대해 당일출고(무료)를 실시하는 '플러스쇼핑' 서비스를 제공 • 전국 익일 도착률이 94.5%로 소비자들은 오늘 주문하면 대부분 주문 다음 날 물건을 수령 • 소비자들의 이용을 극대화하기 위해 '플러스 쇼핑'을 첫 화면 카테고리 분류

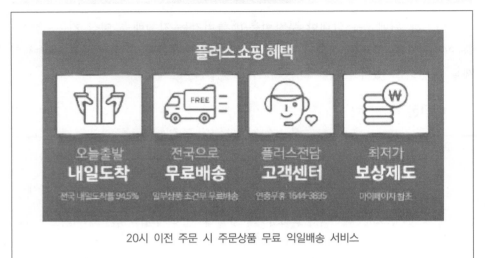

20시 이전 주문 시 주문상품 무료 익일배송 서비스

위메프 배송지연 보상제도(사례)

예시	9월 7일	9월 8일	9월 9일	9월 10일	9월 11일	9월 12일~13일	9월 14일 이후
배송지연 보상기준	결제 완료	결제완료 후 다음날 상품출고	2일 후 상품출고	3일 후 상품출고	4일 후 상품출고	5~6일 후 상품출고	7일 이상 상품출고 지연
결제금액 1만원 미만	정상배송		500P	1,000P	1,500P	2,000P	3,000P ⊕상품환불
결제금액 1-3만원			1,000P	2,000P	2,500P	3,000P	4,000P ⊕상품환불
결제금액 3-5만원			1,500P	3,000P	4,000P	5,000P	6,000P ⊕상품환불
결제금액 5-10만원			2,500P	5,000P	6,000P	8,000P	10,000P ⊕상품환불
결제금액 10-20만원			3,500P	7,000P	8,000P	12,000P	15,000P ⊕상품환불
결제금액 20만원 이상			5,000P	10,000P	12,000P	15,000P	20,000P ⊕상품환불

주문한 상품 출고가 늦어 배송이 지연된 경우 상품 출고일수에 따라 포인트 보상

B2C 물류 영업달인의 Sales Notes

"영업할 때는 간절하고 애절하고 악착같이 해야 된다."
인생에는 정답이 없지만
일에는 정답이 있기 때문이다.

| 2-2 | 해외 물류기업 배송전략 |

2-2-1. 아마존

아마존은 Amazon Prime 서비스를 기반으로 빠른 성장세를 거듭해왔으며, 2015년 매출 1,070억 달러, 영업이익 22억 달러를 달성하였다. 2005년 이후 연평균 28.8%씩 고성장을 하였고, 매출의 59.5%가 북미지역, 33.1%가 북미를 제외한 글로벌 사업에서 발생하는 대표적인 글로벌기업이다.

■ 아마존 배송전략

구분	서비스명	주요내용			
기존 서비스	아마존 Priime	• 연회비 99달러 고객: 미국 내 2일 무료배송 및 음악감상 영화와 TV시청 　－연회비를 납부함으로써 소비자 아마존 사이트 Lock－In 효과 　－다양한 서비스를 번들로 제공함으로써 소비자 저항 최소화 • 35달러 이상 구매고객: 당일배송 서비스(미국 14개 대도시 배송) 　■ 아마존 배송 및 번들서비스			
		서비스명	내용	서비스명	내용
		배송	미국전역 익일/당일배송	프라임 포토	무제한 사진저장 제공
		프라임 비디오	영화 및 TV시청	얼리 액세스	할인판매/ 딜 30분 미리 입장
		프라임 뮤직	수백만 곡 음악 청취	무료 e북	한 달 한 권 무료대여
신규 서비스	아마존 Prime Now	• 주문한 상품 2시간 내 배송 서비스(2014년 맨해튼부터 시행) • 미국 일부 도시와 런던에 서비스 시행 중 • 취급상품군: 샴푸와 휴지, 도서 등 제품 외에도 지역 레스토랑의 음식 배달 가능 • 스마트폰 App.(앱) 2시간 내 배송 무료/1시간 내 배송 7.99달러 • 이용시간: 오전 6시~오후 24시(운영시간 월요일~일요일)			
	아마존 Fresh	• 신선식품을 당일 배송해주는 서비스(2007년 시애틀 시행~) • 서비스 지역: 캘리포니아, 뉴욕, 필라델피아(연회비 299달러 지불) 　(온라인 및 모바일을 통해 직장에서 주문하면 퇴근 후 식료품 수령 가능) 　(저녁 주문 시 다음 날 아침 식료품 수령 가능) • 영국사업진출: 신석식품 배송사업 시작(2016년 2월부~) 영국 슈퍼마켓체인 Morrison과 협약 체결			

■ 아마존 원가절감전략

구분	주요내용	비고
배송요금 인상	무료배송 최저금액: 35달러 → 49달러	
연회비 인상	연회비 79달러 → 99달러	2014년부 (25.3% 인상)
자체 배송망 구축	• 기존 ups 및 usps 외부업체 위탁운영 → 트럭, 항공기 도입하여 자체 배송을 시작 • 2015년 트럭 구입 및 배송인력을 채용하여 인구가 많은 도시 위주 독자 운송망 확대 • 항공화물 업체인 ATSG(Air Transportation Service Group)와 5~7년간 보잉 767기 20대 임차 계약(배송비 절감 및 배송시간 단축전략)	
배송시스템 구축	• 일반인을 배송인력으로 활용하는 Amazon Flex 서비스 (21세 이상 성인 본인소유 차량을 이용해 소포 배달 /18~25달러 임금지급) • 미국 대도시 중심 서비스 Amazon Flex를 통해 2시간 배송강화(2015년 9월부 시행) • Amazon은 드론 이용 배달서비스 Amazon Prime Air 개발 중 (드론 비행 가능 거리: 16km 이상으로 최대 5파운드 물량 배송 가능)	

■ 경쟁 업체별 차별화전략

두 업체 모두 새로운 배송전략이 큰 성과를 내지는 못했지만 두 회사의 시가총액 움직임으로 미루어볼 때 Walmart의 가격인하 전략보다는 Target의 배송강화 전략이 좀 더 효과적이라는 판단이다.

구분	Walmart	Target
추진전략	배송강화보다 판매가격인하	배송강화에 주력
배송정책	50달러 이상 구매 시 4~6일 내 무료배송	25달러 이상 구매 시 3~5일 내 무료배송
당일배송	–	추가비용 지불 시 당일배송 서비스 제공
2시간 내 배송	–	• 온디맨드 스타일업인 Instacart와 협업해 일부 품목은 2시간 내 배송서비스 제공(Target Instacart 서비스) • 한국에서 접속 시 한국어 안내와 함께 원화 표기로 한국시장 진출 움직임

참고 미국 및 국내 유통업체 무료배송 최저금액 비교

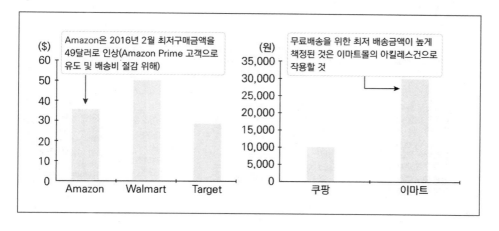

■ 아마존의 특장점

매출은 상품 매출과 서비스 매출로 구성된다. 상품 매출은 직매입 상품의
판매, 상품 배송비, 디지털콘텐츠 판매매출 등이고, 서비스 매출은 판매수수료,
Seller 판매와 관련된 배송비, 광고수입 등이고 지역별로는 매출액의 60%는 북
미, 40%는 해외에서 발생한다. 영업이익은 저가정책 및 신기술과 Fulfillment
Center(F/C) 투자로 글로벌 온라인 유통업체 대비 낮은 수준이다.

■ Fulfillment By Amazon(FBA) 장점

FBA는 판매자들에게 일정 수수료를 받고 물류 보관, 배송, CS 등을 대행
해주는 서비스인데, 비용절감은 규모의 경제를 통해 판매자가 직접 운영하는 것
보다 비용 절감도가 높다. 호환성은 판매자가 타 쇼핑몰(이베이 등)을 이용해 상
품을 판매할 때도 이용이 가능하다. 또한 재고관리부터 CS까지 일괄서비스 제공
으로 판매자는 시간 절약이 용이하다.

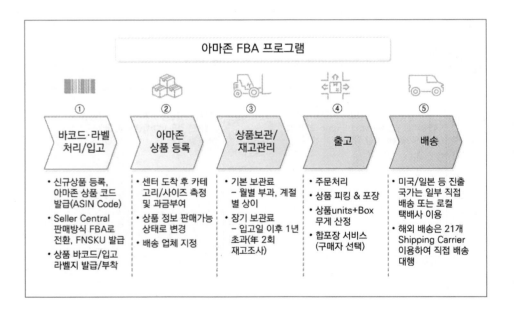

■ 아마존 프라임 서비스

연간 99달러를 지불하는 프라임 멤버십회원은 수량에 관계없이 미국 내 무료배송, 무제한 스트리밍 서비스(영화, 음악, TV프로그램 제공), 킨들 책대여 등으로 충성도가 높고, Lock-in 효과가 있는데 전체 아마존 회원의 40%를 점유한다.

■ 아마존 물류이동 방식에 따른 비율

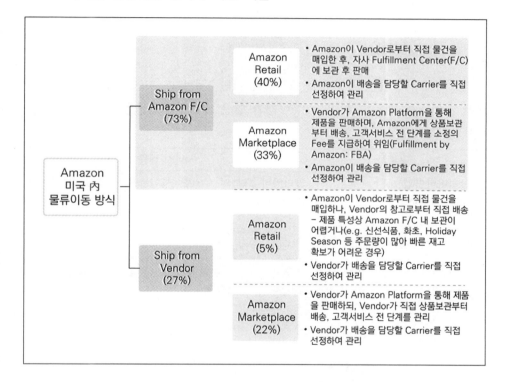

아마존의 미국 내 물류이동은 2가지 경로로 구분되며, 총 물량의 70% 이상이 아마존 직영 Fulfillment Center로부터 출고되고 있다.

2-2-2. 알리바바

■ 회사 일반 현황

알리바바(Alibaba, 阿里巴巴, 창업자: 마윈 Ma Yun/64년 生)는 1993년 3월에 중국 항저우에서 설립된 중화인민공화국 정보기술 관련 기업 그룹이며 지주회사이다. 기업 간 전자상거래 온라인 마켓인 알리바바닷컴을 운영하고 있으며, 240여 개 나라와 지역에서 12억 명 이상의 회원을 보유하고 있다. 상시 임직원은 2만 3천여 명으로 알려졌다.

■ 사업운영 현황

알리바바 그룹은 알리바바 웹포털을 기반으로 C2C, B2C 및 B2B의 전자상거래 서비스를 제공하고 있으며, 아래와 같은 7개 서비스들을 운영하고 있다.

구분		서비스 내용
알리바바닷컴 (alibaba.com)	Alibaba.com Global trade starts here.	알리바바 그룹의 주요한 사이트로 중국 현지 기반의 B2B 서비스
타오바오 (淘宝网, Taobao)	淘宝网 Taobao.com	소비자들을 대상으로 하는 C2C 온라인 쇼핑 플랫폼
알리페이 (ALIPAY)	支付宝 ALIPAY	즈푸바오라고도 불리며, 2004년 출시된 전자 화폐서비스이자 결제 플랫폼
오토나비 (Autonavi)	A	중국 지도 서비스로 2014년 알리바바에 인수
티몰 (Tmall)	天猫 TMALL.COM	중국 개인용 전자상거래 사이트로, 알리페이에 주문자가 돈을 맡기면 상품의 배송이 확인된 후 판매자에게 돈이 전달되는 시스템
알리바바 클라우드 컴퓨팅	阿里云计算 Alibaba Cloud Computing	클라우드 서비스로, 2009년 9월 서비스를 시작
알리왕왕 (Aliwangwang)	阿里旺旺 Aliwangwang	2004년에 시작된 인스턴트 메시징 소프트웨어로 온라인 판매자와 고객 사이의 상담을 담당

■ 알리바바 그룹의 국내진출 시 영향

유통업체 (+/-)	소비재 업체 (+)	택배사 (+)	PG업체 (+)	골판지 업체 (+)	병행수입업체 (-)
경쟁자 추가, 해외 진출 기지로 활용	수요 증가와 함께 결제 편의성 추가	물동량 증가	알리페이와 제휴 증가	택배 상자	직구 확산으로 위협

유통업 전반에 크고 작게 영향을 받을 것으로 전망된다. 더 나아가 소비재 업체(수요 증가와 함께 결제 편의성까지 더해짐), 택배사(배송), PG업체(알리페이와 제휴 증가), 골판지 업체(택배 상자), 수입업체(중국 직구가 확산됨에 따라 위협) 등에도 영향이 있을 것이다.

■ 물류체계 구축 현황

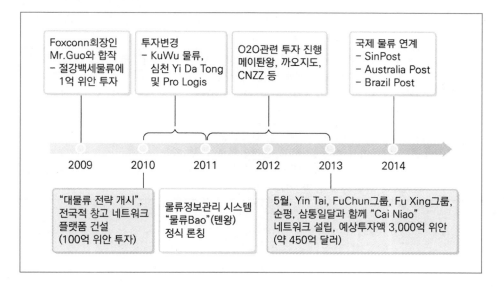

Foxconn회장인
Mr.Guo와 합작
- 절강백세물류에
1억 위안 투자

투자변경
- KuWu 물류,
심천 Yi Da Tong
및 Pro Logis

O2O관련 투자 진행
메이퇀왕, 까오지도,
CNZZ 등

국제 물류 연계
- SinPost
- Australia Post
- Brazil Post

2009   2010   2011   2012   2013   2014

"대물류 전략 개시",
전국적 창고 네트워크
플랫폼 건설
(100억 위안 투자)

물류정보관리 시스템
"물류Bao"(톈왕)
정식 론칭

5월, Yin Tai, FuChun그룹, Fu Xing그룹,
순펑, 삼통일달과 함께 "Cai Niao"
네트워크 설립, 예상투자액 3,000억 위안
(약 450억 달러)

■ 중국정부운영 보세물류센터를 통한 국경 간 온라인 전자상거래 활성화 추진

통상 일반수입관세, 증치세, 소비세 등의 세금이 반영되어 최대세율이 100%까지 올라가는 수입 상품과 달리, 해외직구의 경우 행우세(10~50%)만 지불하면 되므로 중국정부입장에서 해외직구가 증가할수록 세수가 감소하는 구조이다. 2012년 5월 "국경 간 전자상거래 서비스 시범업무 통지"를 통해 2012년 8월 상해, 항주, 정주, 영파, 중경 등 5개, 2013년 광주, 2014년 서안, 청도, 연태, 동관, 복건성 平潭 등 현재까지 총 10여 개 이상의 시범도시가 선정되어 운영 중에 있다.

■ 중국정부 주도의 보세물류센터 시범지구 운영방안

구분	운영방안
기능	• 보세물류센터 내에 해외기업들이 간소화된 통관으로 상품을 미리 벌크로 가져다놓고 판매 및 배송 가능 • 판매는 오프라인(보세구역내전시관)과 온라인(전시관사이트, 일종의 오픈마켓)으로 이루어짐 ※ 상해의 경우 "콰징통"이란 서비스로 2013년 12월 정식 출범 　(2014년 말 기준 약 32개 전자상거래업체가 콰징통에 입점하였으며, 아마존은 2014년 8월에 입점)
입점요건	• 세관에 기업등록(중문사이트 필요, 1년 이상 사업 영위, 영업실적흑자), PG업체와 연동을 통해 등록 가능 • 입점 후 사이트에 상품을 게시하고, 상품을 보세무역구로 통관시켜놓고 판매도 가능
소비자	• 중국소비자는 보세구역 내 전시관을 방문해서 상품을 구매하거나, 전시관사이트에서 상품을 보고 온라인으로 주문 가능 • 전시관사이트 가입 시 신분증 등록으로 신원을 확보함에 따라 행우세 통관으로 간단하게 통관 가능

■ 보세물류센터를 활용한 중국 내 Inbound 프로세스

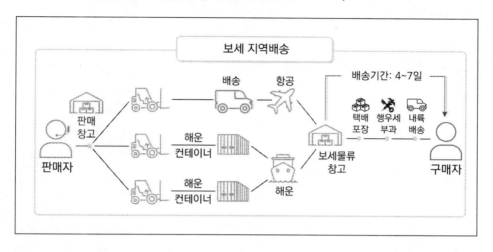

E-commerce

3-1 E-commerce 현황

E-commerce는 보통 오픈마켓, 소셜커머스, T-커머스, 종합쇼핑몰, 전문쇼핑몰, 제조사 운영몰 등으로 구분한다. 본 장에서는 이 중 대표적인 몇 개에 대하여 현황을 짚어보도록 한다.

구분	현황	비고
오픈마켓	• 개인 또는 소규모 업체(Vendor)가 오픈마켓 판매사이트에서 직접 상품을 등록해 판매하고 수수료를 지불하는 구조 → 판매사이트(오픈마켓)만 제공함으로 소셜커머스에 비해 인력 및 판매비가 적게 드는 구조임	• 이베이코리아(G-마켓, 옥션) • SK플래닛(11번가) • 인터파크
소셜커머스	• 소셜커머스 업체에서 직접 MD(상품기획자)가 대량의 Deal을 통해 저가로 Vendor 상품을 판매 → 직접 상품기획을 함으로 인해 오픈마켓에 비해 인력 및 판매비가 많이 드는 구조로 이로 인해 최근 쿠팡 등이 오픈마켓 형태로 전환함	• 위메프, 티몬, 쿠팡
T-커머스	• 홈쇼핑과 달리 케이블 TV를 보다가 직접 리모콘 조작을 통해 구매가 가능한 시스템(녹화방송 위주로 다시보기 가능) → 방송통신위원회에서 일반업체 5개 업체와 기존 홈쇼핑 업체 겸업 승인(이 중 현재 5개사 운영) 일반업체는 자체 녹화방송, 홈쇼핑업체는 홈쇼핑 방송분 재방송으로 편성	• KTH(K쇼핑), 신세계(TV쇼핑) • 태광(쇼핑엔티), SK(BTV) • 미디어윌(W쇼핑),오쇼핑(플러스) • 롯데홈(ONETV), GS홈(마이샵), 현대홈(플러스샵), NS홈(샵 플러스)

종합 쇼핑몰	• 백화점, 홈쇼핑 등의 판매 Vendor사를 자사 판 매사이트에 입점시켜 판매를 대행하고 수수료를 받는 구조	• 신세계몰, 롯데닷컴 • CJ몰, GS샵
전문 쇼핑몰	• 상품 카테고리별로 전문분야를 특화시켜 판매하 는 사이트(주로 개인 인터넷 쇼핑몰)	• 클리오(화장품), 레미떼 (여성의류) • 아보키(남성의류), 플레이 어(신발)
제조사 운영몰	• 제조사 자체적으로 쇼핑몰을 운영하여 판매하는 사이트	• 아모레퍼시픽, LG생활건강 • 스킨푸드, 미샤

3-2 E-commerce 산업의 특징

■ 생태계 및 특징

이커머스시장은 B2B, B2C, C2C 등 시장으로 구성되며, 판매채널 간 고객
이동이 유동적이고 오프라인 물류수행이 중요한 시장특징을 지니고 있다.

E-commerce 생태계

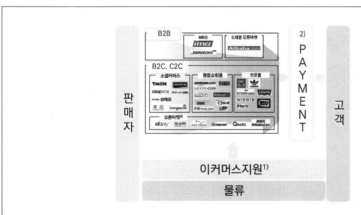

1) 이커머스 지원-마케팅(웹페이지 및 상품 홍보)과 IT Platform, 통신판매 중개 서비스 제공
2) Payment-전자결제 시스템(fintech, escrow)을 통한 결제 서비스 제공
3) 오픈마켓-C2C업체에서 B2C업로로 전환 추세임.

E-commerce 시장특징

1	• 진입장벽이 낮아 다양한 사업자의 시장진출 확대 　– 판매채널 구축비용이 낮아 신규기업(유통, 스타트업 등) 진입용이 　⇨ 진입장벽 = 시장선점자의 경쟁상 우위
2	• IT환경에 대한 높은 의존도 　– 인터페이스, 웹페이지 사용 편의성이 판매에 영향 　⇨ 더 나은 상품정보와 고객서비스를 제공하는 웹사이트가 새로운 고객을 끈다.
3	• 시간과 장소에 구애받지 않는 거래형태 　– 판매자 입장에서 잠재 고객이 일정지역에 한정되어 있지 않음 　⇨ 국내 판로 확대 및 수출의 기회 多(역직구 등)
4	• 높은 가격 민감도 　– 가상적인 시장의 판매채널별 서비스 차이가 크지 않아 가격에 민감함 　⇨ 동일 제품 판매 시 저렴한 제품에 판매가 집중됨
5	• 물류대응이 핵심성공요소 　– 성수기 물량변동 대응 및 CBE확대에 따른 글로벌 SCM관리 중요 　⇨ 물류업체뿐만 아니라 이커머스 업체도 물류에 투자 증가

■ 시장특성

시장규모 및 성장성(단위: 조 원)

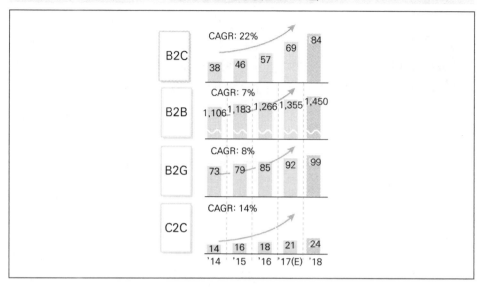

시장특성 분석

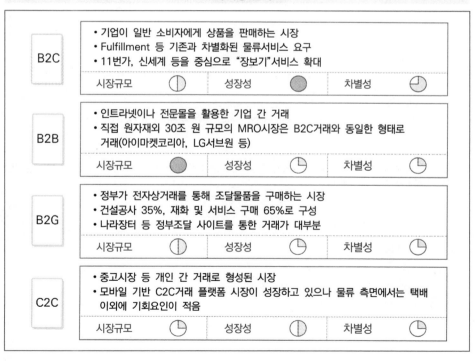

■ 글로벌시장

글로벌 이커머스시장은 2019년까지 연평균 21.6% 지속 성장이 예상되며, 특히 중국이 성장을 견인하는 Asia Pacific 지역을 중심으로 빠르게 성장할 것으로 전망된다.

글로벌 E-commerce 시장규모[1]

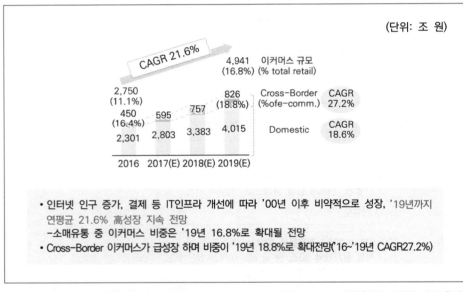

- 인터넷 인구 증가, 결제 등 IT인프라 개선에 따라 '00년 이후 비약적으로 성장, '19년까지 연평균 21.6% 高성장 지속 전망
  - 소매유통 중 이커머스 비중은 '19년 16.8%로 확대될 전망
- Cross-Border 이커머스가 급성장 하며 비중이 '19년 18.8%로 확대전망('16~'19년 CAGR27.2%)

1) Total retail sales/eComm: eMarketer, Cross Border: Aliresearch, 여행/이벤트 티켓 제외 온라인에서 거래되는 상품 및 서비스.

글로벌 E-commerce 시장규모[2]

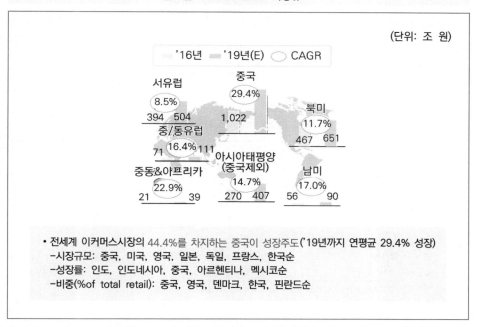

(단위: 조 원)

```
        '16년   ■ '19년(E)   ○ CAGR
      서유럽          중국
      ( 8.5% )      ( 29.4% )                북미
      394  504    1,022                    ( 11.7% )
      중/동유럽                              467   651
      71 ( 16.4% ) 111   아시아태평양
      중동&아프리카        (중국제외)        남미
      ( 22.9% )          ( 14.7% )        ( 17.0% )
      21      39        270   407      56      90
```

• 전세계 이커머스시장의 44.4%를 차지하는 중국이 성장주도('19년까지 연평균 29.4% 성장)
 -시장규모: 중국, 미국, 영국, 일본, 독일, 프랑스, 한국순
 -성장률: 인도, 인도네시아, 중국, 아르헨티나, 멕시코순
 -비중(%of total retail): 중국, 영국, 덴마크, 한국, 핀란드순

2) Global E-commerceLogistics2017, Ti eMarketer, 여행/이벤트 티켓 제외 온라인에서 거래되는 상품 및 서비스.

■ 국내시장

국내 이커머스시장은 오픈마켓시장 성장과 모바일 기기 보급확대에 따라 2019년까지 101조 원 규모의 성장이 예상되며, Cross-border시장은 역직구시장 확대를 중심으로 성장세를 이어갈 것으로 예상된다.

국내 E-commerce 시장규모[1]

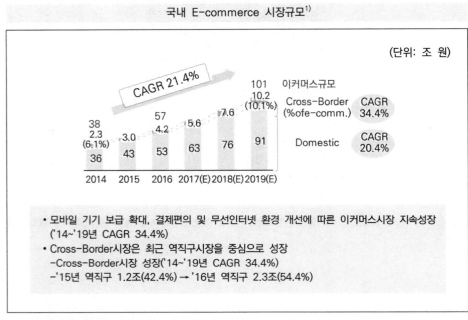

1) 통계청, 2017 유통산업백서, A.T.Kearney, Cross-Border금액은 해외 직접 구매액과 해외 직접 판매액 포함이며, '17년~'19년 Cross-Border금액은 과거 3개년 CAGR기준으로 산출.

1 오픈마켓 6개사, 소셜 3사 온라인쇼핑 시장주도[2)]

- **오픈마켓 및 소셜 업체 시장점유율 53.6%, 대형업체 80% 육박**
  - 오픈마켓은 백화점과 마트상품도 입점시키며 꾸준한 성장세
  - 소셜 3사는 변화 모색, 일반 딜 위주 판매 벗어나 오픈마켓과 직매입 사업 확대

국내 이커머스 Player별 시장점유율(괄호 안은 업체 수)
(자료: 한국온라인쇼핑협회, 16년 기준)

오픈마켓(6)	37.5%
소셜(3)	16.1%
홈쇼핑(7)	13.0%
백화점(6)	10.2%
대형마트(3)	2.9%
기타	20.2%

2 국내직구/역직구 시장확대에 따른 이커머스시장 성장가속화

- **결제 및 배송 편의 개선으로 저렴한 가격 및 국내 미진출 브랜드 대상 직구 확대**
- **최근 중국을 중심으로 역직구시장 급성장**
  - 한류 열풍에 따른 중국 내 한국산 제품 선호도 증가
  - FTA체결과 국내 업체 적극적 중국시장 진입(중국 역직구 비중 약 78% 수준)

---

2) 오픈마켓 6개사: 이베이코리아, 11번가, 인터파크, NAVER, 스토어팜, 쿠팡, 소셜 3사: 위메프, 쿠팡, 티몬(쿠팡의 오픈마켓 진출로 인한 중복).

■ 중국시장

중국 이커머스시장은 정부의 정책적 지원, 소득 성장 및 구매패턴 진화에 따라 지속적인 성장이 예상되며, 특히 CBE시장은 2018년까지 연평균 43.9%의 가파른 성장이 예상된다.

중국 E-commerce 시장규모[1]

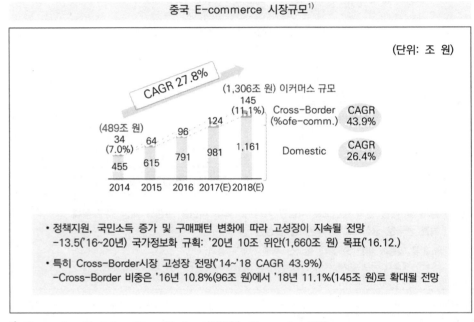

1) iResearch, eMarketer, Cross-Border 시장규모는 Transaction 기준.

1 TMALL과 JD.com 이커머스시장 내 압도적 비중

• **TMALL과 JD.com의 플랫폼 점유율이 각각 56.6%와 26.0%로 시장의 대부분을 차지**
  – 위탁에서 직접 사입 모델로 플랫폼 운영 Trend 변화

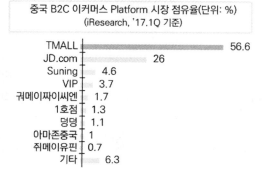

중국 B2C 이커머스 Platform 시장 점유율(단위: %)
(iResearch, '17.1Q 기준)

TMALL	56.6
JD.com	26
Suning	4.6
VIP	3.7
궈메이짜이씨엔	1.7
1호점	1.3
덩덩	1.1
아마존중국	1
쥐메이유핀	0.7
기타	6.3

2 '16.4월 직구관련 전자상거래법 관련 규정 개정

• **내수시장과의 균형성장을 위한 직구 규제 정책 도입**
 1) 면세제도 폐지, 2) 세율 상향 조정, 3) 직구품목제한, 4) 통관단 제출 서류 복잡화 등

■ 동남아시장

동남아 이커머스시장은 초기단계로 국가별 발전단계가 상이하며, 인도네시아 등 일부 국가는 성장잠재력이 높은 것으로 평가된다.

동남아 E-commerce 시장규모[1]

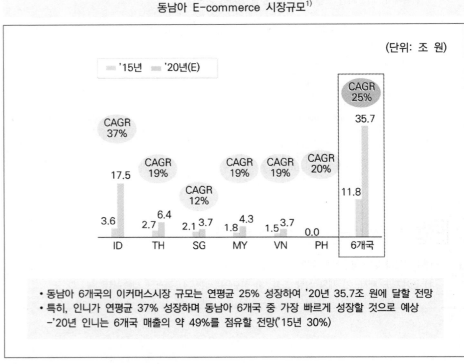

(단위: 조 원)

- 동남아 6개국의 이커머스시장 규모는 연평균 25% 성장하여 '20년 35.7조 원에 달할 전망
- 특히, 인니가 연평균 37% 성장하며 동남아 6개국 중 가장 빠르게 성장할 것으로 예상
  - '20년 인니는 6개국 매출의 약 49%를 점유할 전망('15년 30%)

1) eMarketer.

---

1   업체 간 경쟁이 치열한 가운데 LAZADA가 시장을 주도

- 현지업체뿐 아니라 LAZADA, Amazon, Alibaba, ebay 등 글로벌 업체의 시장진입으로 경쟁 치열
- LAZADA는 선제적 시장진출 ('11년)로 시장을 선점하면서, 동남아 6개국 중 4개국에서 1위 (트래픽 기준)

Monthly Website Visit('16년)[2]

	인니	태국	싱가폴	말련	베트남	필리핀
1	Tokopedia	Lazada	Qoo10	Lazada	Lazada	Lazada
2	Oxl	Kaidee	Carousell	Mudah	thegiodididong	Oxl
3	Lazada	Aliexpress	Amazon	Lowyat	Tiki	Amazon
4	Bukalapak	Alibaba	Taobao	Taobao	Amazon	Alibaba
5	elevenia	Ebay	Lazada	11street	Sendo	Zalora

---

2   결제수단, 물류 등 취약한 인프라 보완 필요

- **현금결제가 높은 비중을 차지**
  - 시장규모가 가장 큰 인니 전자상거래 결제의 70%는 은행이체이고, 카드결제는 15%에 불과(특히 베트남은 현금결제가 90% 수준)
  - 단, 스마트폰 보급확대와 핀테크로 결제편의 개선 전망

- **내륙 육상 운송 인프라 미비로 긴 배송시간과 높은 운송비**
  - 인니의 배송 소요시간은 도시 4~7일, 지방 7~14일 리드타임 소요
  - 교통이 발달된 싱가포르도 주문~배송완료까지 약 1~5일로 편차 심함

---

2) Similar Web.

3-4 E-commerce Player 구조와 이해

이커머스 산업은 크게 Platform, BPO, Seller 등 세 가지 유형의 사업자로 구성되어 있다. 각 사업자는 물류영역에 대하여 각각의 고유 영향력을 행사하고 있다.

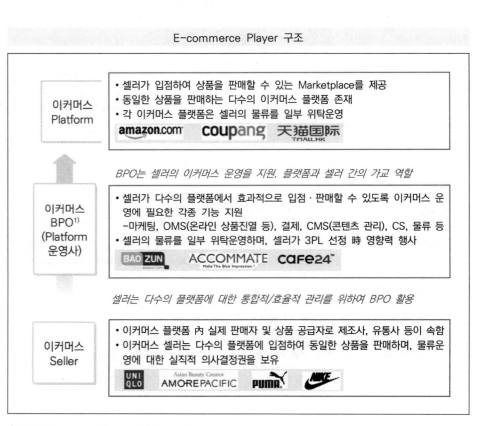

E-commerce Player 구조

이커머스 Platform
- 셀러가 입점하여 상품을 판매할 수 있는 Marketplace를 제공
- 동일한 상품을 판매하는 다수의 이커머스 플랫폼 존재
- 각 이커머스 플랫폼은 셀러의 물류를 일부 위탁운영

amazon.com coupang 天猫国际 TMALLHK

BPO는 셀러의 이커머스 운영을 지원, 플랫폼과 셀러 간의 가교 역할

이커머스 BPO[1] (Platform 운영사)
- 셀러가 다수의 플랫폼에서 효과적으로 입점 · 판매할 수 있도록 이커머스 운영에 필요한 각종 기능 지원
  - 마케팅, OMS(온라인 상품진열 등), 결제, CMS(콘텐츠 관리), CS, 물류 등
- 셀러의 물류를 일부 위탁운영하며, 셀러가 3PL 선정 時 영향력 행사

BAOZUN ACCOMMATE Make The Blue Impression cafe24

셀러는 다수의 플랫폼에 대한 통합적/효율적 관리를 위하여 BPO 활용

이커머스 Seller
- 이커머스 플랫폼 內 실제 판매자 및 상품 공급자로 제조사, 유통사 등이 속함
- 이커머스 셀러는 다수의 플랫폼에 입점하여 동일한 상품을 판매하며, 물류운영에 대한 실직적 의사결정권을 보유

UNIQLO Asian Beauty Creator AMOREPACIFIC PUMA NIKE

1) BPO: Business Process Outsourcing.

Player 유형			주요 업체
Platform	국내	홈쇼핑	오쇼핑/현대홈쇼핑
		종합몰	CJ몰/롯데닷컴/H몰/GS몰/SSG
		오픈마켓	11번가/e-bay
		소셜커머스	위메프/티몬/쿠팡
		T-커머스(IPTV기반)	BTV/신세계TV
		온라인마트	이마트몰/롯데마트몰/홈플러스몰
		전문몰	마켓컬리/배민/하프클럽/올리브영
	해외	오픈마켓	Amazon/Taobao/Lazada
		종합몰	Tmall/VIP/샤오홍슈
		전문몰	iHerb/Zappos(신발)/Diapers(유아용품)/Revolve(종합의류)
Seller	국내	중대형 제조/유통	LG생건/CJ라이온/아모레퍼시픽
		소형 제조/유통	각종 SOHO/Start-up
	해외	해외제조	나이키/푸마/유니클로/다이슨
BPO		이커머스 솔루션	에이컴메이트/BAOZUN/메이크샵(몰테일)/CAFE24/LECS

소매점으로 직접 배달해주던 물류는 지역적인 한계를 벗어나 다품종 소량의 주문을 고객이 원하는 때에 받을 수 있는 형태로 진화함으로써 Supply Chain은 점차 복잡해지고, 물류 난이도도 높아지고 있다.

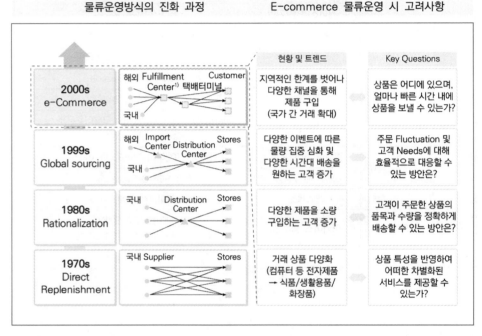

註) Fulfillment Center(F/C): 온라인 전자상거래 비즈니스 운영자로부터 전달받은 소량 다빈도 주문에 대한 재고보관/피킹/패킹 등의 물류서비스를 수행하는 곳.

■ 물류의 특징

이커머스 물류는 표준화·전문화·자동화·고도화·차별화를 통해 고객의 다양한 요구수준에 맞춘 배송(Last Mile) 서비스를 제공하는 것으로 모든 물류가 결합된 융복합형 사업 모델이다.

E-commerce 물류 특징 및 KSF

참고 **물류센터의 유형**

센터운영 및 고객 특성에 따라 물류센터는 크게 3가지 유형으로 나누며, 최근 이커머스 성장으로 개인고객 대상으로 물류서비스를 제공하는 Fulfillment Center의 중요성이 점차 커지고 있다.

	Storage Center	Distribution Center	Fulfillment Center(F/C)	
목표	보관 최대화	흐름 최대화	서비스 만족 최대화	
입고단위	Pallet	Pallet	Box	
출고단위	Pallet	Box	EA/Piece (낱개)	✓
서비스 대상	공장	유통 도/소매점	일반 고객	✓
운영특성	계획적	상당부분 계획적	불확실성 高	✓
Network특성	First Mile	Middle Mile	Last Mile	
주요 설비	Rack/자동창고	Rack/컨베이어 등	컨베이어/로봇 기반의 자동화 설비	
핵심시스템	WMS	WMS/TMS	OMS/TMS	✓

✓ 주요 차이점

■ 물류 사업구조

이커머스 사업은 Origin/Destination, 운송수단 및 Fulfillment Center에 따라 다양한 Biz 모델이 존재하며, SCM Process 內 사업 영역 間 유기적인 시너지가 필요한 특성을 지니고 있다.

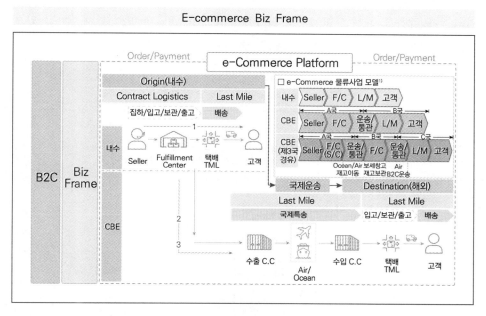

E-commerce Biz Frame

註) F/C: Fulfillment Center, S/C: Sorting Center.

E-commerce 대응현황

3-6-1. Amazon

Amazon은 자동화 기반의 Fulfillment Center 구축 및 현지 로컬 배송 업체와의 파트너십을 통해 Seller 대상 Fulfillment/Last Mile 서비스를 제공하고 있으며, 최근 해상 포워딩/항공운송으로의 물류사업을 확대하고 있다.

Business Model(미국 중심으로 표현)

1	Fullfillment Service	• 제품/기능/서비스별 특화된 물류센터 구축 　-F/C: 고객으로부터 받은 주문을 처리하는 보관/배송 담당(평균규모: 3만 평, 　　미국/영국/프랑스/일본 등 180여 개 존재) 　-RC: 제품 보관 및 개별 F/C로 재고 보충 　-RSC: F/C인근에 위치하며, Last Mile 서비스를 위한 분류담당(평균규모: 5 　　천 평, 미국 중심으로 30여 개 존재) 　-PNH: Prime Now 고객 대응을 위한 전담 센터 　-Fresh Food DCs: 식품(공산품/신선제품) 전담 물류센터 • 중소형 Seller 대상 FBA[1] 서비스 제공 　-대상: Amazon 및 타사 오픈마켓(eBay, Etsy) Seller 　-프로세스: F/C로 제품 발송 → 입고/재고 업데이트 → FBA정보시스템을 통 　　한 정보 실시간 공유 → Picking/packing(Amazon Logo 사용) → 배송 　-최근 Nippon Express와 미국 高상품에 대한 별도서비스 런칭 　-FBA매출[2]: '14년 13.4조 원 → '16년 26.9조 원(CAGR 40%) • 자동화 솔루션 전문기업 Kiva System 인수('12년)
2	Last Mile Service	• 배송 N/W 기반, 고객 Needs에 맞춘 다양한 서비스 제공 　-제품(식품/생필품/기타), 시간(2일/당일/1시간/기타), 　-방법: 로컬업체(미국, USPS)와의 파트너십 체결 및 특화 서비스에 한하여 　　자차 투자를 통한 서비스 제공(Amazon Fresh)
3	First/Middle Mile Service	• 중국-미국 간 NVOCC 면허 취득을 통한 해상 포워딩 서비스 제공 및 항공기 　리스를 통한 미국 내 빠른 서비스 제공 　-해상 포워딩: 중국법인을 통해 NVOCC면허 취득 후 "Global Supply 　　Chain By Amazon" 서비스 제공('15년) 　-항공 운송: 미국내 익일 배송 위한 항공기 20대 리스('16년)

1) FBA: Fulfillment By Amazon('06년 출시 당시와 비교 시, 업체수 70% 증가, 배송상품 20억 개로 2배 증가).
2) Amazon 전체 매출(FBA매출 비중): '14년 100조 원(13.2%) → '16년 155조 원(16.9%).

3-6-2. Nippon Express

Nippon Express는 미국을 대상으로 중소기업의 수출경쟁력 제고를 위해 일본정부와 Amazon이 공동으로 "해외전개 하이웨이" 사업을 추진하고 있으며, 이를 통해 美日 간 Cross−border시장 확대가 예상된다.

Nippon Express & Amazon Co-work Model

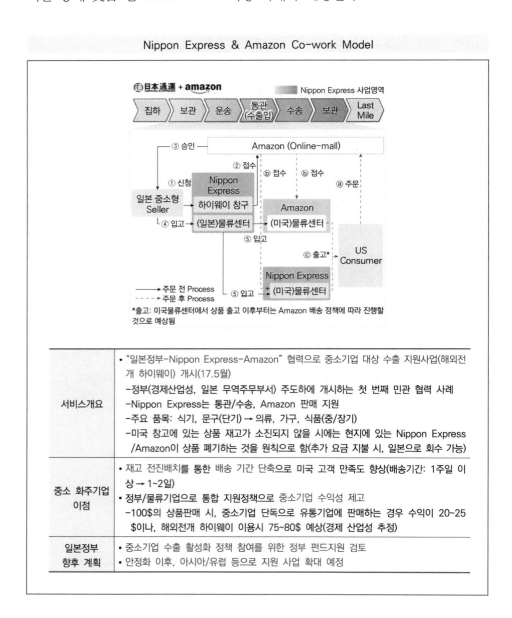

서비스개요	• "일본정부-Nippon Express-Amazon" 협력으로 중소기업 대상 수출 지원사업(해외전개 하이웨이) 개시(17.5월) −정부(경제산업성, 일본 무역주무부서) 주도하에 개시하는 첫 번째 민관 협력 사례 −Nippon Express는 통관/수송, Amazon 판매 지원 −주요 품목: 식기, 문구(단기) → 의류, 가구, 식품(중/장기) −미국 창고에 있는 상품 재고가 소진되지 않을 시에는 현지에 있는 Nippon Express/Amazon이 상품 폐기하는 것을 원칙으로 함(추가 요금 지불 시, 일본으로 회수 가능)
중소 화주기업 이점	• 재고 전진배치를 통한 배송 기간 단축으로 미국 고객 만족도 향상(배송기간: 1주일 이상 → 1~2일) • 정부/물류기업으로 통합 지원정책으로 중소기업 수익성 제고 −100$의 상품판매 시, 중소기업 단독으로 유통기업에 판매하는 경우 수익이 20~25$이나, 해외전개 하이웨이 이용시 75~80$ 예상(경제 산업성 추정)
일본정부 향후 계획	• 중소기업 수출 활성화 정책 참여를 위한 정부 펀드지원 검토 • 안정화 이후, 아시아/유럽 등으로 지원 사업 확대 예정

3-6-3. DHL

DHL은 독일지역에서의 성공적인 이커머스 One-Stop(솔루션+물류)사업 모델을 기반으로 Global 이커머스 물류 강자를 목표로 하고 있으며, 최근 CBE 물류와 Last Mile이 결합된 현지 물류확대를 병행 추진하고 있다.

E-commerce 성장전략

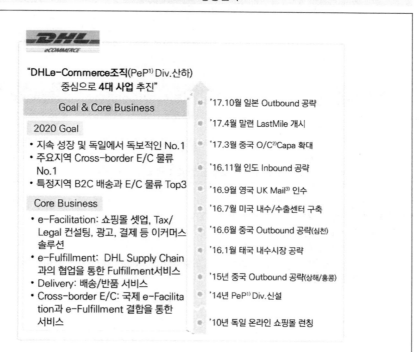

중국	• [상해/홍콩] F/C Capa 확대 및 다양한 International Shipping Service 결합을 통한 급증하는 Outbound시장 공략 -화물/중량/Lead Time에 따른 다양한 국제 운송 서비스 개시 (ex) GM Packet Plus(~2kg), Parel International Direct(~20kg)
아시아 (중국제외)	• [태국]내수시장 공략을 위한 F/C 및 배송 N/W 구축 -인프라: 1천 평 규모의 Central F/C 및 20여 개 Depot • [인도]Inbound 공략을 위한 공항인근 F/C(Delhi, Mumbai) • [말련]Central F/C(1,400평) 및 4개 Depot 구축 • [일본]Narita 공항 인근 Cross-Border DC 구축
미주/유럽	• [미국]20개 F/C와 USPS와의 파트너십을 통한 서비스 제공 -8개 신규 F/C 추가 및 기존거점 고도화 추진(~'20년, 1,500억 원 투자) • [영국]UK Mail[3] 인수를 통한 Last Mile 역량 강화 -UK Mail: 영국 內 Post/Parcel을 배송하는 Major 사업자
	독일제품의 글로벌 수출 확대 및 주요 성장시장 E/C 공략
독일	• 온라인 쇼핑몰[4] 런칭을 통한 기존 물류사업과 시너지 극대화 및 중소형 Seller 대상 E-commerce 솔루션 제공 -독일 택배서비스(Paket)와의 결합을 통한 상품판매 및 보관/배송 (대면/무인) 서비스 일괄 제공 -Seller 대상, 쇼핑몰 셋업/광고/결제 등 E-commerce 솔루션 제공

註) 1) PeP: Post E-commerce Parcel의 줄임말.
   2) OC: Outbound Center.
   3) UK Mail: '16년 매출 7천억 원.
   4) 온라인 쇼핑몰: DHL이 직접 런칭한 쇼핑 포털 사이트(MeinPaket.de)로 독일에 한해서만 판매 서비스를 진행하고 있음.

3-6-4. FedEx

FedEx는 항공운송 중심의 물류에서 벗어나 인수합병을 통해 Fulfillment, 역물류, E−commerce 솔루션 등 이커머스 물류역량 확보와 동시에 기존 사업과의 연계로 이커머스 물류사업 확장을 가속화하고 있다.

FedEx Business Model

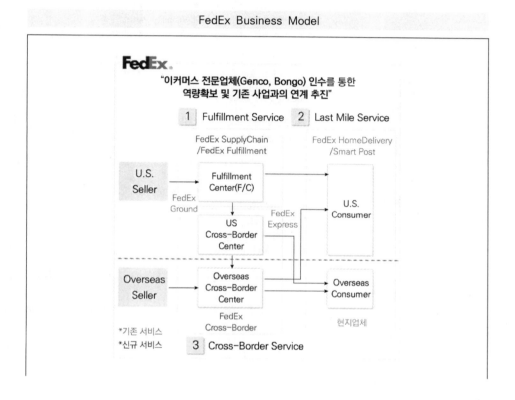

1	Fulfillment Service	• 유통/이커머스 중심 Fulfillment Service 제공 -Genco[1] 인수를 통한 FedExSupply Chain Service개시('16년) -Fulfillment, 역물류역량 확보를 통한 E-commerce 물류대응력 강화 　-북미지역 140여 개 창고 보유 　-48시간 內 환불처리 가능한 프로세스 구축 • 중소형 Seller 대상 일괄물류 서비스(FedEx Fulfillment) 런칭('17.2) -서비스 범위: 보관, 피킹, 패킹, 출고, 배송 서비스 제공 -실시간 상품 및 배송추적이 가능한 통합 Visibility 서비스 구축 -패키징(Seller Logo 사용), Kitting, VAS 등 셀러 커스터마이징 서비스 제공
2	Last Mile Service	• 기존 사업과 연계하여 Last Mile Service 수행

• 기존 사업과 연계하여 Last Mile Service 수행

국가	서비스 구분	특징
미국	FedEx Home Delivery	자체 배송망, 1~5일 소요, 화~토, 32kg 이하 화물
	FedEx Smart Post	USPS 협업, 2~7일 소요, 월~토
해외	현지업체 협업	국가마다 상이

3	Cross-Border Service	• 국제운송(FedEx)과 Cross-Border 솔루션(Bongo) 결합을 통한 One-Stop Service 제공 -Bongo[2] 인수를 통한 FedEx Cross-Border Service 개시('14년) 　-E-commerce 솔루션(쇼핑몰 셋업, 결제시스템 등) 제공 　-5개 Cross-Border 물류센터(미국 동부/서부, 영국, 벨기에, 페루) 보유(추후, 중국/일본으로 확대 예정) 　-배송물품 추적 등 통합 Visibility 제공

註) 1) 실적('16년): 매출 1.6조 원.
　　2) Bongo: 해외 구매 대행 물류로 시작, 웹 기반 중소기업들을 위한 국제 판매 솔루션 제공 및 Fulfillment 서비스 제공.

2006년 Amazon의 "Fulfillment by Amazon"을 시작으로 현재 중소형 Seller를 대상으로 다양한 형태의 "Fulfillment by" Business Model이 발전하고 있으며, 크게 3가지 유형으로 구분된다.

Biz Model별 비교

	이커머스 주도형	이커머스+물류회사 협업형	물류회사주도형
업체 (서비스명/ 출시년도)	fulfillment by amazon LAZADA Effortless Shopping (FBA, '06년) (FBL, '13년)	ebay (스마트배송, '14년)	FedEx® Fulfillment DHL eCOMMERCE (FedExFulilllment, '17년)
운영 프로세스	Seller가 F/C로 상품 입고 시스템에 상품 입고 처리 보관 및 재고관리 상품가격 설정 및 판매 배송 (주문 상품의 피킹 & 패킹)		
운영주체 및 특징	• 자가물류수행하는 이커머스사가 직접운영 • 이커머스 입점Seller대상 영업으로 모집이 상대적으로 용이	• 화주 모집(영업) 및 물류수행 주체분리 –이베이(영업), CJ대한통운(물류) • Seller모집 용이 및 물류 전문성 확보	• 화주모집 및 물류수행: 물류업체 • 물류전문성 확보 용이
Seller 관점의 장/단점	**장점** • 셀러는 상품개발/마케팅/판매 등 핵심업무 집중 가능, 주문 증가에 따른 물류 대응력(Scalability) 확보용이, 자체 운영 대비 물류비용 절감		
	장점 • 아마존의 판매채널 및 프로모션 활용 가능 –아마존 내 상품노출↑, 프라임상품, 샘플박스	• 이베이의 판매채널과 프로모션 활용 가능 • 물류사의 광범위한 물류서비스를 제공받을 수 있음	• 물류사 자체물류망 활용 통한 광범위 서비스 • 셀러의 매출 정보 노출 문제 無 • 커스터마이징 서비스(셀러 로고박스, VAS 등)
	단점 • 자사 브랜드 홍보기회 다소 상실 –배송박스에 아마존 로고 노출 • 가능한 상품 및 지역 일부 제한 • Seller가 상품을 아마존 FC로 직접 입고 –주별 세금문제, 센터별 배송 불가 가능성 등 문제	• 자사 브랜드 홍보 기회 다소 상실 –배송박스에 "스마트배송"로고 노출	• 판매채널 및 프로모션 제공 없음
과금체계	• 아마존: 판매가의 10~15% 수준의 보관 및 배송대행수수료발생 • 라자다: 건당 일정액과금(RM1.99 말레이시아)	• 이베이 스마트배송: 판매가의 3~5%	–

Intra Asia 국가별 통관 수준 비교

1 2 3 4 5
Low ←○◐◑◕●→ High

Country	전자상거래 통관 규정	목록통관 제한수준 (합산과제 기준)	Commodity 규제강도	반품제도 (수입 납부과세 환급제도)	통관수준 평가
한국	통관 규정 있음	USD150	향수 60ml 이하 무관세, 이상 관세 그 외 비타민, 건강식품 등(개수제한)	(환급 가능/ 단순변심 포함)	○
싱가포르	통관 규정 있음	SGD400	특별한 제한 제한 없음	(환급 가능/ 단순변심 포함)	○
말련	통관 규정 있음	MYR500 (USD116)	화장품 외 제한 없음	환급 가능/ 물품하자 시	◔
태국	통관 규정 있음	THB 1,500 (USD44)	화장품(모든 수입자 FDA 必), SEX TOY 등	Customs Act (No.9) B.E 2482 환급 가능/ 물품하자 시	◔
인니	Rush handling process (2017~)	USD100 (2017~)	의류, 화장품, 분말, 전자제품 등 제한이 높음	규정없음	◑
베트남	특정 통관 규정업체 한정 (DHL, TNT 등 4-5개 대기업)	VND 1,000,000 (USD44)	전자제품 등	환급 가능/ 물품하자 시	◔
필리핀	통관규정 없음	없음	모호한 물품 규정	가능/% 제한	○

3-7-1. T-커머스(T-commerce) 현황

T-commerce는 텔레비전(Television)과 상거래(Commerce)를 결합한 단어로, 텔레비전 시청 중 리모컨을 사용해 상품정보를 확인하고 구매까지 한번에 마칠 수 있는 양방향 서비스를 통칭하는 말이다.

■ 기존 홈쇼핑 vs. T-커머스 비교

구분	TV홈쇼핑	T-커머스
방송형태	생방송(live)	녹화방송
방송시간	평균 1시간	평균 10~30분
판매상품(日)	평균 20개	평균 200개
구매방식	ARS, 상담원 전화 주문	리모컨으로 주문
중소기업 편성비	65%	80%
평균 객단가	9만~10만 원	7만~8만 원

3-7-2. T-커머스 물류 운영 현황

(단위: Box/원/vat별도)

구분	B.I	채널명	매출액 (16年)	개국월	벤더수	月물량	年매출	물류 운영 형태
비홈쇼핑계열	K SHOPPING	K쇼핑	734억	12.08	300개	20만	42억	• 직송 76%, 직택배 13%, 센터 11% • 센터운영 고객사(3개社)
	SHINSEGAE SHOPPING	신세계 TV쇼핑	321억	15.01	280개	19만	40억	
	쇼핑엔티	쇼핑엔티	281억	13.10	250개	14만	29억	
	B shopping	BTV	실적 미공개	15.01	230개	12만	25억	
	W Shopping	W쇼핑	184억	15.08	210개	9만	19억	
	합 계 (49%)				–	74만	155억	
홈쇼핑계열	PLUS#	플러스샵 (현대)	1,015억	15.04	320개	22만	46억	• 출고형태별 발송 비중(물량기준)
	CJ O SHOPPING⁺	CJ오쇼핑 플러스	1,000억	15.05	320개	21만	44억	
	LOTTE OneTV	롯데 OneTV	600억	15.10	280개	17만	36억	
	GS MY SHOP	GS 마이샵	596억	15.07	250개	12만	25억	
	NS샵플러스	NS샵 플러스	실적 미공개	15.12	190개	6만	13억	• 홈쇼핑 계열은 자체 TV홈쇼핑 배송정책 기준으로 출고형태 및 택배사 결정
	합 계 (51%)				–	78만	164억	
	전 체 합 계(100%)				–	152만	319억	

물류 운영 형태 (비홈쇼핑계열 상세):

구분	물류사	월물량	창고평수	소재지
K 쇼핑	한진	5 만	700 坪	구로
신세계 TV		3 만	400 坪	
쇼핑엔티	CJ	1 만	300 坪	군포

• 택배사별 발송 비중(전체 물량 기준)

택배사	CJ	롯데	한진	기타
물량 기준	65%	15%	10%	10%

물류 운영 형태 (홈쇼핑계열 상세):

출고형태	발송비율	비 고
직택배	59%	기존 홈쇼핑 센터 및 직택배로 운영
센 터	28%	
직 송	13%	NS 샵플러스만 운영

3-7-3. T-커머스 성장에 대한 긍정적 환경분석

내 용	주요내용
고객 인식 변화	• 양방향 쇼핑에 익숙한 젊은 소비자들의 대거 유입 ☞ SNS 활용빈도가 높은 이용 10~30대 고객이 소비 구매층으로 성장
IPTV 가입자 증가	• IPTV(인터넷TV) 가입자의 지속적 증가로 인한 T-커머스 사업 활성화 기반 확대 ☞ '15年 1,064만 명 → '16年 1,259만 명 (전년比 118% 가입자 증가)
방송 Infra 확대	• 방송 Infra 개선을 위한 적극적인 투자 진행 ☞ 자체 미디어센터(방송센터) 구축 및 쇼호스트 집중 육성을 통한 방송 Quality 강화
IT기술 고도화	• 인공지능(A.I) 음성인식 기술을 접목한 '대화형 커머스'로 진화 추진 ☞ 상품검색, 편성정보, 상품정보 보기, 주문에 이르기까지 전 과정을 음성으로 Control 가능
기존 홈쇼핑 대안 채널로 부상	• 국내 홈쇼핑시장 성장률 감소에 따른 새로운 유통채널에 대한 Needs 발생 ☞ 홈쇼핑시장 2010年 최고 성장(23.4%) 이후 지속적으로 성장세 감소 ※ '13년(11.8%) → 14년(8.0%) → '15년(5.0%) → '16년(5.0%) ☞ 홈쇼핑 방송을 T-커머스 방송으로 전환하여 방송함으로써 연계 매출 확대 가능 및 제작비용 절감
채널경쟁 가속화	• 비홈쇼핑 계열 T-커머스 기업의 황금채널대 확보를 위한 적극적인 투자 진행 ☞ 신세계TV쇼핑 올레TV 2번 진입(약 100억 원 이상 투자)으로 동종업계 앞번호 진입 경쟁 가속

CHAPTER 04

직구와 역직구 시장

4-1 현황

글로벌 온라인 쇼핑시장[1]은 2014년 1,580조 원에서 2017년 2,475조 원으로 성장이 예상되며, 국내시장은 "합리적 소비 확산"과 "온라인 쇼핑 편의성 강화"로 2014년 43조 원에서 2018년 60조 원 시장으로 매년 11%의 꾸준한 성장을 하고 있다. 국내 온라인 쇼핑시장은 스마트폰 보급 확대, 택배서비스 강화 등 온라인 쇼핑 편의성 확대 및 저성장 시대에 따른 가치 중심 소비 등 합리적 소비 패턴 확산으로 지속 성장할 것으로 전망되는 산업이다.

국내 직구 및 역직구 시장은 전문 배송대행업체[2]의 등장 및 커뮤니티를 통한 구매방법 진화, 중국과의 FTA체결 및 중국 직구족(하이타오族[3])의 증가로 향후 지속적인 성장이 전망된다. 직구시장은 2014년 1.7조 원에서 2018년 6.0조 원으로 성장하였다. 우리나라의 직구 국가는 미국이 74%로 가장 높으며, 중국, 독일, 일본 등으로 확산 추세에 있다. 구매 품목은 값이 싸고, 국내에 없는 브랜드 중심으로 구매 선호를 보인다(초기 의류 중심에서 건강식품, 화장품, 핸드백, 가방, 가전 비중 확대 추세).

국내의 역직구시장은 2014년 0.4조 원에서 2018년 2.7조 원으로 꾸준히 증가하고 있고, 중국 비중은 2013년 46%에서 2018년 70%로 확대되고 있다.

---

1) 온라인 쇼핑시장: 인터넷/모바일 쇼핑(TV홈쇼핑, 카탈로그 제외).
2) 국내 소비자가 글로벌 쇼핑몰에서 주문한 상품을 현지 배송대행지에서 검수/재포장/발송 등의 서비스를 제공하는 사업자.
3) 인터넷을 통해 해외 상품을 쇼핑하는 중국의 직구족을 이르는 말.

4-2 직구 및 역직구 물류시장

직구 및 역직구 물류시장은 2014년 2,100억 원에서 2018년 7,800억 원 규모로 연평균 39% 정도로 시장이 성장하고 있다. 직구 물류시장은 2014년 1,700억 원에서 2018년 6,000억 규모로 성장하였고, 직구 물류시장은 현지 한국계 배송대행 회사가 70%(몰테일 등 상위 6개사가 전체시장의 51%를 점유하고, 기타 중소 200여 개 업체가 19% 점유), 글로벌 특송회사가 30%를 담당하고 있다.

역직구 물류시장은 2014년 400억 원으로 직구 시장규모의 1/4 수준이나 2018년에는 중국 해외 직구시장 성장 영향으로 1,800억 원 규모로 성장하였다.

4-3 직구 및 역직구 유통시장 현황 전망

글로벌 온라인 쇼핑시장은 2014년 1,580조 원에서 2017년 2,475조 원으로 성장하였고, 국내시장은 "합리적 소비 확산"과 "온라인 쇼핑 편의성 확대"로 2014년 43조 원에서 2018년 60조 원 시장으로 매년 11% 정도 성장하고 있다. 이중 Cross Border를 통한 직구 및 역직구 시장은 2014년 2.1조 원에서 2018년 8.7조 원으로 성장하였다. 이러한 근거를 통하여 동 직구 및 역직구 유통시장은 지속적인 성장이 예상된다.

4-4 쇼핑시장 전망

4-4-1. 글로벌 온라인 쇼핑시장

2014년 국내 온라인 쇼핑시장은 43조 원 규모이며, 스마트폰 보급률 확대 및 택배서비스 강화로 인한 온라인 쇼핑 편의성 확대와 저성장 시대에 따른 가치 중심의 합리적인 소비 패턴 확산으로 2019년 60조 원 이상 시장의 규모로 성장이 예상된다.

4-4-2. 국내 직구 및 역직구 시장

직구, 즉 해외직구는 인터넷 쇼핑을 통해 해외에서 직접구매하는 소비행위로 줄여서 직구라고 하며 2010년 국어사전에도 등재되었다. 역직구는 직구와 반대개념으로 해외의 소비자가 국내 상품을 인터넷 쇼핑을 통하여 구매하는 것을 말한다. 국내의 직구 및 역직구 시장은 현지 한국계 배송대행회사의 등장 및 커뮤니티를 통한 구매방법 진화, 중국과의 FTA 체결 및 하이타오族[4] 지속 증가로 2014년 2.1조 원에서 2019년 9조 원 이상으로 지속 성장할 것으로 전망된다.

> 참고 **직구 및 역직구 시장 성장배경**

구 분	성장배경
직구	• 국내 동일상품 대비 싼 가격, 국내에 없는 브랜드 구매, 다양한 상품 종류, 우수한 품질 등에 기인하여 직구 확대 • 현지 한국계 배송대행社의 등장(몰테일('09년), 위메프박스('10년) 등) • SNS 등 커뮤니티를 통한 해외 직접구매 확산 (몰테일 NAVER 카페는 45만 명의 회원수 확보 운영 中) • 소비시장에 대한 낮은 개방도; 한국의 소비재 개방도는 OECD 34개국 중 29위임('13년)
역직구	• 국내 인터넷 쇼핑몰들의 외국인 전용 사이트(중국어, 영어) 개설 확대; 동방CJ → Tmall 입점 및 자체 사이트에 한국관 오픈('14.12월); 이베이 코리아, CJ오쇼핑, 11번가 등 • 국내 유통업체들의 해외 쇼핑몰 상품판매 지원 확대 중국 해외 직구족(하이타오族)의 급증과 정부의 엑티브X 없는 결제환경 조성, 국내 온라인 유통업체들의 해외 신시장 개척 정책지원 확대 추진

B2C 물류 영업달인의 Sales Notes

"업무를 할 때는 속도 있게 일하고, 생각의 변화가 빨라야 하며, 항상 긴장하고 고민하고 즐겁게 일해야 한다."

---

4) 인터넷을 통해 해외 상품을 쇼핑하는 중국의 직구족을 이르는 말.

4-5 국내 직구 및 역직구 시장 물류기회

국내 소비자들의 직구는 직접배송, 배송대행, 구매대행 방식을 통해 이루어지고 있으며 초기 구매대행 방식에서 최근에는 배송대행 방식을 선호하고 있다.

■ 국내 직구유형

직구유형에는 해외구매대행, 해외배송대행, 해외직접배송 형태가 있는데 그림과 유형별 특징을 통하여 알아본다.

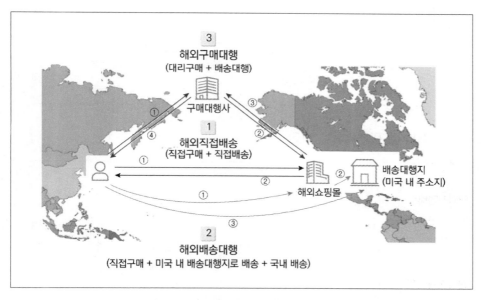

[그림 3-4-1] 해외 직구유형 3가지

이 중 일반적으로 가장 많은 형태로 운영되는 배송대행 프로세스는 아래와 같은 모델이다.

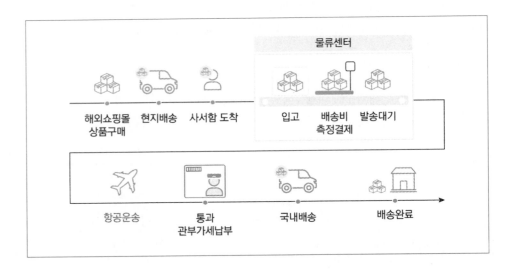

■ 국내 직구의 유형별 특징

해외직접배송	• 아마존 등의 해외 온라인 쇼핑사이트에서 직접 국내 카드로 결제하여 한국 주소로 또는 해당국가 내 특정 주소로 직배송 (+) 주문절차 간소화(1회), 배송대행 대비 배송기간 1~2일 빠름 (−) 직접배송 서비스 미제공 쇼핑몰이 많으며, 배송대행 대비 높은 배송비 발생
해외배송대행	• 해외 쇼핑몰이 한국까지 배송서비스를 제공하지 않을 경우, 현지 배송대행지로 물건을 받고, 이곳에서 한국으로 재배송 (+) Cross-border 배송이 안 되거나, 직접배송이 비싼 해외쇼핑몰 이용 시 적합, 배송 대행지에서 제품 검수 및 합포장 제공 (−) 주문절차가 2회 발생, 직접배송 대비 배송기간이 길게 걸림
해외구매대행	• 구매대행 사이트에서 원하는 상품을 고르면 대행업체에서 반품 등 클레임까지 모든 과정을 대행 (+) 구매시 언어(영어)장애 없이 구매 가능 (−) 구매 대행에 따라 10% 이상의 추가 수수료 발생 ※ 최근에는 배송대행 업체 Site에서 구매대행 병행 추세

직구물류는 현지 한국계 배송대행회사가 70%, 글로벌 특송社가 30%를 담당하고 있으며, 국내 특송회사가 현지 한국계 배송대행회사로부터 수탁하여 물류를 수행하는 구조를 띠고 있다.

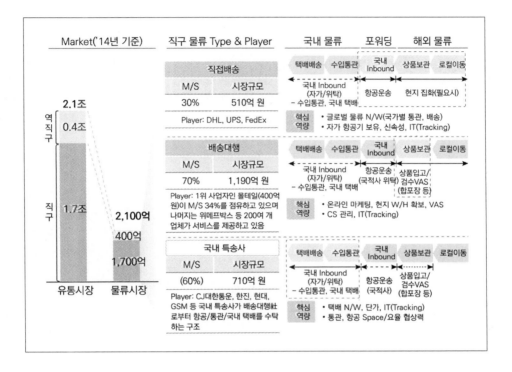

PART

4

영업달인의
성공사례와
주요용어 소개

CHAPTER 01

달인의 영업 성공사례

1-1 부족한 것이 세제곱이었던 영업달인

영업 쪽의 업력과 내공이 그런대로 약한 것이 아니라 제곱도 아닌 세제곱 정도로 부족한 것 투성이라도 본인의 의지와 간절함만 있다면 이를 강점으로 만 드는 것은 시간말고 문제될 것은 없지 않을까 한다. 몇 가지 사례를 들어 공유 하고자 한다.

■ 거절의 공포

영업사원으로 첫 발령이 났을 때 가장 두려웠던 것이 과연 고객이 나를 만 나줄까 하는 거절의 공포였다. 이런 초창기의 두려움을 없애준 것이 고객을 대 할 때 물건을 팔러온 사람이 아니라 고객과 즐겁게 대화하기 위해 왔다는 마음 가짐이었다. 고객도 나와 같은 인간이라는 측면의 접근방법이 고객의 마음을 열 어주었고 거래는 자연스럽게 부산물로 다가왔다.

■ 커뮤니케이션 Skill의 부족

영업 초창기 영업선배들을 보면 모두가 달변의 귀재요, 한술과 끼를 겸비한 팔방미인으로 보였고 이런 사람들만이 영업에 성공할 수 있구나 하는 자괴감마 저 들었다. 이런 좌절 속에 우연히 읽었던 신문기사는 내 인생을 바꿔놓았다. 세 일즈 달인들을 다룬 기사에서 달인의 대부분이 내성적 성격에 술은 고사하고 담 배도 피지 않으며 어눌한 말투잡기도 능하지 못한 사람이었다. 오히려 그런 단 점이 고객의 마음을 파고들어 좋은 성과를 내고 있었다. 고객도 사람이라 잘난 사람을 시기 질투하는 것이다.

■ 인맥의 부족

초창기 영업은 인맥의 부족으로 인해 연고판매에 의지하는 경우가 많았다. 하지만 그것은 영업사원으로서 영원히 홀로 설 수 없는 방법이었다. 그래서 택한 방법이 무조건 방문하는 것이었다. 이렇게 처음 사귄 1명의 고객이 10명을 소개해주었고 그래서 어느 정도 시간이 지나자 내 명함집은 금세 가득 차게 되었다.

■ 정보의 부족

솔직히 영업현장에서 신뢰할 만한 정보라는 것은 그리 많지 않다. 특히 초창기 영업시절에는 더욱 그러했다. 특히 영업사원은 자신이 파는 상품 이외의 다양한 잡다한 지식을 알고 있어야 여러 유형의 고객과 대화가 가능하다는 것을 깨닫고 인터넷, 신문, 잡지 등을 무조건 섭렵하였고 이를 통해 자연스럽게 정보를 습득하고 활용할 줄 알게 되었다.

■ 사례1: 지피지기면 백전불태

국내 최대 인터넷쇼핑몰인 L사와의 계약을 위하여 수년간 수없이 많은 접촉과 제안을 반복하였으나, 실패를 거듭하였다. 그렇게 몇 년이 흘러갔다. 어떻게든 계약을 성사시키고 싶었으나 L社의 태도는 강경하였다. 이때 생각난 것이 회사 내부 인맥을 이용하자는 것이었다. 우리나라 속담에 한 다리 거치면 대통령도 지인이라는 말이 생각났다. 그래서 회사 내부에 L社 인맥이 있는지 확인해 보았다. 그러나 회사 내에서는 L社와의 긴밀한 관계를 가진 인맥을 찾기가 어려웠다. 그러던 중 어느 날 잘 알고 지내던 회사 후배에게서 연락이 왔다. 당사 협력사 중에 L社 관계자와 긴밀한 관계에 있는 인맥이 있다는 것이다. 나는 그날 저녁 당장 그분을 찾아갔다. 그리고 삼고초려의 과정을 거쳐 그분을 당사 대리점으로 영입할 수 있었다. 그리고 그분을 통해 당시 택배사 재선정과 관련된 주요 이슈와 고객의 Needs를 정확하게 파악할 수 있게 되었다. 이를 통해 기존의 장기거래 중이던 업체와의 불만사항을 신속하게 해결하는 최적의 제안을 제시할 수 있었고 드디어 계약서에 도장을 찍을 수 있었다. 그날의 감격은 오랜 세월이 지난 지금도 소중한 추억으로 간직하게 되었다.

교훈: 본인이 가지고 있는 역량(인맥 등)을 분석해보면 의외로 좋은 결과를 얻을 수 있다.

■ 사례2: 고객사에 대한 지속적인 관심과 Key man 관리

물류업계는 기복이 심한 편이다. 특히 대형거래업체일수록 경쟁사와의 경쟁은 상생을 넘어 출혈을 가져오게도 한다. 나에게도 이런 풍파가 닥친 적이 있었다. 3년여 넘게 좋은 관계가 지속되어오던 대형거래처가 하루아침에 경쟁사로 넘어가게 된 것이다. 그 당시 경쟁사는 파격을 넘어 손해를 감수하면서까지 매출욕심에 그 업체 임원에게 직접적인 로비를 하였고 임원의 일방적인 결정에 의해 계약이 종결된 것이다. 그동안 나와 호형호부하며 다정하게 지내던 업체 담당자 또한 황당하기는 마찬가지였다. 그날 저녁 늦게까지 담당자와 소주를 하면서 많은 이야기를 나누었다. 풀이 죽어 있던 내게 그 담당자는 용기를 잃지 말 것을 주문하였고 머지않아 좋은 소식을 듣게 될 거라는 격려를 해주었다. 그렇게 몇 달이 지난 어느 날 그 담당에게서 전화가 왔다. 잠깐 만나자는 것이었는데 목소리가 밝았다. 그날 만남에서 그분은 현재 일본 최대의 의류업체가 한국에 진출하는데 자신의 회사가 파트너사로 선정되었고 자신이 그 물류를 담당하게 되었다며 택배는 본인에게 맡길 테니 한번 해보라는 말씀을 해주셨다. 이를 통해 나는 일본 최대 의류회사의 국내 택배물량을 수주할 수 있었고 큰 전화위복이 되었다. 오랫동안 지속되어온 거래관계가 경쟁사의 파격적인 조건에 한순간 정리되며, 큰 상실감을 갖게 하였으나 거래종료 이후에도 업체 Key man과의 지속적인 교류와 유대 강화를 통하여 재거래 가능성에 대한 대비를 하였던 것이 주된 효과를 보게 된 것이다. 아울러 이러한 노력으로 기존의 본 물량 이외의 신규 비즈니스 관련 물량에 대해서도 기존 거래사를 배제하고 당사로 유치하는 성과를 올릴 수 있게 되었다.

교훈: 고객사 담당자와의 지속적인 유대강화는 더 큰 기회를 가져다준다.

■ 사례3: 악바리 정신으로 무장하다

영등포의 대형의류쇼핑몰 업체인 S社를 소개받았던 때가 엊그제 같은 느낌이 든다. 그 당시 S社는 국내굴지의 오픈마켓에서 판매 1, 2위를 다투던 업체였다. 저렴한 가격과 Trend를 읽어내는 사장님의 노하우로 오픈마켓 부동의 1위 자리를 오랫동안 유지하고 있던 업체였다. 지금도 첫 방문의 느낌을 지울 수 없다. 쇼파에 기댄 자세로 거만하게 담배를 태우면서 왜 왔느냐는 표정을 짓던 사장님의 모습이 떠오른다. 그렇게 어렵게 만난 사장님의 첫 대답은 관심 없으니 돌아가라는 것이었다. 맥없이 문을 닫고 나왔다. 돌아오는 길에 차에서 오기가 발동하였다. 이 업체는 무슨 일이 있어도 반드시 유치하고 말겠다는….

그 이후로 매주 1번씩 정기적으로 그 업체를 찾아갔다. 찾아갈 때마다 음료수 또는 여성 패션잡지를 사서 사무실에 있는 여직원들에게 돌렸다. 내 경험으로는 회사 여론을 주도하는 것은 여직원이며 여직원의 마음을 사로잡아야 사장님도 바뀔 것이라는 확신이 있었기 때문이다. 첫날은 눈길 한 번 안 주던 여직원들도 매주 찾아가 음식과 잡지를 들고 오는 내게 마음을 열었고 여러 질문 등을 하기 시작했다. 그러던 어느 날 여직원을 관리하던 팀장이 사장님이 한번 보고 싶어 한다는 소식을 전해주셨고 나는 그날 저녁 늦게 사장님을 뵐 수 있었다. 사장님은 영업 이야기는 하지 않으시고 나에 대한 신상과 여직원들에게서 들은 것 등을 내게 말씀해주시면서 내일쯤 가격 견적서를 들고 들어오라며 웃으시는 것이었다. 이런 노력으로 인해 거래는 성사가 되고 지금은 가끔씩 들려 커피도 마시고 사장님 좋아하는 운동 등에 대해서도 이야기하면서 지금까지 좋은 관계를 유지하고 있다.

교훈: 끈을 놓지 않는 지속적인 방문은 언젠가는 계약으로 이어진다.

■ 사례4: 행사참여를 통해 신시장을 개척하다

행사참여를 요청해왔던 것이 5월경이었던 것 같다. 8월 하순에 열리는 국내 최대 육아출산 박람회인 코엑스 베이비페어에 참여해서 현장에서 고객 물건을 직접 발송해달라는 제안이었다. 나는 순간적으로 고민하지 않을 수 없었다. 행사에 참여해서 수/배송 업무를 수행하려면 투입되는 인력 및 소요되는 비용이 현장에서 발생되는 물량 가지고는 감당할 수 없었기 때문이다. 하지만 나는 참여하는 업체에 주목했다. 국내 굴지의 육아출산용품 업체들이 모두 참여하는 만큼 업체에 대한 영업이 이루어진다면 그 효과는 상상을 초월할 것으로 판단했기 때문이다. 문제는 참여하는 대리점과 회사를 설득하는 것이었다. 먼저 대리점 설득에 들어갔다. 본사에서 인력지원을 해드릴 테니 나머지 집하업무를 맡아서 해달라는 내용이 주였다. 오랜 설득 끝에 대리점 사장님이 OK 사인을 보내셨고 집하 관련 업무를 해주시기로 결정하였다. 이젠 회사 설득만 남게 되었다. 다행히도 본부장님께서 넓은 시야와 안목을 가지고 계신 분이시라 흔쾌히 나의 의견에 동조해주셨고 그래서 성공리에 행사에 참여할 수 있게 되었다. 그렇게 성사된 행사장에서 나와 팀원들이 주축이 되어 미리 준비한 회사 판촉물과 소개서를 들고 행사에 참여한 100여 개 업체에 대한 영업이 이루어졌고 추후 이를 바탕으로 좋은 결실을 맺을 수 있었다. 당장 눈에 보이는 이득이 없더라도 먼 미래를 보고 투자한 영업이 좋은 성과를 이끌어낸 순간이었다.

교훈: 고객사 행사 및 박람회 등에 적극적으로 참여하면 좋은 정보를 얻을 수 있다.

■ 사례5: 군부대에서 블루오션을 창출하다

군부대에도 택배물량이 있다는 것을 알게 된 것은 그리 오래된 일이 아니었다. 솔직히 군에 대한 경험은 긍정적인 것보다 부정적인 것이 많았기에 군소리만 들어도 알레르기 반응을 일으키던 나였다. 그러던 차에 육군본부에서 간부피복을 택배를 통해 발송하는 방안을 마련 중이라는 소식을 우연히 전해 듣게 되었다. 이것이 기회라는 느낌과 까다로운 입찰 방식 등으로 짐이 될 거라는 두 가지 생각이 들었다. 군대는 싫었지만 이것이 새로운 블루오션이 될 거라는 느낌이 왔다. 기회를 잡기 위해 입찰에 관한 정보를 수집하고 조달청을 드나들면서 처음 시작하는 입찰에 눈을 뜨기 시작했다. 직접 충남에 있는 계룡대에 다녀오기도 하였다. 열심히 준비한 결과 입찰에서 간발의 차이로 낙찰받았고 지금은 대한민국 육군이 당사 택배를 이용하여 간부피복을 배송한다는 점에 남다른 자부심을 가지게 되었다. 나아가 입찰 경험이 바탕이 되어 조달청 및 군 입찰 사이트에서 시행하는 입찰 건수에 모두 응시하여 좋은 결과를 도출하기도 하였다.

교훈: 기회가 오면 잘 포착하는 것이 블루오션을 발굴하는 지름길이다.

■ 사례6: 언제 터질지 모른다

2001년 4월 전자상거래 신생업체에서 택배이용 전화상담 요청이 왔다. 직원 수도 5명 내외에 불과하고 사업을 막 시작하는 화장품 전문쇼핑몰로 하루 물량이 10 BOX도 안 되었다. 요구사항도 많았고 배송업무 전반을 시작부터 끝까지 일일이 가르쳐줘야 하는 상황이었다. 다소 귀찮기는 했으나 고객사에 대한 예우차원에서 성심성의껏 최선을 다해 업무지원을 해주었다. 이후 5개월이 지나자 예상치 않은 판매(사업) 활성화가 시작되더니 곧 업계의 상위권 업체로 성장하여 대량의 물량을 발송하게 되었다. 당사에 대한 신뢰로 타 택배사의 공격적인 영업에도 흔들리지 않는 우량고객사가 된 것은 물론 업계에 관계되는 여러 업체를 소개해주기도 했다. 이 일로 인해 사소한 업체라도 최선을 다하면 큰 결실로 이어질 수 있다는 것을 깨달았다.

교훈: 하찮아 보이는 거래처도 잘 관리한다면 언젠가는 우량거래처가 된다.

■ 사례7: 오픈마켓 솔루션 업체와 서비스 제휴

21세기 IT 발전과 홈쇼핑사의 난립으로 업계에서 인터넷 쇼핑몰 분야의 강세가 향후 지속될 전망에 따라 솔루션 업체와 전략적 제휴를 통한 시너지 효과를 극대화하고 경쟁사와 차별화된 차세대 프로세스 구축 및 영업활성화, XX오피스와 제휴를 통한 벤더[판매처]의 물량 선점 및 서비스 제공 등을 통해 대외적인 인지도 상승효과를 창출하였다. XX오피스는 업계에서 뛰어난 신기술을 보유하고 있는 솔루션 선두기업이다. 하지만, 주 Target고객이 오픈마켓 판매자에 초점이 맞춰져 있음에 따라 풍부한 자원, 즉 택배사의 영업력 및 조직(인프라)을 갖고 있지 못한 것이 현실이었다. 또한, 시장을 주도할 판매망도 미비한 것이 사실이었다. 당사는 대규모 조직(인프라) 및 전국 판매망(대리점)을 갖추고 있지만 오픈마켓시장의 핵심키워드인 오픈마켓 솔루션을 보유하지 못함에 따라 시장점유율이 경쟁사에 비해 저조하고 경쟁력이 떨어졌다. 이러한 양사의 기호가 맞아 떨어져 전략적 제휴를 맺고 두 회사 간 강점만을 그대로 결합하여 시너지를 창출하게 되었다. 오픈마켓 솔루션을 통해 당사 대리점들은 대대적인 마케팅 및 영업무기로 활용하여 매출 확대 및 고객확보가 수월해졌고 XX오피스의 경우는 당사의 전국적인 네트워크를 통해 점진적으로 수주 및 운영고객사들의 확보가 용이하여 양사간에 제휴를 통한 시너지를 낼 수 있게 되었다. 또한, 영업 시 한계에 있는 고객사들은 상호 교류 및 보완을 통해 영업을 활성화할 수 있었다.

교훈: 업체 간의 업무제휴를 통한 Win-Win 전략은 상생의 지름길이다.

■ 사례8: 무인택배 서비스 제휴

어느 날 지하철을 타려다 우연히 보게 된 지하철 내 사물함은 묘한 느낌을 나에게 주었다. 그것은 저 공간을 활용하여 택배 서비스를 고객에게 제공한다면 젊은 층과 지하철 이용객에게 많은 호응을 얻을 수 있다는 느낌이었다. 맞벌이 부부와 1인 가구가 증가하는 사회트렌드로 인하여 낮에 집을 비우는 고객에 대한 택배 집배송 대안으로서의 훌륭한 수단이 될 것 같았다. 이를 위해 사물함 제작사인 E社 관계자를 만나 아이디어를 전했고 E社 관계자들도 이 아이디어에 흔쾌히 응해주어 전략적 제휴를 할 수 있게 되었다. 아울러, 타사와의 차별화 추구 및 관련 시장 선점을 시도하여 이 분야에서 당사가 독점 체제를 구축할 수 있게 되었다.

교훈: 주변을 잘 관찰해보면 의외로 영업거리가 가득하다.

■ 사례9: 타로카드로 고객을 사로잡는 미용사

한 집 걸러 한 집이 있다고 할 정도로 우리나라는 미용실이 음식점만큼이나 많다. 창업하기도 쉽고 접기도 쉬워서 그런지 남녀노소할 것 없이 미용실을 개업한다. 하지만 이 많은 미용실 중에서 제대로 된 수익을 창출하는 곳은 얼마나 있을까. 모름지기 50%도 되지 않을 것이다. 이것이 현실이다. 여기에 인천에서 조그만 미용실로 시작해 종업원을 여럿 거느린 미용실로 성장한 한 미용사의 독특한 고객 관리법을 소개하려고 한다. 그 주인공은 30대 중반의 박OO 미용실 원장. 대학에서 미용 관련 학과를 졸업한 그녀는 졸업 후 회사에 취업하였으나 자신의 적성과 맞지 않아 곧 그만두게 된다. 그 후 전공을 살릴 방법을 고민하던 중 미용실 개업을 생각하게 되었고 마침 아시는 분이 이민을 가게 되어 나온 인근 가게를 얻어 미용실을 차린다. 하지만 치열한 경쟁 속에서 고객은 오지 않고 월세도 내기 힘든 처지가 된다. 그래서 고민 끝에 생각해낸 것이 차별화 전략이었다. 특히 대학시절 재미 삼아 배웠던 타로카드로 점을 봐주는 주특기를 활용하기 시작하면서 점 봐주는 미용실로 입소문이 나기 시작하였다. 이러한 차별화전략은 연애에 관심이 많은 20대 여성층을 파고들어 현재의 위치에까지 오를 수 있는 계기를 만들어주었다.

교훈: 남과 다른 차별화전략은 영업을 성공시키는 핵심 Point이다.

■ 사례10: 풍수사로 통하는 성형외과 원장

강남에 재미있는 병원장이 있어 소개하려고 한다. 압구정역 부근에서 성형외과를 운영하고 있는 김OO 원장이다. 김 원장은 주말이면 홀로 등산차림을 하고 전국의 명산 및 명승지를 찾아다닌다. 등산을 하는 것이 아니라 터를 보러 다니는 것이다. 이것이 그가 고객들에게 성형의가 아닌 풍수사로 통하는 이유다. 현재도 그는 모 대학의 미래예측학과에서 양택 풍수를 강의하는 교수다. 개업을 하면서 알게 된 지인을 통해 정통 양택 풍수지리를 배운 그는 인심도 후해서 강의료를 받는 날이면 아낌없이 제자들을 모아 거나하게 한턱을 쏘곤 한다. 마음이 후해야 좋은 명당자리를 만날 수 있다는 믿음 때문이다. 이러한 그의 독특한 부업이 알려지면서 그가 개업한 성형외과에는 성형이 아니라 집을 구하기 위한 사람들로 붐빌 정도다. 그가 말하는 성공비결은 인맥관리다. 두주불사형인 그는 술자리에서도 자신이 직접 만든 술에 취하지 않도록 하는 약을 동료들에게 제공하여 인기를 끈다. 그의 이러한 독특한 인맥관리법으로 인해 그의 성형외과는 다방면의 사람들이 모여드는 사교의 장이 되었다.

교훈: 좋은 인간관계를 유지하는 것은 영업의 기본이다.

■ 사례11: 사주 봐주는 한의사

요즘은 다방면에 다재다능한 재주와 끼를 겸비한 사람이 넘치는 시대다. 이런 시대 조류에 맞춰 고객들도 전문직 종사자들에게 다방면의 재능을 발휘해줄 것을 요청하는 분위기다. 여기에 이런 시대적 흐름을 잘 읽고 동참하여 성공한 한의사가 있다. 강남에서 한의원을 운영하고 있는 40대 중반의 이○○ 원장님이 그 주인공이다. 대학 다닐 때부터 한의학과는 별도로 역학에 관심을 가져 동창들의 사주 및 관상 등을 봐주었다는 그는 한의원을 개업한 후에도 이런 장점을 버리지 않고 미리 예약한 예약고객에 한정해서 별도의 시간을 내어 고객의 사주 및 관상을 봐주는 서비스를 제공하고 있다. 병원은 딱딱하고 무서운 곳이라는 선입견이 강한 고객들에게 이러한 서비스는 적중하여 소문을 듣고 멀리서 찾아오는 고객이 하루에도 수십 명씩 있다고 한다. 그저 자신만 알고 있기에는 너무 입이 간지러워 시작했다고 너스레를 떠는 그는 향후에도 이 서비스를 확대해 보다 고객이 친밀하게 자신을 믿고 진료를 받을 수 있도록 하겠다고 한다.

교훈: 자신이 가지고 있는 취미를 업무에 적용한다면 일석이조의 효과를 볼 수 있다.

■ 사례12: 민들레영토 이야기

스타벅스를 제치고 국내 카페시장 부동의 1위를 차지하고 있는 곳이 있다. 그것도 외국계 브랜드가 아닌 토종 브랜드로 승부하여 국내를 석권하고 중국시장까지 넘보는 곳, 거기가 바로 민들레영토다. 민들레영토의 지승룡 사장은 독특한 이력으로 유명하다. 원래 그는 연세대학교 신학과를 졸업한 신학도였다. 대학 졸업 후 목회자의 길을 걷고 있던 그에게 시련이 닥쳤다. 배우자와의 이혼이 그것이다. 목회계에서 이혼은 목회자로서의 결격사유와 같은 것으로 이로 인해 그는 목회의 길을 접게 된다. 그 후 몇 년간의 방황을 한 후 새롭게 시작한 것이 지금의 신촌역 철도길 옆 허름한 가게에서 시작한 민들레영토이다. 그는 어머니와 같은 마음으로 고객을 대하자는 신조를 모태로 방문하는 고객에게 독특한 서비스를 제공하여 유명해졌다. 그것은 인생상담 서비스로 고객 각각에 맞춘 정신테라피를 바탕으로 고객에게 인생설계 컨설팅을 해주는 것이다. 이와 같은 서비스는 특히 진로가 불투명한 대학생들에게 많은 인기를 끌기 시작하였고 이러한 입소문은 오늘날의 민들레영토를 일구는 초석이 되었다.

교훈: 고객사를 가족같이 대하는 마음자세는 고객의 신뢰를 얻는 초석이 된다.

■ 사례13: 자동차 영업대통령

영업이라고 다 같은 영업이 아니라는 말이 있다. 영업의 난이도를 말하는 개념인데 이 난이도를 기준으로 나름대로 3대 고난도 영업군을 뽑아보자면 1위가 제약영업, 2위가 보험영업, 3위가 자동차영업이 아닐까 한다. 여기에 소개하고자 하는 사람도 위의 고난도 난이도에 속하는 영업군에 포함되는 사람이다. 밤무대 가수와 같은 반짝거리는 의상을 입고, 머리에는 붉은 띠를 묶고 오토바이를 몰면서 영업을 하는 별난 영업사원, 바로 현대자동차의 최진실 과장이다. 최진실 과장은 자기 PR의 달인으로 통한다. 원래 총신대를 졸업하고 목회자의 길을 가기로 했던 그는 적성에 맞지 않음을 깨닫고 현대자동차의 영업사원에 응시했지만 면접에서 떨어지고 재차 도전한 끝에 영업사원이 되었다. 그는 자신의 PR을 위해 이름도 최진성에서 최진실로 바꾸고 스스로 "산소 같은 남자 최진실, 대한민국 대표 영업사원 최진실, 영업대통령 최진실"이라는 수식어를 만들어냈다. 그의 유명한 일화는 기존 고객을 잘 관리하여 다른 고객을 소개받는 그만의 노하우에서 기인한 것으로 경찰서에 범행의 결정적 단서를 제공하여 경찰을 고객으로 만든 일화, 교통사고로 병원에 입원 중에 영업하여 고객을 만든 사례 등 무수한 이야기가 있다. 머릿속으로만 생각하지 말고 발로 직접 뛸 것을 강조하는 그는 '시작이 반'이라는 격언을 소개하면서 전화를 걸 고객명단을 바라보고 있었다.

교훈: 영업은 영업시간에만 하는 것이 아니라 일상생활에서도 얼마든지 가능하다.

■ 사례14: 영업할 관상이 아닌 세일즈 여왕

그녀가 영업을 시작한 지 얼마 되지 않았을 때 누구의 소개를 받고 찾아간 고객에게서 들었던 말은 오늘날의 그녀를 만든 원동력이 되었다. 그 고객은 처음 물건을 팔러온 그녀에게 "내가 관상을 좀 볼 줄 아는데 당신은 절대 영업할 관상이 아닙니다. 오늘 제가 소개해준 분을 봐서 물건은 팔아드리겠지만 당장 그만두세요"라는 멘트를 날렸다고 한다. 그날의 일화를 떠올리며 다시 말하는 그녀는 "그때 제가 생각하기에도 저는 영업할 타입은 아니라는 생각이 들었어요. 말솜씨도 없고 낯가림도 심하니까요. 하지만 그렇기 때문에 오히려 더 열심히 해야겠다는 생각이 들더군요." 그녀가 바로 동양매직 7년 연속 판매왕, LG전자 3년 연속 판매왕에 빛나는 김정애 씨이다. 식기세척기를 사러 동양매직 매장을 방문했다가 판매사원의 권유로 세일즈계에 입문했다는 그녀는 '주부가 주방제품을 가장 잘 아니까 내가 주부들에게 권해보면 괜찮겠구나' 하는 생각이 들었다고 한다. 그녀는 내성적인 성격에 말주변도 좋지 않은 자신의 단점을 커버하기 위해 판매접근 방식을 다르게 접근했다고 한다. 남들이 가지 않는 분양현장을 타깃으로 삼은 것이다. 마침 신도시 등 분양물량이 쏟아질 때라 그녀의 이와 같은 접근방식은 히트를 쳤고 오늘날 많은 후배사원들이 따라하는 모델이 되었다.

교훈: 차별화된 시장의 개척이야말로 블루오션을 발견하는 길이다.

■ 사례15: 뛰는 놈 위에 나는 놈, 나는 놈 위에 포수

저자가 영업맨으로 나름 잘 달리던 과장 직전 때의 일이다. 거래처는 국내에서 조미김을 가장 많이 생산하여 국내시장을 거의 꽉 잡고 있었던 D상사였다. D상사는 일본수출까지 성공하여 대통령표창까지 수상한 매출과 신뢰가 뒷받침되는 회사였다. 이번 달 거래금액을 당월 말일자로 청구하면 다음 달 말일까지 현금정산하는 조건으로 물류서비스 제공계약을 체결하였다. 거래 처음 몇 달은 신용공여기간을 잘 지켰다. 나는 고마움의 표시와 유대강화를 위하여 업체공장에 찾아가 현장일을 돕고 간식도 함께하는 날이 부지기수였다. 문제는 수출물량이 터지면서 문제도 터지기 시작하였다. 신용공여기간이 한 달에서 두 달, 두 달에서 여섯 달까지 늘어났다. 처음에는 신용공여기간을 못 지키는 D상사 사장님도 미안하여 어쩔 줄 몰라하던 것이 시간이 지나면서 피하는 것 같다는 느낌까지 들었다. 본사와 팀장은 난리를 떨어댔다. 그도 그럴 것이 매출채권관리의 부실은 곧 회사 손해의 직격탄이 되니 수십 번 이해는 간다. 수차례 걸친 매출채권 변제를 요청하는 내용증명을 보냈고 최고장까지 보낸 추석명절이 다가오는 즈음에 영업담당자인 본인은 고민 고민 끝에 찾아낸 나름의 묘수를 갖고 팀장님과 함께 거래처인 D상사를 방문하였다. 조그만 추석선물을 챙겨갔음은 중언부언이다. 생각한 것과 비슷하게 여느 때와 다르게 더 많은 접수상담사가 전화로 판매오더를 수주하고 있었고 당연히 사장님은 바쁘다는 핑계로 (사실 엄청 바쁘긴 했었음) 얼굴도 마주치질 못했다. 팀장님과 나는 상담사들과 가장 가까운 곳에 위치한 테이블에 자리를 잡았고 준비한 다이어리를 꺼내 책상 위에 놓고 무엇인가를 듣고 적고를 반복하였다. 적어놓은 숫자의 중복이 많아질 즈음 우리는 D상사 사장님께 추석인사를 하고 밖으로 나와 내가 적은 것과 비교하여 2개의 것을 완성해 냈다. 그것은 바로 조미김을 구매하는 소비자들이 구매대금을 입금시킬 은행계좌였다. 우리는 그동안 송부했던 내용증명과 미수금명세서(청구되었던 세금계산서도 가능)를 증빙자료로 확보된 계좌에 대한 가압류를 신청하여 받아들여졌다. 추석이 임박해오면서 가압류로 잡아놓고 있는 은행계좌에 입금되는 조미김 판매대금은 쌓이고 또 쌓이고 했을 것임은 명약관화한 일이다.

몇 주 후 D상사 사장님께서 헐레벌떡 친히 임원 몇 분과 우리 회사 사무실을 찾아오셨다. 다짜고짜 지금까지의 미수금(매출채권)을 지금 당장 현금으로 정산하겠으니 가압류 계좌를 풀어달라는 것이다. 이로써 모든 것이 해결되었다. 자칫 시기를 놓치면 미수금 회수를 위하여 거래의 악순환이 될 수도 있다. 미수금이 많은 회사는 지속적인 거래보다 적당한 때에 정리하기를 권한다.

교훈: 인력으로 해결하기 어려운 거래관계도 환경이나 적당한 때를 이용하여 극복할 수 있다.

■ 사례16: 영업할때도 사주경계가 필요

이번에는 쉽지 않게 벌어질 수 없는 사례를 소개하고자 한다. 소개하는 고객사는 코스피에 상장된 회사이다. 한약성분을 주원료로 의약품을 제조하는 H 회사이다. 8개월 정도 고객사의 기획팀장을 찾아가 컨설팅 영업을 하였다. 다행인 것은 약속 없이 찾아가도 내치지 않고 차 한 잔 나눠주는 배려가 몸에 배인 팀장님이었다. 그분은 H사의 사장님(고객사의 오너 아들)이 영입해온 우리나라 대표 S대학 출신으로 그 팀장이 결정하면 대부분 회사의 경영에 반영시킬 수 있다는 Key man이란 것은 사전에 파악하고 Approach하였다. 방문하고 또 방문하여 일반적인 이야기까지 할 정도의 기간이 흘러 해가 바뀔 즈음 거래를 개시한 이후 출하, 배송, 고객사의 거래처 관리 등에 대하여 자연스럽게 그런 내용을 주제로 하였다. 이후 H사 사장님 앞에서 프레젠테이션을 하였고, 이후 계약체결 전제조건까지 진행되었다. 거래처별 운송장 자동출력과 주문수량 등을 관리할 수 있는 출하관리시스템의 설치, 원재료의 창고 입고를 위한 팔레트 지원, 고객사 요청 시 한시적으로 공장출고 직원지원 등에 대하여 합의를 마치고 마침내 계약을 금요일에 체결하였다. 모든 것이 준비되어 있으므로 다음 주 월요일부터 작업을 개시키로 하고 서로가 만족해하며 자리를 정리하였다. 귀사한 나는 모든 내용을 구두와 그룹웨어로 팀장, 본부장께 보고를 마치고 혹시 모를 작업개시 전 준비사항을 재차 확인한 것은 두말하면 잔소리이다.

드디어 그 월요일이 되었다. 모든 것이 준비되었음을 확인하고 출동준비 완료시점에 H사의 사장님과 팀장이 방문하여 우리 본부장 뵙기를 청하였다. 영업맨의 직감은 예리하다. 뭔가 틀어졌구나라고 느낀 직감은 왜 하필 100% 적중하는 것인지 모르겠다. H사 사장님은 우리 본부장에게 몇 차례 사과를 하였다. 계약까지 체결하였음에도 불구하고 물류회사를 바꿀 수 없음에 대한 사과였다. 이런 낭패가 세상 어디에 또 있을까? H사 사장님과 우리 본부장 간 말씀을 뒤로하고 나와 H사 팀장은 별도의 룸에서 본인과 미팅을 하였고 H사의 사장님이 방문한 이유를 자세히 들을 수 있었다. 해병대의 역사는 짧은 밤에 이루어진다고 하였던가. 거의 1년 동안 쏟아부어 거둬들인 계약이란 수확이 일요일 하루 만에 바뀌었다. 우리와 거래를 해야 할 역사가 바뀐 것이다. 창업주와 2세 경영 과도기에 H사 사장님의 고모부가 경영을 대신했었고 기존의 물류회사는 거래처를 잃는다는 정보를 듣고 바로 이분과의 친분을 이용하여 일요일에 라운딩을 하며 지속거래를 어필하였다. 고모부는 H사 사장님께 부탁하여 조카벌인 그(사장)로서는 받아들일 수밖에 없게 만들어 역사를 되돌려놓았던 것이다. 이런 사고를 당한 영업맨이 사후약방문이라도 할 수 있는 방법은 그리 많지 않아 보인다. 이런 경우 계약서를 들먹이고 도덕을 들먹이며 되돌리려고 한다면 서로 어려움만 가중될 것이라 판단하여 아픈 만큼 성장 쪽을 택하였다. 이 사건 이후 H사는 그 물류회사와 2년간 거래를 하였다. 3년이 되는 해에 본인은 H사와 다시 계약하였고 서로 만족한 관계를 유지할 수 있었다.

교훈: 지금 당장의 패배와 아픔으로 미래를 맞이할 필요는 없다.

CHAPTER 02

달인의 지낭 전략기법

2016년 세계경제포럼(WEF) 회장인 클라우스 슈밥(Klaus Schwab)이 "전 세계 사회, 산업, 문화적 르네상스를 불러올 새로운 혁명으로 인류자체를 바꾸는 것"이라 일갈하였든, 같은 해 독일 하노버 산업박람회에서 메르켈 총리가 "새로운 비즈니스 모델"이라고 하였든 무엇을 기반으로 시작을 하였고 그것이 명칭을 만들어내는 데 어떻게 영향을 미쳤는지보다는 작금의 시대는 기계화, 자동화를 넘어 초자(超字)가 붙은 수단들이 가치경쟁력을 만들어내고 소비자들을 사로잡는다는 것이다. 초연결(Hyper-connectivity), 초지능(Super-intelligence), 초융합(Hyper-convergence)으로 설명되는 것, 바로 4차 산업혁명이다.

4차 산업혁명 시대에 등장하는 주연배우는 우리가 너무나도 많이 접했든 AI(Artificial intelligence), IoT(Internet of Things), Big data, 3D프린팅(3Dimensional printing) 등인데 우리는 이 수단들을 4IR 시대(4th industrial revolution era)의 핵심기술 또는 키워드라고 한다. 이들의 공통점은 사람이 하는 것보다 더 낮은 비용 더 높은 효율을 지향하고 결과를 만들어낸다는 것이다. 돌려 말하면 이 주연배우(인간의 수단)들은 우리 인간이 하던 일 또는 할 일을 차지하여 산업현장의 역군이 되어가고 있고, 된다는 것이다. 일견의 측면에서 보면 산업현장의 인간은 현재보다 더 복잡한 것을 익혀 사람 1명당 수 대 또는 수십 대의 기계나 로봇 등을 다루어야 한다. 이와 같이 일당 수십의 역할을 해야만 하는 사람에게 요구되는 것은 전략적 사고(Strategical 또는 logical thinking)이다. 사람이 산업의 역군일 때보다 더 창의적이고 더 감성적인 것을 더욱 발전시켜 4IR 시대를 지배하여야 한다.

이와 같은 더 창의적인 사고, 더 감성적인 사고로 설명되는 전략적 사고는 바로 영업맨에게 요구되는 덕후이자 핵심역량이다. 이런 측면에서의 4차 산업혁명 시대는 영업맨의 시대가 될 수도 있지 않을까 하고 프로영업맨인 독자, 영업 달인이 되고자 하는 독자와 함께 예측해본다.

본 2장의 제목을 달인의 지낭 전략기법이라고 하였는데 이는 영업달인이 처한 제반환경인 고객사 키맨(Key man)과의 대화현장, 서비스품질 모니터링 현장, 물류운영현장, 고객사 접대현장, 고객사의 만족 및 불만족 제기현장 등 어느 환경이든 지혜롭게 극복하고 더 개선된 결과를 얻을 수 있도록 지낭의 역할을 하는 것이 전략기법이 될 수 있고 또한 평소 영업맨의 호주머니 속에 넣고 휴대하면서 필요할 때 꺼내 쓸 수 있는 영업달인의 무기가 전략기법이다라는 2가지를 함의하여 붙여본 제목이다.

본 장에서는 저자가 고객접점의 영업현장, 영업사업 계획 수립 현장에서 필요함을 느끼고 공부하여 익혔던 전략기법 중 영업맨의 지낭역할을 해줄 수 있는 거시환경분석기법인 PESTLE, 자사 또는 상품의 강점과 약점 등을 분석할 수 있는 SWOT, 재무제표 중 기업의 자산, 부채, 자본 등에 대하여 알 수 있는 재무상태표와 수익 및 비용에 대하여 분석해낼 수 있는 손익계산서 등 3가지 전략기법에 대하여 요약소개한다.

2-1 PESTLE

우리 회사가 영위하는 비즈니스를 둘러싸고 있는 거시 측면의 외부환경 분석은 지속적인 경쟁우위 확보, 기회와 위협의 정의, 다른 조직과 협업 측면에서 매우 중요하다. 이와 같은 외부환경을 분석하여 전략방향을 수립하는 전략기법에 PESTLE이 있다. 이는 ETPS로 알려진 Aguilar[1]의 사상을 원조모델(the original form)로 하고 있다.[2] 이는 정치(Political), 경제(Economical), 사회(Social), 기술(Technological), 법(Legal), 환경(Environmental)을 의미한다. 이때 사회는 Social 부분에 Culture(문화)를 포함하여 분석하고, Legal 부분에 Law(규정)를 포함 분석하여 사회전반의 것을 아우른다.[3]

PESTLE은 기업입장에서 볼 때 2가지의 기본적 기능을 제공해준다. 첫째, 우리회

---

1) Aguilar F. J.(1967). Scanning the Business Environment, Macmillan.
2) Yüksel, I.(2012). Developing a multi-criteria decision making model for PESTEL analysis, *International Journal of Business and Management*, 7(24).
3) 구병모(2017). 전략경영의 이해와 활용, 서울: 박영사.

사가 소속한 산업이나 업종을 둘러싸고 있는 환경을 정의할 수 있다. 둘째, 기업이 불확실한 미래의 상황과 환경을 예측할 수 있는 데이터나 정보를 제공한다. 이는 [그림 4-2-1]과 같이 보통 5단계를 통하여 필요한 내용을 분석해낸다.

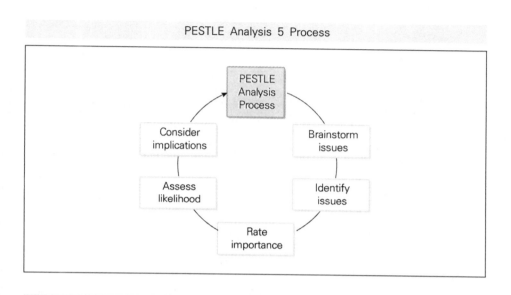

PESTLE Analysis 5 Process

단계별 핵심내용	
1단계	조직에서 제어할 수 없는 외부의 핵심이슈를 목록화(Key issue list-up)한다.
2단계	각 이슈에 대한 시사점을 광의측면으로 정의한다.
3단계	조직입장에서 광의 이슈에 대하여 상대적 중요도순으로 정리한다. 예 Critical, Extensive, Important, Significant, Moderate 등
4단계	3단계의 이슈를 발생 가능순으로 정리한다. 예 Certainty, Extremely likely, Potential, Remote possibility, Will not transpire 등
5단계	4단계까지 정리된 이슈를 조사하여 요약한다.

[그림 4-2-1] PESTLE 분석 5단계

거시환경분석기법을 이용한 전략방향 도출은 Issue tree기법을 이용하여

Issue를 정리요약하여 전개해나가며 마지막 순서에서 목표로 하는 전략 방향을 도출해낸다. 이후 도출된 전략 방향은 영업사업계획에 반영하여 다른 부서에서 도출된 인자들과 VCM(Value chain management; 가치사슬관리) 측면에서 상호 시너지를 낼 수 있도록 실행전략을 수립하여 영업부서 및 영업맨별로 실행하게 된다.

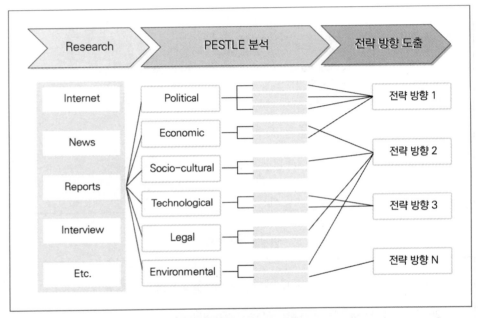

[그림 4-2-2] PESTLE을 활용한 전략 방향 도출 Frame work

아울러 각 단어의 머리글자를 조합하여 구성된 PESTLE의 분석대상(또는 요인)을 설명하면 다음과 같다.

- P(Political; 정치): 민영화, 산업구조조정, 좌우파의 정책성향, 여론 등
- E(Economical; 경제): 환율, 금리, 무역수지, 신용경색 정도, 가계부채, 가처분소득, 인플레이션 증가 및 감소율, 경기성장률, 소비수준 등
- S(Socio-cultural; 사회, 문화): 인구통계, 사회문화, 문맹률, 교육수준, 고령화 정도, 라이프 스타일(AIO[4]), 행동양식, 규범, 사회전반의 가치, 나이, 지역별 인구분포도, 인구이동 등
- T(Technological; 기술): 디지털통신, 생명공학, 바이오공학, 물류공학, 에너지 및 의학, 지적 재산권, 신기술개발 등
- L(Legal & law; 법, 규정): 탈규제화, 시장자율경쟁, FTA, 법률의 일몰 등
- E(Environmental; 환경): 기후변화, 대기오염, 지구온난화, 자원고갈, 미세먼지, 공해 등.

---

4) 소비자 개개인들이 보여주는 Activity, Interesting, Opinion을 의미한다.

2-2 SWOT

SWOT 기법은 알버트 험프리(Albert S. Humphrey)가 Stanford Research Institute(현재의 SRI International)에 근무할 때 그가 만든 기획팀에서 개발한 SOFT 분석 이후에 여러 단계를 거쳐 개발된 것으로 자사 조직 내의 강점과 약점을 정의하고, 외부의 환경에서 기회와 위협을 정의하여 분석된 요인들을 전략으로 개발하여, 강점은 육성하고, 약점은 제거하여 기회와 위협을 이용하는 전략기법이다. 이는 TOWS Matrix로 확장 분석하여 시장세분화 전략, 시장다각화 전략, 전략 방향의 구체화 등에 폭넓게 활용되는 기법으로 1960년대부터 현재까지 지속적으로 애용되는 전략 기법의 ABC이자 가장 대중적으로 활용되고 있다.

SWOT 또한 PESTLE과 같이 해당 단어의 머리글자를 조합하여 만들어진 단어로 이를 이루는 4개 단어(요인)와 각 단어를 분석하기 위한 구성 요소는 아래와 같다. 화살표를 기준으로 위에 위치하는 강점과 약점은 자사 내부, 아래에 위치하는 기회와 위협은 자사 밖의 시장에서를 구분하는 기준이다.

Strengths (강점)	Weaknesses (약점)
• 제품 및 기술 • 브랜드 자산 • 유통채널 • 가격 • 기타 기업내부 조직의 인·물적 자산 및 유·무형 자산의 강점	• 제품 및 기술 • 브랜드 자산 • 유통채널 • 가격 • 기타 기업내부의 인·물적 자산 및 유·무형 자산의 강점
Opportunities (기회)	Threats (위협)
• 시장성장률 • 경쟁강도 • 경쟁의 수 • 기타 기업외부 환경에서 기업이 가질 수 있는 기회	• 시장성장률 • 경쟁강도 • 경쟁의 수 • 기타 기업외부 환경에서 기업이 처할 수 있는 위협

Tows matrix는 SWOT을 구성하는 4개 요인인 S·W·O·T를 각각 조합하여 하나의 발등에서 발가락이 뻗쳤듯이 환경을 극복하기 위한 새로운 전략인 공격전략, 전환전략, 다양화전략, 방어전략 등을 도출해낸다는 의미에서 Tows matrix라 하는데 공격전략인 SO는 내부의 강점인 Strengths와 외부의 기회인 Opportunities를 조합하여 도출된 것이고, 다양화전략인 ST는 내부의 강점인 Strengths와 외부의 위협인 Threats를 조합한 전략이다. 전환전략인 WO는 내부의 약점 Weakness와 외부기회인 Opportunities를 조합한 것이고, 방어전략인 WT는 내부의 약점인 Weakness와 외부의 위협인 Threats를 각각 조합(Matrix)하여 만들어진 전략이다.

구분	Strengths	Weaknesses
Opportunities	SO strategies (공격전략)	WO strategies (전환전략)
Threats	ST strategies (다양화전략)	WT strategies (방어전략)

• SO strategies : 강점을 기회로 활용하여 공격전략을 수립
• WO strategies : 기회로 약점을 극복하여 위기전환전략을 수립
• ST strategies : 강점으로 위협을 극복할 수 있는 다양화전략을 수립
• WT strategies : 약점과 위협을 최소화할 수 있는 방어전략을 수립

영업맨이 현장에서 SWOT 분석을 하고자 한다면 아래의 팁1, 팁2, 팁3 순서를 따라서 한다면 어렵지 않게 원하는 결과를 도출해낼 수 있을 것이다.

TIP 1   SWOT 환경변화 요인의 속성 분석방법

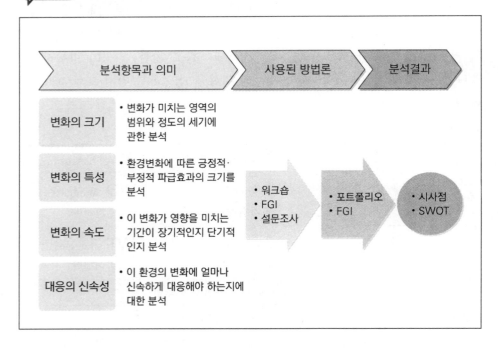

TIP 2 SWOT 매트릭스 작성방법

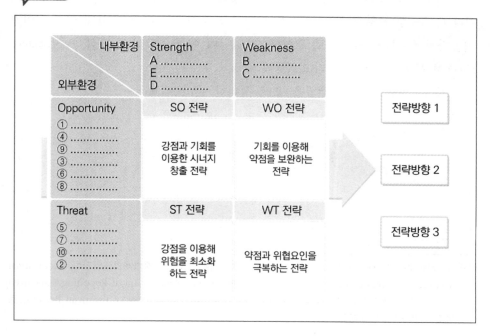

[강점·약점 도출]

내부환경 요인	매우 열세	열세	보통	우수	매우 우수
A					O
B	O				
C			O		
D				O	
E					O

SW ⑧

[SWOT 매트릭스]

Strength	Weakness
• A.............. • E.............. • D.............. • •	• B.............. • C.............. • • •

[기회(위협)요인 도출]

강함	①④	⑦	③		
	⑤	⑩		⑥	
보통	⑨				
약함	⑧				②

단기 중기 장기

OT

• ①.............. • ④.............. • ⑨.............. • ③.............. • ⑥.............. • ⑧..............	• ⑤.............. • ⑦.............. • ⑩.............. • ②..............
Opportunity	Threat

TIP 3 SWOT 환경변화 요인의 속성 분석방법

내부환경 외부환경	Strength A .... E .... D	Weakness B .... C	
Opportunity ① .... ④ .... ⑨ .... ③ .... ⑥ .... ⑧	**SO 전략** 강점과 기회를 이용한 시너지 창출 전략	**WO 전략** 기회를 이용해 약점을 보완하는 전략	전략방향 1 전략방향 2
Threat ⑤ .... ⑦ .... ⑩ .... ②	**ST 전략** 강점을 이용해 위험을 최소화 하는 전략	**WT 전략** 약점과 위협요인을 극복하는 전략	전략방향 3

재무제표

프로영업맨 또는 영업달인이라면 최소 수개월, 길게는 몇 년의 노력으로 유치한 고객사와 거래한 결과가 악성매출채권으로 남거나 이익에 기여를 못 하는 우를 범하게 하지는 않을 것이다. 나무 위가 지상보다 자연스럽고 편한 생활이 가능한 원숭이도 나무에서 떨어진다고 하였던가. 프로이고 달인 영업맨이거나 곧 이루어낼 독자와 함께 재무제표에 대하여 리뷰하고자 한다. 리뷰의 시간을 통하여 고객사와 계약 전을 분석해보고 거래 중을 분석하여 미수금이 없는 영업맨, 앞에서 부유하고 뒤에서 손해보지 않는 영업맨이 되자.

재무제표는 기업의 재무상태를 파악하기 위해 회계원칙에 따라 간단하게 표시한 재무보고서를 말한다. 일반적으로 재무상태표, 손익계산서, 자본변동표, 현금흐름표와 주기 및 주석을 재무제표로 정의하는데 본 책에서는 재무상태표와 손익계산서만 설명한다.

2-3-1. 재무상태표

재무상태표(Statement of Financial Position)는 일정시점에서의 대상 기업(고객사라 하여도 좋다)의 자산, 부채, 자본 현황을 보여주는 재무의 상태표이다. 여기서 「자사＝부채＋자본」으로 표현할 수 있는데 이를 재무제표 등식, B/S(Balance Sheet)[5] 등식, 회계등식이라고 한다.

자산, 부채, 자본의 개념을 표로 정리한 것이 <표 4-2-1>이다.

---

5) Balance Sheet는 대차대조표를 의미한다. 이는 EU주관의 IASC(국제회계기준위원회, International Accounting Standards Committee)가 공표한 IFRS(International Financial Reporting Standards)가 국내에 본격 도입되기 시작한 2007년 이후 재무상태표(Statement of Financial Position)로 명칭이 바뀌어 사용되고 있다.

📖 〈표 4-2-1〉 자산, 부채, 자본의 개념

구 분	개 념
재무상태표	• 일정시점의 재무상태를 보여주는 재무제표
재무상태표 등식	• 자산 = 부채 + 자본 (회계등식, B/S등식)
자산(Asset)	• 과거 거래나 경제적 사건의 결과 현재의 기업실체에 의해 지배됨 • 미래에 경제적 효익(Economic Benefit)을 창출할 것으로 기대되는 자원
부채(Liability)	• 과거 거래나 경제적 사건의 결과 • 현재의 기업실체가 부담하고 있는 의무 • 미래 경제적 효익의 희생을 초래
자본(Equity)	• 순자산(자산에서 부채를 차감한 잔액) 또는 소유주 자본(Owner's Equity) • 자산에 대한 소유주의 잔여 청구원
자본금	• 발행주식에 액면금액을 곱한 것(발행주식 수×액면금액)
자본잉여금	• 주식발행 시의 액면금액 초과금액
이익잉여금	• 법정적립금(법적으로 정한 적립금), 임의적립금(주총에서 임의로 정한 적립금), 미처분이익잉여금(당기순이익, 즉 순이익이 적립된 배당금 등 용처(用處)로 배분되기 전 금액)

현장에서 혼돈되고 정리가 쉽지 않은 것 중의 하나가 차변과 대변에 오는 항목들이다. 본 장에서 일목요연하게 정리해본다.

📖 〈표 4-2-2〉 자산, 부채, 자본의 구성 계정과목과 위치

재 무 상 태 표	
차 변 (左側 位)	대 변 (右側 位)
자 산	부 채
현금 및 현금성 자산 단기투자자산 매출채권 재고자산(상품, 제품) 장기투자자산 유형자산 무형자산 기타 비유동자산 자산총계	매입채무 장기차입금 부채총계
	자 본
	자본금 이익잉여금 자본총계 자본 및 부채총계

2-3-2. 손익계산서

재무상태표가 일정시점의 재무현황에 대한 정보를 알 수 있는 것이라면, 손익계산서(Income Statement 또는 Profit and Loss Statement)는 일정기간의 수익과 비용에 대한 경영성과를 알 수 있는 것이다.

먼저 손익계산서에 빈도 높게 사용되는 용어의 개념을 짚어본다. 설명한 바와 같이 손익계산서는 일정기간의 수익과 비용의 이익정보를 보여주는 경영성과표이다. 포괄손익계산서는 기타포괄손실 및 총포괄손실까지 보여주는 손익계산서이다. 수익(Revenue)[6]은 재화의 판매, 용역의 제공으로 기업이 받는 대가로 경제적 효익의 유입이다. 제조업체에서는 매출(액), 금융업체에서는 영업수익으로 기표한다. 이는 영업활동으로 발생된 영업수익과 영업이외의 것으로 발생된 영업외 수익으로 구분한다.

수익의 반대인 비용(Expense)은 제품이나 상품의 생산, 용역을 생산하기 위하여 지불되는 대가로 경제적 효익의 유출을 말한다. 비용은 영업비용, 영업외 비용, 법인세 비용이 있고 예로는 매출원가, 감가상각비, 이자비용 등이 있다.

영업맨이라면 반드시 알아야 할 것이 매출액, 매출액에서 매출원가를 뺀 것이 매출 총이익, 매출 총이익에서 판관비(판매비와 관리비)를 뺀 것이 영업이익, 영업이익에서 영업외 수익을 더해주고 영업외 비용을 뺀 것이 법인세 차감 전 이익(또는 차감 전 순이익)이고 법인세를 뺀 것이 당기순이익이라는 것이다.

이미 <표 4-2-2>에서 차변과 대변에 들어갈 계정과목이 무엇인지 리뷰하였다. 아래의 <표 4-2-3>에서는 차변과 대변에 증가와 감소를 가져오는 것이 무엇인지 구체적으로 기술하여 이해를 도왔다.

---

6) 보통 수익(收益, Revenue)과 이익(利益, Profit)을 혼용 또는 혼동하는 경우가 있는데, 설명한 바와 같이 수익하면 대표적인 것이 매출이라 생각하고, 이익하면 매출(액)에서 비용을 뺀 것을 이익으로 기억하면 확실한 구분이 될 것이다(수익-비용=이익, 총매출-총비용=순이익).

📖 〈표 4-2-3〉 수익과 비용의 구성와 주요 계정과목의 위치

구성	위치	
I. 매출액	차변(左側 位)	대변(右側 位)
II. 매출원가		
III. 매출총이익(또는 매출총손실)	자산의 증가	자산의 감소
IV. 판매비와 관리비	부채의 감소	부채의 증가
1. 급여	자본의 감소	자본의 증가
2. 임차료	비용의 발생	수익의 발생
3. 접대비		
4. 감가상각비		
V. 영업이익(또는 영업손실)		
VI. 영업외 수익	• 회계등식 또는 B/S등식이라 불리는 재무상태표 등식의 차변과 대변의 위치와 동일하다.	
1. 이자수익		
2. 임대료수익	• 회계거래 8요소의 위치는 T계정에 분개했을 때의 위치이다.	
VII. 법인세비용 차감 전 순이익		
IX. 법인세 이용		
X. 당기순이익(또는 당기순손실)		
XI. 기타포괄이익(또는 기타포괄손실)		
XII. 총포괄이익(또는 총포괄손실)		

자산, 부채, 자본, 비용, 수익 등을 계정[7]이라 하고, 기업의 재산 및 자본에 변동을 미치는 것으로 금액으로 계산 가능한 사실을 말하는데 이 중 핵심적인 8개를 회계거래의 8요소라 한다.

---

[7] 계정(計定, Account)은 거래의 발생으로 기업의 자산, 부채, 자본의 증감 및 수익과 비용의 발생을 명확화하기 위하여 설정된 회계의 최소단위를 말한다. 계정에 구체적인 명칭을 부여한 것을 계정과목이라 한다.

CHAPTER 03

B2C 물류 주요용어

영업사원은 무엇으로 승부를 걸어야 할까?

한때는 달변의 언어기술, 미봉책에 강한 처세술 등이 영업맨에게 요구되거나 또는 갖추어야 할 역량이었던 것이 사실이다. 요즘은 어떨까? 언어기술과 처세술도 필요하다. 그러나 더 확실하게 고객사에 먹히는 것은 전문성이다. 어느 업종의 기업이든 조직도를 통하여 각각의 전문부서가 있음을 어렵지 않게 확인할 수 있다. 각각의 전문부서에서는 영업, 운영, 회계, 인사, 생산 등등을 담당하고 담당하는 인력은 해당분야의 경험자 및 전문가들이다. 그렇다면 영업맨은 영업분야만 알면 되는 것일까? 답은 '아니다'이다. 영업에서 남들보다 앞서가려면 제조단계와 원가를 알아야 한다. 운영과정과 프로세스를 알아야 한다. 규모의 경제실현과 비실현일 때의 단위당 원가를 알아야 한다. 국내 및 해외의 영업분야 트렌드를 알아야 한다.

영업맨은 조직에게 끊이지 않는 먹거리를 제공해주고 지속적인 생산을 하게 하여 경제활동을 풍요롭게 하는 최정예 사원만이 할 수 있는 전문분야이다. 영업달인이 되려면 언어기술, 미봉책에 능한 처세술보다 고객사가 원하는 것을 찾아 Needs를 충족시켜줄 수 있어야 한다. 고객사의 고객을 유지하고 재구매는 물론 신규창출에도 공헌한다는 확신을 주어야 한다. 그리고 이러한 것들을 일목요연하고 구체적으로 보여주어야 한다. 이것이 컨설팅 영업이고 프레젠테이션 영업이다.

본 장에서는 영업맨들을 더 전문적이고 더 신뢰받을 수 있게 할 수도 있는 영업전장에서, B2C 영업현장에서 흔히 회자되는 주요용어를 정리하여 소개하니 많은 활용이 있기를 바란다.

ADSL(Asymmetric Digital Subscriber Line); 비대칭디지털가입자회선방식의 초고속 통신 방식

ADSL은 현행 전화선이나 전화기를 그대로 사용하면서도 고속데이터통신이 가능할 뿐 아니라 데이터통신과 일반 전화를 동시에 이용할 수 있는 것이 특징이다. ISDN(Integrated Service Digital Network; 종합정보통신망)도 ADSL과 같은 초고속 통신 방식의 일종인데, ADSL에 비해 속도가 떨어지는 단점이 있다. 대부분의 경우 택배대리점과 본사 간의 통신을 위해 ADSL을 채택하고 있으며, Call Center 재택 근무자와 본사 간의 통신방식으로도 활용하고 있다.

ARS(Audio Response System/Automatic Response Service); 음성자동응답 시스템

ARS는 Audio Response System 또는 Automatic Response Service의 약어로 음성응답 시스템을 말한다. 물류정보(출고정보, 신제품정보)를 고객들에게 ARS로 서비스하고 있으며, 주요 고객에게는 ACS(Auto Calling System)서비스도 제공하고 있다.

ASP(Application Service Provider); 애플리케이션 서비스 제공업체

ASP는 소프트웨어 기반의 서비스 및 솔루션들을 중앙 데이터 센터로부터 광역통신망을 통해 고객들에게 배포하고 관리하는 회사이다. 본질적으로, ASP는 자신들의 정보기술 수요의 일부 또는 거의 전부를 아웃소싱하려는 회사들을 위한 방안이다. ASP는 단순히 애플리케이션 소프트웨어를 패키지화하여 판매하는 것이 아니라, 웹에 띄워 일정 비용만 내고 빌려 쓸 수 있도록 하는 일종의 애플리케이션 아웃소싱으로 이해하면 무리가 없다.

ASRS(Automated Storage and Retrieval System); 자동 창고

컴퓨터의 지시에 따라 로케이션 지정 및 입출고 지시가 내려질 수 있도록 설계되어 있다.

ATP(Available to promise)

고객의 주문에 대해 납품을 약속할 수 있는 재고를 의미하며, ERP의 주요 요소 중의 하나이며, 고객서비스를 위해 도입되어야 할 선진 주문 방식의 하나이다.

B2B(business-to-business; e-biz); 기업 간 상거래

B2B는 기업과 소비자 간이 아닌, 기업과 기업 간에 이루어지는 제품이나 서비스 또는 정보에 관한 거래를 말하며, 공동물류(3PL 또는 TPL)도 광의의 B2B에 해당된다. 협의의 의미로 B2C(business-to-consumer, or business-to-customer)는 인터넷상에서 공급자와 실소비자 간에 행해지는 소매형태의 전자상거래를 말한다.

그러나 B고객의 물량을 개인고객, 즉 C에게 delivery하는 모든 거래를 B2C라 칭하며, 홈쇼핑물량이 대표적인 B2C 거래이다.

Batch; 일괄 작업

컴퓨터에서 batch, 즉 일괄 작업은 사용자의 추가적인 개입 없이 실행되는 프로그램으로 PC에서 프린트 출력, 웹사이트 로그 분석, 주기적으로 계산처리하는 회계결산이나 급여작업 등이 이에 해당한다.

Before Sales Service/After Sales Service/Happy Call

BS, AS라고 흔히 쓰이며, 의미 그대로 판매활동 이전에 이루어지는 고객 서비스 활동과 이후에 이루어지는 고객서비스 활동을 의미한다. 또한 고객지원팀과 Call Center에서 사전 고객 니즈나 클레임 파악을 위해 BS활동을 하고 있으며, AS활동으로는 Happy Call제도를 시행하고 있다. Happy Call은 판매활동이 이루어진 후 고객의 만족도 조사 활동으로 주로 전화나 설문조사 방식이 활용되고 있다.

Benchmarking

목표가 되는 선진기업이나 산업의 기업활동 방식을 조사, 연구, 분석하여 기업활동의 개혁, 개선의 지표로 삼는 활동을 말한다.

BPR(Business Process Reengineering); 업무 프로세스 진단 및 재설계

BPR(Business Process Reengineering; 업무재설계)은 새로운 환경에 적합한 효율적인 업무 처리의 흐름을 만드는 것을 말하며, 기업 또는 핵심적인 업무 프로세스에 대한 근본적인 사고의 전환과 급진적인 재설계(Redesign)를 내포하고 있다. 핵심적인 프로세스를 고객 지향적으로 최적화하며, 효율성을 제고하여 기존의 것과는 완전히 다른 새로운 구조를 정립하는 과정을 의미한다.

CALS(Commerce at Light Speed); 광속의 전자상거래

CALS는 군 관련 문서들과 정보들을 전자적으로 관리하고 보관하려는 시도에서 시작되었으며, 문서를 전자화하여 공간절약과 정보검색의 신속화를 지향하였는데, 이것이 페이퍼리스(paperless) 운동의 시작이다.

CEO/CIO/CFO

- CEO(Chief Executive Officer): 대표이사
- CIO(Chief Information Officer): 기업의 정보담당 총괄 임원
- CFO(Chief Finance Officer): 기업의 자금담당 총괄 임원

CIM(Computer Integrated Manufacturing); 컴퓨터 통합생산시스템

CIM은 컴퓨터 통합생산시스템을 말하며 제조업에 있어 수주로부터 설계, 제조, 출하에 이르는 모든 기능·공정을 컴퓨터로 통합·수용해 이들 공정·업무를 효율화하여 전략적인 경영을 가능하게 하는 시스템이다.

클라이언트/서버(Client/Server)

클라이언트/서버는 두 개의 컴퓨터 프로그램 사이에 이루어지는 역할 관계를 나타내는 것이다.

클라이언트는 다른 프로그램에게 서비스를 요청하는 프로그램이며, 서버는 그 요청에 대해 응답을 해주는 프로그램이다. 클라이언트/서버 개념은 단일 컴퓨터 내에서도 적용될 수 있지만, 네트워크 환경에서 더 큰 의미를 가진다. 네트워크상에서 클라이언트/서버 모델은 여러 다른 지역에 걸쳐 분산되어 있는 프로그램들을 연결시켜주는 편리한 수단을 제공한다.

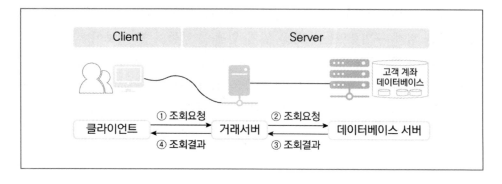

Courier/Sample

국제 택배사업에 있어서 Courier는 상업용 서류를 비행기를 이용, 빠르게 delivery하는 사업분야를 일컫고, Sample은 상업용 샘플류 등의 delivery를 칭한다. 국제 Courier Express Delivery는 DHL이 세계 1위이며, UPS, Fedex 등도 강세를 보이고 있다.

C/S환경/Host

C/S환경이란 위에서 설명한 Client/Server환경으로 설계된 프로그램을 말한다. Host란 한기업의 주전산시스템으로 모든 정보가 취합되어, 저장되는 대용량의 하드웨어를 말한다.

Cross-dock/Flow thru

물류 출고방법의 일종으로 Cross-dock은 어떤 물량이 물류센터에 입고되어 다른 물량과 혼재(Re-Packing)작업을 거쳐 출고되는 경우를 칭하고, Flow thru는 입고 후 물류센터에서 다른 부가작업 없이 출고되는 경우를 말한다. 재고 보관 없이 효율적인 물류수행을 할 수 있으므로, 광역센터와 자센터, OEM제품, 3PL 고객의 물량출고 등에 널리 활용되고 있다.

CRM(customer relationship management); 고객관계 관리

CRM은 기업이 잘 정리된 방법으로 고객관계를 관리해나가기 위해 필요한 방법론이나 소프트웨어 등을 지칭하는 정보산업계 용어로서, 대개 인터넷 서비스 기능을 가지고 있다. 예를 들면, 기업은 관리계층이나 판매사원들이 서비스를 제공하기 위하여, 자기 고객들에 대한 관계를 설명해줄 수 있을 만큼 충분히 자세한 데이터베이스를 구축할 수 있을 것이며, 심지어 고객이 요구하는 제품계획과 매출을 부합시키고, 고객의 서비스 요구를 상기시키며, 그 고객이 다른 어떤 제품을 함께 구입했었는지 등을 알기 위해, 고객들이 그 정보에 직접 액세스할 수 있도록 할 수도 있을 것이다. CRM 구축은 최근 기업들이 경쟁적으로 구축하고 있는 선진 시스템으로 CRM 구축을 위해서는 ERP, Data Warehouse 등 기간시스템 구축이 통상 선행되고 있다.

CSP(1)/Commerce Service Provider/상거래 서비스 제공자

전자상거래를 Back-bone으로 지원해주는 인증, 물류, 웹호스팅 등의 서비스를 제공하는 회사와 기관을 말한다.

CSP(2)/Contents Service Provider/콘텐츠 서비스 제공자

인터넷 사이트 등에 제공하는 내용물(기사, 사진, 자료) 등을 제공하는 서비스업자이다.

CTI/Computer Telephony Integration

CTI란 컴퓨터와 전화시스템을 통합하여 고객서비스를 향상시키는 Call Center용 솔루션이다. GLS고객지원팀에 도입되어 있으며, 전화접수와 동시에 고객화면에 Pop-up, Call과 Data의 동시 Transfer, 고객 Call의 경로 지정 등 여러가지 기능이 활용되고 있다.

CTI/Computer Telephony Integration

CTI란 컴퓨터와 전화시스템을 통합하여 고객서비스를 향상시키는 Call Center용 솔루션이다. GLS고객지원팀에 도입되어 있으며, 전화접수와 동시에 고객화면에 Pop-up, Call과 Data의 동시 Transfer, 고객 Call의 경로 지정 등 여러 가지 기능이 활용되고 있다.

Cut-off Time

주문 마감시간을 말하며, B고객의 경우 Cut-off time의 연장은 영업확대 및 고객 서비스 향상에 상당한 효과가 있어 Cut-Off Time 연장을 위한 노력들이 계속되고 있다.

CVO(Commercial Vehicle Operation) 방식

무선 핸드폰을 이용해서 차량이나 화물의 위치를 추적하는 방식으로 인공위성을 이용한 GPS에 비해 지역적 정확도는 떨어지나, 비용이 저렴한 것이 장점이다.

Database 영업

고객 수주, 배달, 클레임 정보 등을 축적, 분석, 가공하여 영업활동에 활용하거나, D/B 자체를 상품화시키는 활동이다. 인터넷 기술의 발달로 선진국에서는 고부가가치 상품 및 서비스 향상 수단으로 각광받고 있다.

Data Mining; 데이터 마이닝

데이터 마이닝은 Database 영업을 위해 Data Warehouse에 저장된 Data를 분석 가공하여 중요한 영업지표나 상품으로 사용할 수 있도록 하는 것이다.

Door to door

Door to door는 문전에서 문전까지 배달이라는 의미로 국내에서는 택배 C2C 영업에서 고객 서비스의 화두로 사용되고 있다. 세계 유수의 택배업체인 UPS, Fedex, DHL 등은 door to door 서비스를 하고 있지 않다.

DW(Data Warehouse); 데이터 웨어하우스

데이터 웨어하우스란, 기간시스템의 데이터베이스에 축적된 데이터를 공통적인 형식으로 변환하여 일괄 관리한 데이터베이스를 말한다. 데이터 웨어하우스는 주요 의사·결정·자원 등 정보계시스템에 사용하며 저장 및 분석, 방법론까지 포함하여 말하는 경우도 있다. Data Mining, Database 영업이라는 용어가 동시에 사용되고 있으며, ERP 도입 기업들이 2단계로 구축하는 것이 DW이며, 궁극적으로 CRM(Customer Relationship Management)을 구축을 지향하고 있다.

DPS(Digital Picking System); 전자피킹시스템

피킹 물량을 디지털로 표시하여 피킹 리스트 없이 신속하고, 정확하게 피킹할 수 있도록 도와주는 시스템으로 낱개 피킹(화장품, 약품 등)에 널리 쓰이고 있는 시스템이다.

EAN code(European Article Number)

바코드는 판매시점에서 정보관리를 통한 단품과 재고관리는 물론 물류 과정의 효율화를 위한 기본 수단이며 국제적으로 표준화된 바코드를 사용하고 있다. 표준화된 바코드를 'EAN'이라고 부른다. EAN에는 두 가지가 있는데, 첫째는 EAN−13이고, 또 하나는 EAN−14라는 것이다. EAN−13은 개별상품에 부착하는 표준 바코드이고, EAN-14는 BOX 단위에 부착하는 표준 바코드이다. 국내에서는 Korean EAN-13, Korean EAN-14를 줄여서 KAN-13, KAN-14라고 불리고 있다.

EC(Electronic Commerce); 전자상거래

전자상거래(electronic commerce)는 인터넷이나 PC통신을 이용해 상품 등을 사고파는 행위를 말하는 것으로 넓은 의미로는 컴퓨터 통신망을 통해 이루어지는 상품 및 서비스 구매나 발주 광고 활동 등이 모두 포함된다.

ECR(Efficient Customer Response)/QR(Quick Response)

ECR은 1980년대 말, 미국 의류업계의 QR(Quick Response)과 도소매업계의 EDLP(Every Day Low Price)개념을 통합한 개념으로 시작되었다. ECR(Efficient Customer Response)이란 상품의 제조생산으로부터 유통, 도소매를 통한 판매에 이르기까지 전 과정을 일관된 흐름으로 보고, 각 단계의 관련 기업들이 공동참여를 통해 총체적으로 경영효율을 개선하여 보다 낮은 비용으로, 보다 빠르게, 보다 나은 소비자 만족을 달성하는 데 초점을 둔 공급경로(Supply Chain)의 효율을 극대화한다는 전략이다. 즉 QR(quickresponse)의 개념을 가공식품과 잡화 부문에 응용한 정보시스템으로 유통정보시스템에서 불필요한 비용을 줄이고 소비자의 요구에 보다 신속하게 대응하기 위한 전략적 정보기법이다. 전체 유통공급망이 시간과 비용을 최소화하는 동시에 소비자에 대한 서비스를 개선하려는 것이다.

E-Catalog

전자문서화된 카탈로그를 의미하며, EC업체들의 Sourcing을 지원한다. 선진국에서는 전자 카탈로그의 표준화를 널리 도입하고 있으나 국내에서는 아직 구체화되지 않고 있다.

E-Fulfillment/Fulfillment

Fulfillment는 Order Fulfillment의 의미로 협의로는 물류센터에서 발생되는 Pick, Pack, Kit 등의 행위를 말하며, 광의로는 고객의 Order 수행에 따르는 전체 물류활동을 의미한다. E-Fulfillment는 E-Tailer(EC 업체)의 주문에 의한 Fulfillment 활동을 의미한다. 이는 EC업체에 국한되지 않고 Third Party를 이용하여 아웃소싱하는 기업들에게 on-line, off-line을 포함한 전체 물류서비스 (Total Service Provider)를 제공하고, 인터넷 기술을 이용하여, 관련 시스템 간의 통합을 이루어 실시간 Tracking과 Visibility를 제공하는 사업 영역을 칭한다.

E-Marketplace

여러 기업의 구매자와 판매자가 필요한 제품이나 서비스를 최적의 조건으로 다양한 구매방식에 의해 사고팔 수 있도록 하는 인터넷 가상공간, 즉 기업 간의 전자상거래를 위한 사이버 장터를 의미한다. 기존에도 기업 간의 전자상거래는 이루어져 왔다. 그리고 앞으로도 그러한 거래는 지속적으로 이루어질 것이다. 하지만 새로운 패러다임은 그러한 1:1의 관계를 지원하기 위한 기업 내에 있는 운영시스템에서 벗어나 N:N의 관계를 지원하기 위해서 기업 외부에 독립적인 형태로 구축 운영되는 E-Marketplace를 통한 상호 시너지 효과에도 많은 기대를 하고 있다.

ERP(enterprise resource planning); 전사적 자원 관리

ERP란 제조업을 포함한 다양한 비즈니스 분야에서 생산, 구매, 재고, 주문, 공급자와의 거래, 고객서비스 제공 등 주요 프로세스 관리를 돕는 여러 모듈로 구성된 통합 애플리케이션 소프트웨어 패키지를 뜻하는 산업 용어이며 재무 및 인적자원을 위한 모듈 또한 포함되어 있다.

Express 상품

국제, 국내 택배상품 중 빠른 시간 내에 delivery하는 상품을 칭한다. 주로 국제 간 이동 상품을 비행기와 네트워크를 통해 1~2일 내에 delivery하는 국제 택배를 일컫는다.

FIFO(First-in First-out); 선입선출법/LIFO(Last-in First-out); 후입선출법

- FIFO(First-in First-out); 선입선출법: 물류센터 출고 시의 선입선출. 먼저 입고된 제품을 먼저 출고시킨다는 의미로 유효기간 등이 있는 식품류 등의 출고에 엄격히 적용된다.
- LIFO(Last-in First-out); 후입선출법: 후입선출. 최근 입고된 제품(물량)부터 먼저 출고시킨다는 의미로, 가격이 상승되고 있는 원부자재의 경우 이 출고원칙을 지켜 평균원가를 낮추는 효과를 얻을 수 있다.

Front-end/Back-end

우리말로 표현하면 전방과 후방을 나타내는 것으로서 사용하는 상황에 따라 의미의 차이를 가질 수 있다. 전자상거래 시스템에서 거론할 때는 인터넷 사용자에게 보여지는 Shopping Mall을 Front-end라고 한다.

4PL/3PL/2PL

- 1PL; 기업이 사내에 물류조직을 두고 물류업무를 직접 수행하는 경우로 이를 자사물류(first-party logistics, 1PL)라고 한다.
- 2PL; 기업이 사내의 물류조직을 별도로 분리하여 자회사로 독립시키는 경우를 자회사물류(second-party logistics, 2PL)라고 한다.
- 3PL; 제3자 물류(TPL, Third Party Logistics)의 정의에는 크게 두 가지 관점이 포함되어 있다. 첫째는, 기업이 사내에서 직접 수행하던 물류업무를 외부의 전문물류업체에게 아웃소싱한다는 관점이며, 둘째는, 전문물류업체와의 전략적 제휴를 통해 물류시스템 전체의 효율성을 제고하려는 전략의 일환으로 보는 관점이다. 계약에 의해 기업 전체의 물류를 최적화, 효율화하는 역할을 한다고 해서, Third Party가 아닌 Contract Logistics라고 하기도 한다.
- 4PL; 4PL(제4자물류)는 3PL에서 한 단계 더 발전한 개념으로 4PL이라는 용어를 처음부터 사용한 앤더슨 컨설팅사의 Trade Mark를 붙여서 사용하고 있다. 4PL은 3PL 공급업체, IT업체 컨설팅업체, 물류 솔루션업체들을 포괄적으로 연결하여 기업의 Supply Chain을 통합 관리하는 서비스를 제공해주는 역할을 한다. 즉, 한 기업이 제3자에게 물류대행을 위탁할 때, 3PL업체 IT업체 등을 각각 접촉, 솔루션을 찾는 것이 아니라 4PL업체와 계약을 하면 4PL업체가 관련업체들을 연결, Total Service를 제공하는 것이다.

GPS(Global Positioning System); 위성 위치확인시스템

GPS는 1970년 초 미국 국방부가 지구상에 있는 물체의 위치를 측정하기 위해 60억 불을 들여 만든 군사 목적의 시스템이다. 그러나 오늘날에는 일부를 민간에게 개방하는 것을 전제로 미의회에서 승인되어 민간에서도 사용되고 있다. 주로 비행기, 선박, 차량의 항법장치에 전자지도(GIS)와 함께 GPS가 사용되고 있으며, 사람들이나 차량 등 이동체의 위치를 파악하는 데에도 사용된다. 또한 개인휴대용 GPS 수신기가 개발되어 미지 탐사나, 군 작전 시 자기 위치파악

에 이용되고 있다. 최근에는 휴대용 무선전화기 내에 GPS 수신기를 내장하는 것도 개발, 출시되었다.

GIS(Geographic Information System); 지리정보시스템

GIS는 Geographic Information System의 줄임말이다. GIS란, 지리공간 데이터를 수집 · 저장 · 분석 · 가공해 지형 관련(도로 · 교통 · 전신 전화 · 가스 · 상하수도 · 수자원 · 산림자원 · 지질 토양 등) 분야에 활용할 수 있는 지리정보시스템을 말한다.

HQ(Headquarters)/HO(Head Office)

본사를 칭할 때 사용되며, 물류에서 흔히 사용되는 Site라는 용어는 물류센터를 지칭한다.

Hub and Sub

택배사업에서 Hub터미널이란 전국의 물량을 한곳에 모아 각각의 지역으로 분배하는 중앙의 대규모 터미널을 말하며, 통상 Hub에서는 자동 분류기 (Sorter) 등 많은 화물을 신속하게 집하, 분류하는 시스템이 설치되어 있다. Sub터미널은 Hub로부터 물량을 받아 산하 영업소로 물량을 분배하거나 대리점 물량을 집하하여 Hub로 보내는 역할을 하는 지역 터미널을 말한다.

Inventory Turns; 재고회전율

Inventory Turns는 재고회전율을 의미한다. 물류센터효율을 측정할 때 사용되는 지표이며, 재고회전율이 높을수록 재고관리가 효율적으로 이루어진다고 할 수 있다. 재고회전율 계산은 연간 총출고량을 평균재고로 나눈 것이다.

재고회전율 = 총출고량/평균재고량

재고관리에서 안전재고는 재고유지비용, 원가, 기준수요 등을 감안하여 Stock-out(결품) 발생 없이 보유하는 재고수준을 말한다. 이와 관련하여 EOQ(경제적 발주량)도 많이 거론되는데, 이는 안전재고를 유지하면서 가장 효율적으로 최적화된 1회 발주량을 말한다.

ISP(Internet Service Provider); 인터넷서비스 제공자

ISP란 인터넷 서비스 제공자를 의미하며 Internet Service Provider의 줄임말이다. 인터넷 이용자들이 인터넷에 접속할 수 있도록 기능을 제공하는 회사와 기관을 말한다.

IT/Solution

> • IT(Information Technology): 정보시스템
> • Solution: 어떤 사안을 해결하기 위해 제공되는 정보시스템 패키지이나, 정보시스템이 아닌 다른 해결방안도 Solution이라고 할 수 있다.

JIT(Just In Time)

입하된 재료를 재고로 남겨두지 않고 그대로 사용하는 상품관리 방식이다. 즉 재고를 0으로 해 재고비용을 최대한 줄이기 위한 방식으로 재료가 제조라인에 투입될 때에 맞춰서 납품업자로부터 재료가 반입되는 이상적인 상태에 접근하려는 것이다. 이 방식은 일본의 도요타자동차의 생산방식으로 유명한데 제조공정의 시간을 단축하기 위해 필요한 재료를 필요한 때에 필요한 양만큼 만들거나 운반하는 것이다. 이를 간판방식이라고도 한다.

Key Account

매출, 수익 면에서 주요 대형 고객이다.

KIOSK(Directory Service Using Touch Screen)

지하철역, 편의점, 주유소 등에 설치된 PC를 통해 인터넷으로 기차표, 공연표 등을 예매하고, 쇼핑몰과 접속, 구매활동도 할 수 있도록 하는 시스템이다. Drop Point란 개인고객의 택배물량을 직접 pick-up하고 Delivery하지 않고 CVS, 취급점 등 Drop Point를 통해 Pick Up과 Delivery하는 것을 말한다.

KMS(Knowledge Management System); 지식관리시스템

지식관리시스템이란 조직 내의 인적자원들이 축적하고 있는 개별적인 지식을 체계화하여 공유함으로써 기업경쟁력을 향상시키기 위한 기업정보시스템이다. 지금까지 기업정보시스템은 기업 내외의 정형화된 정보만을 관리해왔다. 재

무, 생산, 영업 등 기업활동에서 발생하는 수치 데이터를 저장, 관리하는 것이 정보시스템의 역할이었고 실제 판단을 하고 의사결정을 내리는 것은 기업 내 인적자원이 수행하는 것이었다. 결국 의사결정의 주체인 인적자원이 떠나면 그가 갖고 있던 지식자원도 함께 떠나가고 기업의 지적자원이 소실된다는 관점에서 지식관리시스템이 출발했다. 인적자원이 개별적으로 보유하고 있는 지식은 비정형의 형태로 존재한다. 즉 기업 내 각 개인들은 자신의 지식을 각종 문서로 작성 보유하고 있으며 이를 바탕으로 관련 업무담당자와 의사교환을 하고 이러한 활동을 기반으로 최종 판단을 하게 되는 것이다. 따라서 지식관리시스템의 기본 개념은 인적 자원이 소유하고 있는 비정형 데이터인 지적자산을 기업 내에 축적·활용할 수 있도록 하자는 것이다.

Last Mile
개인 고객의 가정이나 사무실까지 택배물량을 배달할 때, 영업소에서 개인 고객 혹은 가정까지의 거리를 Last Mile이라고 한다. 이 구간은 비용이 많이 들고 까다로운 서비스를 요구하기 때문에 택배기업들의 가장 큰 부담이 되는 부분이다.

Leading Company
어떤 분야에서 앞선 기업이라는 의미이다.

Market Value
기업가치를 의미하며, 상장기업의 경우 총주식가치를 의미한다. 과거에는 매출 규모로 기업의 순위를 결정하였지만, 최근에는 상장 주식가치로 기업을 평가하고 있다.

MIS(Management Information System); 경영정보시스템
경영정보시스템은 기업경영의 의사결정에 사용할 수 있도록 기업 내외의 정보를 전자계산기로 처리하고 필요에 따라 이용할 수 있도록 인간과 전자계산기를 연결시킨 경영방식을 말한다. 경영 각 부문의 정보가 따로 처리되어 있으면 경영 전체의 정보를 정확하게 파악할 수 없기 때문에 일상적인 데이터 처리를 경영의 토털시스템으로 통합한 것이 MIS이다.

MRO(Maintenance, Repair and Operations)

MRO 사업의 주요 품목으로는 각종 설비의 정비·보수를 위한 자재(공구, 모터, 베어링 등 전기 자재와 각종 기계 부품)와 사무용 자재, 빌딩 관리에 소요되는 각종 기구 및 자재가 모두 포함될 만큼 광범위하다. 미국 등 선진국에서는 기업이 조달하는 자재와 서비스 중 원재료를 제외한 모든 간접 자재를 지칭하고 있다.

MOU(Memorandum of Understanding), LI(Letter of Intent)

두 개 이상의 기업이 공동의 프로젝트를 수행하기 전, 상호 비밀유지를 서약하고 상호협의할 분야를 사전협의 하기 위해 MOU 또는 LI를 체결한다. MOU나 LI는 기본적으로 법적 구속력이 없도록 체결된다.

Nego(Negotiation); 협상

Non Asset/Asset

자산보유 없는 기업운영 및 자산보유형 기업운영을 의미하며, 선진국 물류업체(3PL)는 Non Asset based Logistics, Asset based Logistics로 구분되는데, Non Asset은 정보시스템, 기술, 인력만 보유하고 창고, 차량 등은 Third Party로부터 조달되는 물류사업을 영위하는 것이며 CH Robinson이 대표적인 기업이다. Asset은 창고, 차량, 정보시스템을 보유하고, 물류사업을 영위하는 업체로 Non-Asset 대비 주식가치가 떨어지는 면이 있다. Rider, UPS, Fedex가 대표적인 Asset 기반 기업이다.

One-stop Service

고객이 전화든 방문이든 한곳과 연결이 되면 원하는 모든 서비스를 제공받을 수 있도록 서비스를 제공하는 것이다.

Point to point

택배운영에서 사용되는 용어로 물량이 집하된 거점에서 Hub터미널을 거치지 않고 목표거점이나 고객에게로 직접 보내는 방식이다. 반대되는 방식인 Hub and Spoke 방식에 비해 비용이 절감되나 규모의 물량이 확보되어야 활용될 수 있다.

POS(point of sale); 판매시점관리

POS란 판매와 관련된 데이터를 물품이 판매되는 그 시간과 장소에서 즉시 취득하는 것이다. POS시스템은 상품에 붙어 있는 바코드를 읽어 들이는 바로 그 시점에 재고량이 조정되고, 신용조회 등 판매와 관련되어 필요한 일련의 조치가 한 번에 모두 이루어지는 시스템이다. 이를 위하여 POS시스템은 바코드리더, 광학스캐너 카드리더 등이 계산대와 결합되어 있는 PC나 또는 특별한 단말기를 사용한다. POS시스템은 신용조회나 재고량 조정 등을 위해 중앙컴퓨터와 온라인으로 연결되거나 또는 일괄처리를 위해 주전산기에 전송되기 전까지 일일거래를 저장하기 위해 독립된 컴퓨터를 사용할 수도 있다.

PDA/바코드 PDA/HPC/HHT/RF/Terminal

- **PDA**: PDA(Personal Digital Assistants)는 미국 애플컴퓨터가 주창하여 개인정보통신 기기라고도 하며 그 외에도 휴대용 정보 단말기, 퍼스널 커뮤니케이터, 퍼스널 인포메이션 프로세서 등 다양하게 일컬어지고 있다. PDA는 손으로 쓴 정보를 입력할 수 있는 휴대형 컴퓨터의 일종으로 전자수첩처럼 개인의 정보관리나 일정관리 기능을 갖춘 한편 컴퓨터와의 정보교류, 팩시밀리 송신 등 무선통신 기능도 수행하는 휴대용 개인정보 단말기이다. 전자펜으로 액정화면에 글씨를 쓰면 PDA시스템이 이를 인식하여 액정화면 상에 표시되므로 컴퓨터에 대한 특별한 지식이 없어도 이용할 수 있다.
- **바코드PDA**: 바코드PDA(Barcode Personal Digital Assistants)는 바코드 스캔 기능을 내장한 정보단말기(PDA)를 말한다. 바코드PDA는 전용 핸디터미널보다 가격이 저렴할 뿐 아니라 개인 스케줄관리, 전자우편, 무선데이터통신 기능을 가지고 있어 개인 휴대단말기로도 이용할 수 있다. 바코드PDA는 기업시장을 겨냥하여 바코드 터미널의 한 분야로 떠오르고 있으며 일반 소비자뿐 아니라 현장에서 데이터를 수집해야 하는 영업, AS, 검침 요원 등을 중심으로 수요가 크게 늘어날 것으로 보인다.
- **HPC**: HPC(Handheld Personal Computer)는 윈도CE가 채용된 손바닥만 한 크기의 컴퓨터를 말한다. HPC는 데스크톱PC에서 사용할 수 있는 워드프로세서, 웹브라우저, 스프레드 시트 등의 소프트웨어를 그대로 사용할 수 있다.
- **HHT**: HandHand terminal은 휴대형 터미널이라고 부르며, 소형화되어 휴대가 간편하고 작은 출력기(액정화면), 입력기(키보드, 스캐너), 처리기(CPU) 등이

일체형으로 구성된 단말기를 말한다.

- RF-Terminal: 일반적으로 Handheld terminal에 Radio Frequency(무선주파수) 기능이 내장된 단말기로서 고주파수를 사용함으로 짧은 거리(수십 미터~수백 미터)의 무선통신용 Handheld terminal의 의미로 사용된다.
- Terminal: Terminal(터미널)은 사용자가 컴퓨터시스템을 이용하는 위치, 즉 컴퓨터의 관점에서는 최종 단말기 위치에 연결되어 동작되는 장치를 말한다. 터미널은 단말기 또는 컴퓨터 시스템의 가장 말단에 붙어있다는 뜻에서 종단기라고도 한다. 일반적으로 컴퓨터시스템에서 사용되는 단말기에는 사용자가 정보를 입력하고 컴퓨터에서 생성된 정보를 눈으로 볼 수 있도록 키보드와 모니터 등으로 구성되어 있다.

Picking, Packing, Loading, Replenishment, Shipping, Delivery, Returns, Inventory Management

피킹, 보장, 하역, 보충, 배송, 반품, 재고관리, 물류센터에서 발생되는 일련의 활동을 말한다.

PUD(Pick-up, Delivery)

PUD는 Pick-up/Delivery의 약어로 택배에서 사용된다.

RDC(Regional Distribution Center)/FDC(Front Distribution Center)

RDC는 FDC보다 큰 규모의 물류센터를 의미한다.

ROI/ROA/CFROI/△CVA

- ROI(return on investment); 투자 수익: ROI는 기업에서 정해진 자금의 사용에 대하여, 대체로 이익이나 비용절감 등 얼마나 많은 회수가 있느냐는 것을 말한다. ROI 추정은, 때로 주어진 제안서를 위한 비즈니스 사례를 계발하기 위해, 다른 접근방법과 함께 사용된다. 어떤 기업에 대한 전반적인 ROI는, 그 기업이 얼마나 잘 관리되고 있는지를 평가하는 방법으로 사용되기도 한다. 만약 어떤 기업이 시장점유율, 기반시설 확충, 매출 확장을 위한 배치, 또는 그 밖의 목적을 얻기 위한 단기 목표를 가지고 있다면, ROI는 오히려 지금 당장의 이익이나 경비 절감보다는, 이러한 목표들을 하나 이상 달성하는 형태로 평가될 수 있다.

- ROA(return on assets): 총자산순이익률(return on assets: ROA)은 총자본순이익률이라고도 부르며 순이익을 총자산(또는 총자본)으로 나눈 비율이다. ROA는 기업에 투자된 총자본이 최종적으로 얼마나 많은 이익을 창출하는지를 측정하는 비율로서 기업의 재무 및 경영성과를 종합적으로 일목요연하게 파악할 수 있는 대표적인 분석이다.
- CFROI(CASH FLOW RETURN ON INVESTMENT); 투자 현금흐름 수익률 혹은 현금흐름 수익률): 영업에 따른 현금흐름 대비 영업활동에 투자된 총투자의 함수로 계산되는 수익성 평가지표로서 현재 사업의 이익률 및 향후 기업가치를 판단할 때 사용되는 매우 중요한 지표이다.
- CVA(CASH VALUE ADDED): 기업이 영업활동에 따른 금액 기준의 실질적인 현금 부가가치로(CFROI−WACC(가중평균 자본비용) × 총투자로 계산된다.
- △CVA(DELTA CVA): 사업부의 성과 개선도를 측정하는 자료로서 전년 대비 CVA의 증분을 의미한다[=(당기 CVA−전기 CVA)].

Same day delivery/Next day delivery

주문당일배달/주문익일배달. 선진기업의 경우 Express 상품으로 Same day Delivery를 판매하고 있다.

SCM(supply chain management); 공급망 관리

SCM은 물자, 정보, 및 재정 등이 공급자로부터 생산자에게, 도매업자에게, 소매상인에게 그리고 소비자에게 이동함에 따라 그 진행과정을 감독하는 것이다. SCM은 회사내부와 회사들 사이 모두에서 이러한 흐름들의 조정과 통합과정이 수반된다. 효율적인 SCM시스템의 최종목표는 재고를 줄이는 것이라고도 말할 수 있다(필요할 때면 제품이 항상 쓸 수 있다는 전제하에). SCM은 제품 흐름, 정보 흐름, 재정 흐름의 세 가지 주요 흐름으로 나뉘어질 수 있다. 제품 흐름은 공급자로부터 고객으로의 상품 이동은 물론, 어떤 고객의 물품 반환이나 애프터서비스 요구 등을 모두 포함한다. 정보 흐름은 주문의 전달과 배송 상황의 갱신 등이 수반된다. 재정 흐름은 신용조건, 지불계획, 위탁판매, 그리고 권리 소유권 합의 등으로 구성된다.

Storefront Management

기업활동의 Value Chain(가치사슬)상에서 인터넷을 기반으로 서비스를 제공하는 것을 Storefront Management라고 한다. Web Site를 기획, 구축, 호스팅하는 서비스에서 인터넷으로 고객이 필요로 하는 정보(주문, 확인, 추적 등)을 실시간으로 제공하는 것은 물론, Credit Card 결제를 위한 조회 등도 포함이 된다.

Total Service Provider

재고관리, 배달이라는 한정된 범위의 물류서비스가 아니고 고객사의 Supply Chain을 관리하는 물류서비스를 제공하는 것이다. Total Service에는 주문대행, 구매대행, DB관리, 물류서비스 제공, 관련 정보시스템의 통합 등이 모두 포함된다.

TRS(Trunked Radio System); 주파수 공용 통신

TRS(Trunked Radio System, 주파수 공용 무선통신)은 무선 데이터통신의 한 방법이며 하나의 주파수를 여러 명의 이용자가 공동으로 사용하는 시스템이다. 저렴한 비용으로 가입자 간의 그룹통화, 개별통화와 같은 다양한 통신방법이 가능하나, 통화시간의 제한이 있고 같은 망의 가입자 이외의 불특정 다수와는 통신할 수 없는 단점이 있다.

VAN(Value Added Network); 밴/부가가치통신망

VAN은 Value Added Network의 약어로 부가가치통신망을 뜻한다. 부가가치통신망이란 공중전기통신사업자로부터 회선을 빌려 컴퓨터를 이용한 네트워크를 구성, 정보의 축적·처리·가공을 하는 통신서비스 또는 그 네트워크를 제공하는 사업을 말한다. VAN에 가입·이용하는 목적으로는 (1) VAN을 이용함으로써 이기종 호스트 컴퓨터 간 접속이나 단말기와의 접속 프로토콜변환을 네트워크 내에서 해 호스트 컴퓨터의 부하경감과 (2) 이업종, 이기업 간의 접속에 의한 뉴비즈니스의 발굴, (3) 데이터통신의 효율향상과 통신코스트의 절감, (4) 회선의 확장·변경 및 오퍼레이션 등의 운용관리를 VAN에 맡김으로써 얻어지는 부하와 코스트의 경감화 등을 들 수 있다.

VMI(Vendor Managed Inventory)

VMI 방식(Vendor Managed Inventory)은 모기업과 연관된 업체와의 재고, 면적운영, Delivery type cycle 등을 고려하여 상호 협의 후 관련된 업체에서 물류환경 요소를 검토하여 생산(출하)양만큼 보충 입고하는 개념을 말한다. VMI 방식이 지향하는 목표는 모기업의 재고를 최소화하고 납품업체의 재고를 모기업 내에 두고 운영하는 Store 및 재고관리방법의 일환이다. VMI를 구축하면 컴퓨터의 발주처리비용이 필요없게 되고, 상품의 리드타임단축과 대폭적인 재고삭감이 실현될 수 있다. 또 제조업과 도매업이 소매업의 점포에서 품절을 감소시키고, 그 제품의 매상을 증가시킬 수 있다. 또한 소매업으로부터 제품 파이프라인을 거슬러 전송되는 단품별 매상정보를 제조업과 도매업 측에서 시장분석, 상품기획, 단품별 매상예측 등에 이용함으로써 과잉생산과 과잉재고를 방지할 수 있다.

Warehousing

창고관리 업무를 총칭하며, 물량의 입고, 출하, 재고관리, 유통가공, 반품관리, 인보이스 생성 등이 포함된다.

WMS(Warehouse Management System)

창고관리시스템. 물류센터 내 일련의 활동을 정보시스템화시킨 패키지 상품을 말한다.

Web-based/Web site

Web-based란 용어는 인터넷 기반으로 이루어진다는 의미이다. Web-site는 기업의 홈페이지, 쇼핑몰에서 여러 기업들이 인터넷으로 필요한 정보를 실시간으로 공유할 수 있는 인터넷 기반의 Site까지 총칭한다.

XML(eXtensible Markup Language)

XML(eXtensible Markup Language)은 인터넷 웹을 구성하는 HTML을 획기적으로 개선한 차세대 인터넷 언어다. HTML의 확장 언어격인 XML은 홈페이지 구축 기능, 검색 기능 등을 향상시켰을 뿐 아니라 비즈니스에 필수적인 클라이언트 시스템의 복잡한 데이터 처리를 용이하게 하는 기능을 갖고 있다. 또한 인터넷 사용자가 웹에 집어넣을 내용을 작성, 관리하고 접근을 용이하도록 하는 포맷으로 되어 있다. 이 밖에 HTML은 웹 페이지에서 데이터베이스(DB)처럼 구조화된 데이터를 지원할 수 없는 반면 XML은 사용자가 구조화된 데이터베이스를 뜻대로 조작할 수 있다.

찾아보기

A~Z

ADSL / 299

Amazon Prime / 217

Approach / 283

ARS / 299

ASP / 299

ASRS / 299

Asset / 311

ATP / 299

B/S등식 / 297

B2B / 300

B2C / 109

B2C 영업현장 / 298

Back-end / 307

Batch / 300

Benchmarking / 300

Big Data / 62, 66, 68, 73

BPR / 300

Business Model / 244, 251

C/S환경 / 302

Calendar / 108

Call Center / 303

CALS / 301

CEO / 301

CFO / 301

CFROI / 314

CH Robinson / 311

CIM / 301

CIO / 301

Commodity / 252

Cost 경쟁력 / 72

Courier / 302

CRM / 302

Cross-Border Service / 250

Cross-dock / 302

CSP / 303

CS활동 / 160

CTI / 303

Cut-off Time / 303

CVA / 314

CVO / 303

Data Mining / 304

Data Warehouse / 302

Database 영업 / 304

De-marketing / 72

delivery / 300

Digital Platform / 210

Distribution Center / 242

Door to door / 103, 304

DPS / 304

Drop Point / 309

DRU / 205

e-Catalog / 305

E-commerce / 67, 226

E-Fulfillment / 305

E-Marketplace / 306

EAN / 304

EC / 305

Economical / 289

ECR / 305

Enterprise Risk Managemnet / 175

Environmental / 289

EOQ / 308

ERP / 302, 306

FBA / 220

FDC / 313

Fedex / 311

FGI / 292

FIFO / 306

First-mile / 200

Franchisee / 143

Franchisor / 143

Front-end / 307

Fulfillment / 229, 250, 305

Fulfillment Center / 242

Fulfillment Service / 250

GIS / 308

GPS / 303, 307

Happy Call / 300

HHT / 312

High Risk / 171

HO / 308

HPC / 312

HQ / 308

HTML / 316

Hub and Spoke / 111, 311

Hub and Sub / 308

Intra Asia / 252

Inventory Turns / 308

IPTV / 255

ISP / 309

IT / 255, 309

JIT / 309

Key Account / 309

Key man / 268

KIOSK / 309

Last Mile / 68, 241, 310

Last Service / 250

Leading Company / 310

Legal & law / 289

LIFO / 306

Low Risk / 171

Market Value / 310

Medium Risk / 171

Middle-mile / 200

MIS / 310

MOU / 311

MRO / 311

Negotiation / 311

Network / 107

Next day delivery / 314

Nippon Express / 246

Non Asset / 311

O2O / 199

off-line / 306

on-line / 306

One-stop Service / 311

Opportunities / 290

Overseas Seller / 244

P2P System / 112

PDA / 312

PESTLE / 286

PG업체 / 223

pick-up / 309

Place / 77

Point to point / 311

Political / 289

POS / 312

Price / 77

Pricing 역량 / 68

Process 일류화 / 72

Product / 77

Promotion / 77

PUD / 313

QR / 305

RDC / 313

Redesign / 300

RF / 313

Rider / 311

Risk Committee / 168, 175

Risk Management / 175

Risk 관리 / 167

Risk 대응 / 167

Risk 분석 / 167

Risk 진단 / 167

Risk 항목 / 169

ROA / 314

ROI / 313

Same day delivery / 314

SCM / 73, 314

segment / 34

Server / 301

SERVICE / 8

SO strategies / 291

Socio-cultural / 289

ST strategies / 291

Storage Center / 242

Storefront Management / 315

Strengths / 290

SWOT / 286

T-커머스 / 226, 239

Technological / 289

Terminal / 313

Threats / 290

Total Service Provider / 315

TOWS Matrix / 290

TPL / 300

Tracking / 306

Transfer / 303

TRS / 315

U.S Seller / 244

UPS / 311

V/C 확대 / 74

VAN / 315

VCM / 288

Visibility / 34, 72, 306

VMI / 316

Warehousing / 316

Weaknesses / 290

Web site / 316

Web-based / 316

Win-Win 전략 / 273

WMS / 316

WO strategies / 291

WT strategies / 291

XML / 316

ㄱ ─────────────────────

가격전략 / 114

가맹점 / 142

가사대행 서비스 / 191, 194

가압류 / 97, 281

가처분 / 97

강점과 약점 / 290

강제집행면탈죄 / 97

강제회수 / 97

개인계약자 / 148

거래관계 / 282

거래비용이론 / 145
거절의 공포 / 265
건폐율 / 130
경영정보시스템 / 310
경제활동 / 298
계약 / 269
고객 DB / 56
고객 대면 / 164
고객 부재 시 / 163
고객만족경영 / 7
공격전략 / 291
공급기술 / 210
공급망 관리 / 314
공유경제 / 202
관상 / 280
관찰 / 274
구매대행 / 191, 193
규모의 경제 / 105, 298
근저당 / 87
기업공개 / 213
기회와 위협 / 290
긱경제 / 202

ㄴ
네꼬서포스테이션 / 188
네트워크 / 315

ㄷ
다각화전략 / 290
다양화전략 / 291
단기 일자리 / 205
단위당 원가 / 298
달인 / 285
담보액 산정 / 97

당기순이익 / 297
당일배송 / 81, 194
대금수금 / 193
대리이론 / 145
대안 채널 / 255
대형거래처 / 268
대화현장 / 286
덤핑처리 / 97
데이터 웨어하우스 / 304
데이터베이스 / 317
두주불사 / 276
드론 / 205
딜리버리 플러스 / 188

ㄹ
라스트마일 / 199
라우팅 / 201
로봇 / 205
로켓배송 / 212

ㅁ
마케팅믹스 / 3
매입채무 / 295
매출원가 / 297
메가시티 / 209
명약관화 / 281
목록통관 / 252
무인라커 / 206
무인배송 / 205, 206, 208
무인택배 / 274
무장 / 269
물류센터 / 119
물류운영현장 / 286
미래전략 / 68

미봉책 / 298
미수금 / 282
민들레영토 / 278
민사소송 / 97

ㅂ

바코드 / 312
반품제도 / 252
방송 Infra / 255
방어전략 / 291
배달방 / 195
배송기사 표준 업무 / 157
배송대행지 / 259
배송시스템 / 218
배송전략 / 212, 214
배송지연 / 159
법인계약자 / 148
법인등기부등본 / 99
법인세비용 / 297
법정관리 / 94
베이비페어 / 270
변질 / 159
보관서비스 / 205
보세물류센터 / 224
보전조치 / 97
보증보험 / 148
부도업체 / 94
부실징후 / 94, 96
부실채권 / 94
부재중 방문표 / 157
부채 / 295
분실 / 159
불친절 / 159
블루오션 / 271

비대면 전화응대 / 164
비용 / 296
비즈니스 모델 / 142

ㅅ

사가와큐빙 / 192
사고처리 원칙 / 159
사고처리 절차 / 159
사기죄 / 97
사업장폐쇄 / 94
사주 / 277
사후약방문 / 284
사후처리 / 163
4IR 시대 / 285
4PL / 307
산업현장 / 285
3PL / 300
상품 매출 / 220
새벽배송 / 82
서비스 매출 / 220
서비스 제공자 / 303
서비스 제휴 / 273
선점 / 274
설문조사 / 292
세분화전략 / 290
세일즈 여왕 / 280
소셜커머스 / 214, 226, 239
소유권 / 314
소유권 재조직이론 / 146
손익계산서 / 286, 296
쇼핑몰 / 220
수단기술 / 210
수익 / 296
수취인 / 158

수표 / 97

스마트 물류 / 206

스마트 시티 / 209

스마트 락 / 206

스트리밍 서비스 / 221

시뮬레이션 / 73

시사점 / 292

시스템 고도화 / 62

시장세분화 / 116

신선식품 / 59

신시장 / 270

신용조건 / 314

신용조사 / 98

실수령인 / 158

실수하인 / 158

심리적 압박 / 97

아마존 Fresh / 217

아마존 Prime Now / 217

아마존 플렉스 / 203

악바리 정신 / 269

알고리즘 / 73, 208

알리바바 / 222

알리왕왕 / 222

알리페이 / 222

약정서 / 95

어음 / 95

언어기술 / 298

업무상횡령죄 / 97

역량 / 267

역물류 / 249

역직구 / 256, 258

역직구시장 / 232

연고판매 / 266

연대보증인 / 95

영업달인 / 285

영업대통령 / 279

영업맨 / 285

영업이익 / 213, 297

영업전장 / 298

예약고객 / 277

오토나비 / 222

오프라인 유통 / 214

오픈마켓 / 226, 239

온라인 쇼핑 / 214

온라인마트 / 239

요인 도출 / 293

용적률 / 130

우량거래처 / 272

우버(Uber) / 204

워크맨시스템 / 203

원가절감 / 218

웹호스팅 / 303

위탁배송 / 58, 161

위탁판매 / 314

위험등급 / 170

윈냐오(云鸟) / 204

유대강화 / 268

의사교환 / 310

이업종 / 315

이익잉여금 / 295

이커머스 BPO / 238

이커머스 Platform / 238

이커머스 Seller / 238

이커머스 솔루션 / 239

2PL / 307

인간관계 / 276

인공지능 / 205
인맥 / 276
인맥의 부족 / 266
인적판매 / 3
인터넷쇼핑몰 / 267
인허가 / 127
일괄서비스 / 220
일괄주문 / 193
일본 편의점 / 181
일본우편 / 192
1PL / 307
임금체불 / 94
임의(자진)변제 / 97
임의배송 / 159
임의회수 / 97

ㅈ ——————————————

자본 / 295
자본금 / 295
자본잉여금 / 295
자산 / 295, 311
자원부족이론 / 145
자율주행차 / 205
자진변제 / 97
재고자산 / 295
재고회전율 / 308
재무 Risk / 168
재무상태표 / 286, 294
재무제표 / 294
재배달 / 157
전담인력 / 204
전략 기법 / 285
전략 방향 / 288
전문몰 / 229, 239

전자계산기 / 310
전자상거래 / 305
전화상담 / 272
전환전략 / 291
접대비 / 297
접대현장 / 286
정보의 부족 / 266
정부조달 / 229
조미김 / 281
종합몰 / 239
주연배우 / 285
지낭 / 285
지식관리시스템 / 309
지역 터미널 / 308
지피지기면 백전불태 / 267
직구 / 256, 258, 259
진입장벽 / 228
집배업무 / 154
집하업무 / 270
집하지연 / 159
징동(京东) / 204

ㅊ ——————————————

차량불만 / 159
차별화된 물류서비스 / 66
차별화전략 / 219, 275
채권 / 94
채권관리 / 83
채무자 / 97
처세술 / 298
초석 / 278
총출고량 / 308
총포괄이익 / 297
최적 경로 / 201

추심의뢰 / 91
추적조사 / 98
출력기 / 312
취득세/등록세 / 131
취소권행사 / 97

ㅋ ─────────────

커뮤니케이션 / 10, 265
컨설팅 영업 / 298
컴플레인 / 15
클라이언트 / 301
클레임 / 158, 159

ㅌ ─────────────

타로카드 / 275
타마뉴타운 / 189
타오바오 / 222
탐색비용이론 / 146
택배 10대 행동지침 / 118
택배대리점 / 149
택배사업 / 141
택배편의점 / 180
토털시스템 / 310
통관 규정 / 252
티몰 / 222

ㅍ ─────────────

파산 / 94
파손 / 159
파트너십 / 142
판매채널 / 228
판매비와 관리비 / 297
판매사원 / 280
판촉물 / 270

팔레트 / 283
패배 / 284
평균재고량 / 308
포트폴리오 / 292
풍수사 / 276
풍수지리 / 276
프랜차이즈 시스템 / 141
프레젠테이션 / 283
프로모션 / 39
프로영업맨 / 285
프로토콜 / 315
플렉스 / 202

ㅎ ─────────────

하이타오族 / 258
해외구매대행 / 259
해외배송대행 / 259
해외직접배송 / 259
핵심성공요소 / 228
핵심기술 / 210
핵심성공요인 / 149
핵심역량 / 33
행동요령 / 163
헐레벅떡 / 282
현장실사 / 98
협상 / 311
홈쇼핑 / 239, 273
홈콤비니언스 / 188
화물운송종사 자격시험 / 155
화의 / 94
환급제도 / 252
회계등식 / 294
회생절차 / 94
휴대형 터미널 / 312

[저자 약력]

위상섭

저자는 산업공학과 물류유통 경영을 전공하였으며, 국내 최초 택배서비스를 시작한 ㈜한진에 1991년 입사하여 택배 영업, 운영, 대리점 관리, 3PL, 국제물류 등 수많은 물류경험과 노하우를 쌓았다. 이후, ㈜CJ대한통운으로 적을 옮겨 택배영업담당 임원으로서, 27년간 택배사업 대형고객 유치 및 KAM(Key Account Management) 관리로 B2C Market 시장개척을 통한 물류사업 발전과, 유통 패러다임 변화에 대응한 신시장 개척 및 신상품 개발로 국민편익 서비스를 제공하여 택배 및 물류산업이 오늘과 같이 개화하는 데 크게 이바지하였다. 현재는 강소기업인 ㈜153로지스틱스의 부사장으로 물류사업을 총괄하고 있으며, 물류전문 후학양성과 중소기업 물류를 한 단계 Grade-up 시키기 위해 산학부문에서 매진하고 있다.

구병모

저자는 마케팅과 물류경영학을 전공하여 MBA 및 박사학위를 각각 취득하였고, 군포시에 소재한 한세대학교 국제경영학과에서 전임교수로 근무하였다. 현재는 LF(Learning Factory)로 실용인재 육성 국가대표 기관인 한국폴리텍대학 영남융합기술캠퍼스에 있는 스마트물류 학과장으로 재직하고 있다. 한진그룹, 삼성그룹, 유진그룹 계열사에서 신입사원부터 상무이사로 경영총괄까지 역임하였고, 지금은 교육활동과 병행하여 각종 학회의 임원과 정부부처 평가위원으로 활동하고 있다. 또한 SCM, 국제통상, 글로벌프랜차이즈 조직, O2O비즈니스모델 관련 30여 편의 논문을 국내외 저널지에 발표하고, 『전략경영 이해와 활용』이라는 책을 저술하였다. 매년 1편 이상 크고 작은 컨설팅을 수행하려 노력하고 있고 다행히 현재까지는 그렇게 해 오고 있다. 연구 및 관심 분야로는 SCM기반의 글로벌소싱, O2O 및 공유경제 비즈니스모델, 전략경영 분야이다.

B2C 물류 영업달인의 Sales Notes

초판발행	2020년 7월 2일
중판발행	2021년 9월 6일
지은이	위상섭·구병모
펴낸이	안종만·안상준
편 집	황정원
기획/마케팅	김한유
표지디자인	조아라
제 작	고철민·조영환
펴낸곳	(주) **박영사**
	서울특별시 금천구 가산디지털2로 53, 210호(가산동, 한라시그마밸리)
	등록 1959. 3. 11. 제300-1959-1호(倫)
전 화	02)733-6771
f a x	02)736-4818
e-mail	pys@pybook.co.kr
homepage	www.pybook.co.kr
ISBN	979-11-303-1039-8 93320

copyright©위상섭·구병모, 2020, Printed in Korea

정 가   21,000원